ÉTICA
ENTRE
PODER E AUTORIDADE
perspectivas de teologia cristã

MÁRCIO FABRI DOS ANJOS
RONALDO ZACHARIAS
(Organizadores)

ÉTICA ENTRE PODER E AUTORIDADE

perspectivas de teologia cristã

SBTM | Sociedade Brasileira de Teologia Moral

EDITORA SANTUÁRIO

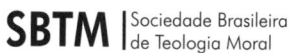

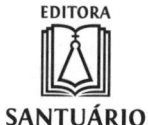

DIREÇÃO EDITORIAL:
Pe. Fábio Evaristo R. Silva, C.Ss.R.

COORDENAÇÃO EDITORIAL:
Ana Lúcia de Castro Leite

CONSELHO EDITORIAL:
Ferdinando Mancilio, C.Ss.R.
Gilberto Paiva, C.Ss.R.
José Uilson I. Soares Júnior, C.Ss.R.
Marcelo da Rosa Magalhães, C.Ss.R.
Mauro Vilela, C.Ss.R.
Victor Hugo Lapenta, C.Ss.R.

REVISÃO:
Equipe Editora Santuário

DIAGRAMAÇÃO E CAPA:
Bruno Olivoto

Dados Internacionais de Catalogação na Publicação (CIP) de acordo com ISBD

E84

Ética entre poder e autoridade: perspectivas de teologia cristã / organizado por Márcio Fabri dos Anjos, Ronaldo Zacharias. - Aparecida, SP : Editora Santuário, 2019.

384 p. ; 14cm x 21cm.

Inclui bibliografia e índice.
ISBN: 978-85-369-0605-8

1. Cristianismo. 2. Ética. 3. Poder. 4. Autoridade. 5. Teologia cristã. I. Anjos, Márcio Fabri dos. II. Zacharias, Ronaldo. III. Título.

2019-1302

CDD 240
CDU 24

Elaborado por Vagner Rodolfo da Silva - CRB-8/9410

Índice para catálogo sistemático:
1. Cristianismo 240
2. Cristianismo 24

1ª impressão

Todos os direitos reservados à **EDITORA SANTUÁRIO** – 2019

Rua Pe. Claro Monteiro, 342 – 12570-000 – Aparecida-SP
Tel.: 12 3104-2000 – Televendas: 0800 - 16 00 04
www.editorasantuario.com.br
vendas@editorasantuario.com.br

SUMÁRIO

INTRODUÇÃO – 7
Márcio Fabri dos Anjos

APRESENTAÇÃO – 15
Maria Inês de Castro Millen

EM BUSCA DE FUNDAMENTOS
   1. Rostos e significados atuais do poder humano – 19
      Antonio Gerardo Fidalgo
   2. Incidência do poder tecnológico:
     aspectos antropológicos – 77
      Giovanni Del Missier
   3. Ética do poder na sociedade secularizada – 93
      Vicente de Paula Ferreira
   4. Fundamentos ético-teológicos do poder:
     uma reflexão a partir da Bíblia – 111
      Altamir Celio de Andrade
   5. A demagogia do poder à luz da ética teológica – 135
      Ronaldo Zacharias

SUJEITOS ATORES E JOGOS DE PODER
   6. Interesses religiosos da política
     e interesses políticos da religião – 157
      Márcio Fabri dos Anjos

7. Sujeitos digitais: entre poderes e fragilidades – 187
   Pedrinho A. Guareschi
8. Sujeitos éticos e poder nas diferenças – 217
   Moésio Pereira de Souza
9. Fundamentalismo e intolerância na perspectiva da vida dos pobres, vulneráveis e excluídos – 237
   Luiz Augusto de Mattos
10. Trajetória recente da desconstrução de direitos sociais e trabalhistas no Brasil – 261
    Marcio Pochmann

PERSPECTIVAS E AGENDA
11. Aspectos neurocientíficos da tecnologia – 285
    Beatriz Ferrara Carunchio
12. O poder tecnológico:
    implicações e desafios socioambientais – 307
    Francisco de Aquino Júnior
13. Igreja e Poder: imagem, testemunho e profecia – 329
    Maria Isabel Gil Espinosa
14. Sonhar uma teologia moral ao alcance do povo – 357
    André Luiz Boccato de Almeida

Introdução

Márcio Fabri dos Anjos[1]

O poder é um lugar central por onde passam nossas relações humanas. Na verdade, é por onde passam todas as relações entre os seres. Todo ser representa uma potência, e colocado em relação a outros seres representa poder. O poder emerge, portanto, só nas relações. Poeta e filósofo, Drummond de Andrade sabiamente trouxe esses conceitos em uma linda poesia de luta existencial diante de uma intrigante "pedra que havia no caminho". Lá está um ser que, por pequeno e insignificante que possa parecer, representa um poder de interpelação, estímulo, possibilidade, apoio, tropeço. A existência e sobrevivência dos seres no mundo, e particularmente no que diz respeito a nós seres humanos, dependem inteiramente de relações favoráveis de poder. Por isso o poder é um lugar ético por excelência. Precisa ser trazido para a esfera de nossa consciência, ser compreendido e assumido dentro de discernimentos e escolhas a serem feitos na vida.

A história da Humanidade pode ser vista de certo modo como grandes e pequenas conjugações ou confrontos de po-

---

[1] Márcio Fabri dos Anjos é Doutor em Teologia Moral (Pontifícia Universidade Gregoriana), Professor no Instituto São Paulo de Estudos Superiores (ITESP) e no Centro Universitário São Camilo.

deres através dos quais a vida vai sendo suscitada, promovida, protegida; ou, pelo contrário, dominada, explorada, oprimida, destruída. Sobre esse processo constante em nosso existir, o pensamento humano através dos tempos tem se esforçado em decifrar suas diferentes formas de ser na imensurável rede de relações em que a nossa existência vai se realizando. Fatores e atores de poder são igualmente inumeráveis como a infinidade dos seres. Mas a pequena gama de interações de poder entre nós seres humanos é precisamente aquela que diz respeito à ética. Elas abrangem relações interpessoais e também as ambientais, cuja gestão implica em responsabilidades envolventes de todos. Assim esta pequena gama de nossas interações nem é tão pequena assim. Pequenos, mais precisamente, somos nós diante das abrangentes interações sob nossa responsabilidade moral.

A compreensão do poder em geral, e especificamente das suas dimensões éticas, exige olhares interdisciplinares, isto é, de diferentes disciplinas que contribuam a uma visão mais abrangente. Mas este exigente esforço estará sempre situado e de certo modo restrito a alguns aspectos, dada nossa forma de elaborar conhecimento. Por isso, na presente obra, temos consciência de estar privilegiando algumas disciplinas para a leitura ética que nos propusemos. O diálogo interdisciplinar mais implícito que explícito se dá pelo recurso a autores e seus conceitos, com vantagens de fluência textual na argumentação em vista das propostas éticas. Entre as várias disciplinas que ajudam a pensar a ética nas relações de poder em nossos tempos, a Teologia tem aqui um lugar de destaque que não poderia faltar nesta abordagem ética. De fato, é sabido como as práticas e os discursos sobre Deus nas religiões têm como referência um Ser todo-poderoso, supremo, onipotente entre os demais seres. E mesmo aqueles que argumentam por sua negação ou inexistência estão reconhecendo haver ali "uma pedra no caminho" sobre a qual seja necessário argumentar, implícita ou explicitamente, que não exista.

A ética teológica cristã, aqui assumida, tem uma contribuição preciosa por sua longa tradição de diálogo com as práticas e o pensamento hebreu e helênico. Essas duas vertentes parecem ter contribuído decisivamente para um compreensão e proposta ética sobre as relações de poder, pois se mostram capazes de irem além das fronteiras das religiões institucionalizadas para oferecer alternativa de postura ética ao uso dos poderes na sociedade plural.

Um detalhe, que começa pela língua grega com que foram escritos os evangelhos, pode ajudar a perceber o alcance dessa afirmação. Existem três termos para expressar a ideia de *poder*, e um quarto termo referente às suas manifestações. O primeiro é *krátos*, poder de interferência física e/ou moral que se exerce, em diferentes usos, sobre as pessoas. O segundo é *exousía*, que significa um poder comunicado a outrem, para que este o exerça em seu nome; seu correspondente latino é *auctoritas*, cuja etimologia vem da ideia de ampliar, alargar, e deu lugar ao termo *autoridade*, em português. O terceiro é *dynamis*, um tipo de poder que emana da pessoa em atividades operacionais comunicativas. É interessante que os Evangelhos nem uma vez atribuem *krátos* a Jesus, mas sempre *exousía*, e por vezes também *dynamis*. Um quarto termo, relevante para levar ao sentido de poder nos Evangelhos é *sémeion*, que significa sinal, traduzido em geral como "milagre" para expressar o poder de Jesus na ação. Entretanto, "milagre" induz a um conceito de ação interferente em perspectiva de *krátos*, o que é contrário ao modo de agir praticado e ensinado por Jesus, a quem se atribui sempre um agir de *exousía*, que se mostra sempre em favor da defesa e do apoio às pessoas fracas e necessitadas. A análise crítica textual tem mostrado o caráter simbólico dos milagres e curas, como superação dos rótulos de culpa dos próprios doentes e desesperançados, através de sua inserção nas relações de mútua ajuda.

Nesse aparente jogo de palavras se desvela a compreensão cristã sobre o *todo-poderoso*, em nome do qual (*autoridade*) Jesus age e ensina: o *todo-poderoso* é criador amoroso e comunicativo desse seu poder aos seres humanos, convocados a agir no mundo com sua *autoridade* nesta direção. Os sinais, "milagres", do exercício de tal *poder autorizado* aparecem sempre que as pessoas desvalidas são inseridas em boas perspectivas de relações; o uso do *poder/krátos* em direção opressiva não é poder *autorizado*. Nesta pálida referência, pode-se perceber como tal visão cristã, mais do que uma simples norma comportamental, representa uma estrutura antropológica que atinge os fundamentos da compreensão do *poder* humano em todos os sentidos. Aqui também se esclarece em parte por que no título desta obra se menciona uma distinção entre *poder e autoridade*.

Entretanto, na pluralidade social amparada pela liberdade humana, o *poder* recebe inúmeras outras interpretações, propostas e vivências. E, quando se diz *autoridade*, pode-se até pretender que se trate de conotação ética para o exercício do poder, mas tudo depende da ética com que se estabelece e se direciona o poder que a emana. Em nossos tempos, a complexidade se adensa exatamente pelo crescimento das formas e da radicalidade do poder nas mãos humanas, particularmente através das tecnociências. A concentração dos controles desse poder em poucas mãos e seu uso em uma incontrolável direção interventiva já mostram sinais de destruição das possibilidades de vida na Terra. Nos entremeios dessas grandes relações de poder se dá uma teia mais complexa de relações na qual um desafio que se adensa atinge os próprios sujeitos éticos. Hoje se cavalga com fascínio sobre a alta velocidade dos poderes tecnológicos, mas a pergunta "*para onde vamos?*" recebe de muitos aquela resposta do inconsciente freudiano: "*pergunte ao cavalo!*". Na outra face desse cenário está um impressionante desenvolvimento de recursos, possibilidades de vida, dos poderes individuais e subjetivos, e das chances em se crescer no conhecimento de como somos feitos e nos fazemos.

A tarefa de pensar a ética nas relações de poder dentro de tais contextos enfrenta, portanto, grande complexidade, agravada pelo descompasso entre a velocidade do desenvolvimento científico e o tempo maior indispensável para a maturação das percepções éticas. Por isso vale reconhecer que a contribuição trazida nesta obra, com a qualidade de seus autores/as, visa se somar a outros indispensáveis enfoques nesta desafiadora temática. Na organização da obra, embora todas as contribuições sejam entremeadas pela preocupação em oferecer conceitos básicos que confluam para perspectivas de ação, reunimos os estudos em três partes.

Em busca de fundamentos sobre a ética em torno das relações de poder, foram privilegiados alguns aspectos. Partimos de uma aproximação aos rostos e significados do poder, passando a seguir a grandes desafios antropológicos emergentes com o desenvolvimento tecnocientífico e aos embates sobre fundamentos éticos sobre o poder em uma sociedade plural, ciosa da autonomia da razão. Em busca específica de contribuições da Teologia Cristã, explicitam-se fundamentos bíblicos e bases do discernimento ético sobre as ambivalências do poder.

Sujeitos atores e jogos de poder é uma segunda parte que reúne estudos respectivos a diferentes atores sociais e sujeitos morais nos jogos de poder em tempos atuais. Iniciamos com a conjugação de interesses políticos e religiosos, por representarem laços antropológicos imemoriais que no fundo remetem à condição humana desafiada por uma *economia de salvação*. Segue o estudo sobre os poderes e fragilidades dos *novos sujeitos digitais*, empoderados por novos instrumentos, mas vulneráveis aos poderes de controle em uma civilização de grandes concentrações do poder. Tendo presente a ebulição social na reivindicação de reconhecimento moral, um estudo analisa questões sobre os *sujeitos éticos* emergentes de uma aguda consciência social sobre as diferenças subjetivas, em um contexto de novas formas de elaboração do viver em sociedade. Diante das persistentes desigualdades sociais, estuda-se como *sujeitos pobres, vulneráveis e excluídos*, postos diante dos fundamentalismos, provocam interrogações sobre os limites éticos da tolerância e da intolerância nos atuais contextos de descompromisso com seres humanos mais frágeis. E fechando esta parte, um estudo sobre *sujeitos governamentais* que atuam recentemente em prejuízo de direitos cidadãos e particularmente nas relações de trabalho, reforçando uma lógica de descompromisso com a defesa da equidade social.

Perspectivas e Agenda é uma parte conclusiva pertinente a quem se dedica à ética, um saber estreitamente relacionado com a prática. Os estudos reunidos nessa parte são igualmente densos em fundamentações e não voltados estritamente para analisar e propor práticas; mas sugerem a necessidade de sondar perspectivas e de assumir posturas que contribuam para o fortalecimento ético em algumas dimensões da vida atual. O estudo sobre impactos neurológicos relacionados com o atual uso de tecnologias digitais aponta para a urgente necessidade de nutrir a consciência científica e moral para não sermos dominados (dependência digital) pelos instrumentos que usamos. Diante dos desafios ecológicos que se agravam perceptivelmente em todo o globo terrestre, apresenta-se aqui uma contribuição interdisciplinar com ênfase teológica na consistente proposta do papa Francisco na encíclica *Laudato Sì'*. Em outro estudo se explicitam atitudes e práticas capazes de conferir autoridade às propostas eclesiais na sociedade plural em que vivemos. E por fim, desenhando a árdua tarefa de cultivar fundamentos éticos em nossos tempos, explicitam-se importantes passos para a educação da consciência crítica, e a contribuição da ética teológica nesses processos.

As conclusões finais deste livro de fato estão ainda se fazendo por todo aquele que reflete e contribui com o esclarecimento sobre os poderes que nos são dados neste século XXI, e sobre como nos sentimos *autorizados* a utilizá-los. Percebe-se aqui a razão do título desta obra ao distinguir *poder* e *autoridade*. Nota-se também, em síntese, como a contribuição teológica cristã a respeito desse tema mostra que todo poder é recebido como dom de ser, de existir, e que esta chave-mestra da existência – a gratuidade em receber o poder – seja a ética estrela-guia para a *autoridade* no exercício dos poderes que nos são dados e enquanto os tenhamos sob nosso controle e responsabilidade.

Apresentação

Maria Inês de Castro Millen[1]

Em tempos de desprezo ao conhecimento, à reflexão crítica e ao diálogo sincero, apresentar aos leitores um livro deste porte é uma ousadia, mas também um reflexo da esperança que nos move. Acreditamos que outro mundo é possível e que o caminho para isso passa por um processo formativo que valorize a ética cristã como uma ciência que aponta valores e indicativos de ação.

O tema proposto é instigante e permite várias abordagens que se apresentam em diálogo com as ciências e com o senso comum. Autoridade e poder são questões que nos desafiam desde sempre. Na contemporaneidade, vivemos a sensação de que muitos querem e conseguem estar num lugar de poder, mas nem todos têm autoridade para tal. O poder, como o conhecemos, é quase sempre vaidoso, arrogante, e até mesmo patologicamente narcísico. É também efêmero e é sempre poder sobre os outros. Um poder *para* os outros é o que a ética cristã nos propõe, mas ainda estamos longe de que isso se torne realidade, tanto no contexto da sociedade civil quanto religiosa.

---

[1] Maria Inês de Castro Millen é Doutora em Teologia Moral (Pontifícia Universidade Católica – Rio de Janeiro), Professora do Instituto Teológico Arquidiocesano Santo Antônio – ITASA e do Centro de Ensino Superior de Juiz de Fora – CES e Presidente da Sociedade Brasileira de Teologia Moral (SBTM).

Revisitar constantemente a vida de Jesus de Nazaré é fundamental para a compreensão do que queremos dizer. Ele nos mostrou que só há um poder desejável, por ser o único que confere autoridade, e este poder só se conquista por meio do amor repartido sem reservas. Este amor oferente, que aparentemente vive de fracassos, é o único poder capaz de mudar o rumo da nossa história, curando pessoas, salvando vidas, cuidando para que os mais frágeis não sejam descartados.

Os poderosos deste mundo não suportam nem de longe a sensação de que projetos que se colocam a serviço dos outros possam sinalizar um aparente fracasso pessoal e, por isso, assumem o caminho oposto, aquele que propõe a submissão do outro, o ódio e a violência, real ou simbólica, até mesmo em nome de Deus. Apelam sempre para a lei que pune por não darem conta da misericórdia e do amor que perdoa. São cruéis e desumanos, opressores das pessoas e até capazes de eliminar todos os que os contestam ou desestabilizam. Gostam de homenagens e privilégios, buscam sempre os primeiros lugares, aprovam a sociedade do espetáculo, pois nela se percebem sempre em evidência e, para garantir o seu próprio poder, apelam para um Deus todo-poderoso que desconhece a bondade.

Não entenderam a revelação de Jesus sobre a *kénosis* de Deus. Não entenderam que o verdadeiro poder é serviço. Não entenderam que "a carteira de identidade de Deus é a misericórdia", como nos disse o papa Francisco.

Por esta razão, pensamos que a reflexão ética que retoma as questões da autoridade e do poder se faz extremamente pertinente e necessária e, por isso, nos colocamos a caminho, sem desconhecer as dificuldades inerentes a ele.

Hoje, oferecemos a vocês alguns frutos desse diálogo ético, sabendo que ainda precisamos de coragem profética para enfrentá-lo devidamente e de amadurecimento racional e afetivo para colocá-lo em prática.

Esperamos que este livro, com suas diferentes abordagens, possa ser útil a tantos quantos queiram se debruçar sobre esta temática.

Que ele renove em nós a esperança e o desejo de contribuir para que um novo tempo – mais criativo, mais terno e mais cristão – possa existir.

Que os valores éticos aqui apontados nos ajudem a almejar um poder que nos confira a autoridade necessária para servir a todos os que de nós se aproximam.

Rostos e significados atuais do poder humano

Antonio Gerardo Fidalgo[1]

Introdução

Assumir e lidar com as faces e os significados atuais do poder humano pode parecer, à primeira vista, um assunto banal, mas o julgamos de grande atualidade.[2] Talvez tenha ocor-

---

[1] Antonio Gerardo Fidalgo é Doutor em Teologia Dogmática (Pontifícia Università Gregoriana – Roma) e Professor da Accademia Alfonsiana (Roma). Tradução do espanhol: Márcio Fabri dos Anjos.
[2] O grande teólogo espanhol Olegario González de Cardedal (1934) afirmava, há mais de três décadas, com sagacidade e linguagem únicas, algo que hoje podemos continuar afirmando: "O problema crucial do nosso tempo é um acúmulo tal de poder nas mãos do homem, que vai além da sua capacidade; e a suprema tarefa de mantê-lo sem o risco de uma desumanização da consciência ou mesmo de uma sobrevivência física de toda a humanidade. A relação do homem com o poder, o estabelecimento de seus fins, prioridades e limites, quando sua capacidade construtiva e destrutiva é quase imensurável: esse é o tema humano mais importante do nosso tempo. Essa é sua grandeza e sua miséria, porque quando o poder é supremo, a ameaça é suprema; mas ao mesmo tempo supremas são também as possibilidades oferecidas ao homem. Sua capacidade, vivificante ou mortal, depende da resposta que ele lhes dá" (*Poder e consciência. Rostos pessoais versus poderes anônimos*. Madrid: Espasa Calpe, 1984, p. 15. In: KENNETH GALBRAITH, John. *La anatomía del poder*. Barcelona: Ariel, 2013). Nessa obra é interessante a apresentação e análise do que o autor chama de três meios pelos quais o poder é imposto: a ameaça (poder condigno/punitivo), a compensação (poder compensatório) e a persuasão (poder condicionado). O autor aborda as fontes de poder

rido com esse tema o mesmo que aconteceu com tantos outros: de reverenciados e revestidos com auréolas de respeitabilidade, passaram a ser banalizados, manipulados ou simplesmente defenestrados, pura e simplesmente, no imenso mar de realidades meramente imanentes. O poder e seu exercício, com as investiduras de uma autoridade quase sagrada, reinaram (e ainda reinam em alguns lugares e situações socioculturais e religiosas) sem serem amplamente questionados ao longo da história. Por outro lado, sabemos que, não poucas vezes, suas ações equivocadas e injustas provocaram reações e revoluções, mas sempre dentro do paradigma que as sustentava. Mais ainda, há muito tempo estamos experimentando mudanças mais radicais, mais desmistificadoras e dessacralizadas, para melhor e para pior. Dentro desses movimentos e mudanças de época, a Igreja, em sua experiência e compreensão de poder e autoridade, tem experimentado a mesma situação, obviamente de maneiras muito diferentes.

Desse modo, passamos da veneração e consideração quase absolutas ao descrédito quase total, a ponto de querermos abandonar todo tipo de poder por considerá-lo um mal para todo ser humano e buscarmos modelos que superem todo tipo de verticalidade, submissão, sujeição e afins. Nessa busca, o leque se abre de anarquismos radicais a horizontalismos moderados.[3]

(personalidade, propriedade, organização). A relação estreita e dialética entre organização e exercício de poder é o foco de sua atenção, visto que expressam e constituem as manifestações modernas mais significativas de poder.

[3] Segundo Olegario, "quando tomados pelo poder, os homens tendem ao individualismo e à anarquia. Exasperados, eles sempre vão para a montanha [expressão figurada para referir-se a um lugar difícil, selvagem e inóspito, onde se pode manipular ou dificultar uma determinada situação]; e montanha é qualquer forma de guerrilha e revolução, terrorismo ou desespero, contracultura ou drogas. Diante de tal perigo, duas recuperações são necessárias: a consciência da própria substantividade diante de todos os poderes anônimos e a referência ao próximo como lugar a partir do qual o indivíduo descobre sua identidade essencial e supera o de-

Ao realizar essas reflexões peregrinas, duas imagens me vêm à mente e me sensibilizam. Primeira: no começo de uma tarde, estávamos em Roma para tentar comprar um *notebook* quando o vendedor nos interpela sobre o que tinha acontecido para comover grande parte do mundo. E nos convidou a olhar para uma tela onde as notícias estavam sendo dadas. Era 11 de setembro de 2001. Aquela situação não só suspendeu nossa compra e teve nossa atenção quase absoluta por uns instantes, como também provocou ações e reações inesperadas. Aquelas imagens aterrorizantes abririam o canal ao medo, à violência e ao fracasso de paradigmas que até então se pensavam tranquilos e garantidos. No centro do poder, alguns tinham exercido um contrapoder desestabilizando e desmantelando seguranças. Um abalo sucedido até hoje, infelizmente, por muitos outros, e de variadas cores e intenções. Intermináveis conflitos de poder para mostrar quem está mais do lado da "verdade" que o mundo precisa. Se já tinha sido difícil perdoar e continuar a acreditar depois de Auschwitz, Hiroshima e outros genocídios, agora não seria menos difícil. O amor e a sabedoria humana foram mais uma vez questionados, chamados a se reformular. Comprando uma ferramenta tecnológica, intuí que a solução não seria nem técnica nem estratégica ou, ao menos, nem exclusiva nem primariamente técnica ou estratégica. Teria de me esforçar muito mais para persuadir que faz falta não o amor ao poder, para destruir e vencer, mas o poder do amor, para libertar e curar. Segunda imagem: estando eu em São Paulo, em conexão de Roma a Buenos Aires, para alguns dias de descanso com os irmãos, recebo o anúncio da renúncia do

---

samparo pessoal. Somente o humanismo do outro homem é válido, além de todo idealismo e individualismo. Mas o outro é sempre um próximo coletivo com uma história comum e uma tarefa comum" (*El Poder y la conciencia*, p. 16).

papa Ratzinger. Foi em 11 de fevereiro de 2013. Caía, por assim dizer, uma figura forte, não só do papado – que o papa anterior tinha resistido ao extremo das forças humanas para permanecer no seu posto –, mas do seu papel e representação pessoal, há muito tempo na cúria vaticana, defensor da ortodoxia, timoneiro de braço forte na barca de Pedro. Subitamente atingido por ventos fortes e jogadas internas, que a sua idade e inteligência não lhe permitiam mais enfrentar (basta ter presente os temas *Vatileaks*, abusos sexuais, pedofilia, economia vaticana etc.). O papa alemão pediu à Cúria que fosse como uma "orquestra" e agisse com responsabilidade e reverência diante de seu sucessor. Francisco, seu sucessor, teve que não apenas orquestrar, mas re-orquestrar, buscando novas entonações para que os jogos de poder não minassem seu ministério e impedissem a Igreja de se transformar e continuar crescendo coerente com o evangelho de Jesus Cristo, que é, antes de tudo, serviço de alegria e misericórdia. Sem dúvida alguma, essas imagens dizem claramente que a questão do poder e suas possíveis manifestações são muito atuais. Por isso, aqui tentaremos compreender melhor a complexidade da realidade do poder e apontar possíveis respostas humanas e cristãs, que nos permitam certa plausibilidade não só no discurso, mas num estilo de vida autêntico e convergente.[4]

---
[4] Novamente nos deixamos iluminar e, nesse sentido inspirar, pela seguinte afirmação programática de Olegario: "Para que a resposta à ameaça coletiva seja pessoal e coletivamente efetiva ao mesmo tempo, é necessário cultivar dois valores que são urgentes hoje: uma ética civil e uma *cultura aberta*. Eles abrigam e afirmam o indivíduo contra todo o dogmatismo das políticas e religiões; contra toda falta de solidariedade ou banalização gerados pelo viver, pela finitude e pela injustiça, devolvendo-lhe a confiança em si como pessoa e a dignidade como ser com uma missão na história" (*El Poder y la conciencia*, p. 16). O autor responderá a esses desafios não com teorias, mas com uma apresentação prática, com "faces exemplares, rostos pessoais, histórias concretas" (dez autores espanhóis "filósofos e poetas, pastores e romancistas..."), porque para ele "o humanismo não é um sistema de conceitos, mas uma cadeia de experiências de verdadeira humanidade e, por-

1. Compreender o poder como realidade pessoal e sociocultural

Aqui abordaremos o poder como realidade concreta, na qual incluímos – por enquanto sem fazer distinções – o poder como faculdade, possibilidade e domínio. E, ao mesmo tempo, consideraremos a realidade como poder.[5]

Pelo menos em nosso contexto ocidental, podemos afirmar que, em geral, a compreensão do poder, como realidade humana, tem como pano de fundo o paradigma segundo o qual as mulheres são identificadas com a natureza e o homem com a cultura e – o que é mais importante e significativo –, a partir do qual as desigualdades entre um e outro são explicadas como um fato universal baseado no determinismo biológico. Desse modo, o ponto de partida foi, de alguma forma, e talvez ainda esteja sendo em muitos

---

tanto, permanentemente abertas e fecundas"; e continua afirmando com determinação que "diante da força e demanda anônimas, que silenciam consciências ou marginalizam liberdades, somente uma resposta é possível: oferecer o rosto, isto é, apresentar um rosto pessoal comprometido com a verdade e fiel a uma história específica... o rosto do próximo nos torna sujeitos, nos confronta com a alteridade objetiva e nos aproxima da Transcendência como soberana e próxima ao mesmo tempo" (*El Poder y la conciencia*, p. 17). Não exageraríamos ao propor o rosto de um redentorista que tenha cumprido, com humildade e audácia, essa tarefa testemunhal com sua vida e seus escritos. Referimo-nos a Marciano Vidal (1937). Dentre tantas de suas obras, vale a pena ver: *Ética civil y sociedad democrática*. Bilbao: DDB, 2001; *La ética civil y la moral Cristiana*. Madrid: San Pablo, 1995; *Nova Moral Fundamental. O lar teológico da ética*. Aparecida/São Paulo: Santuário/Paulinas, 2003; *Moral cristã em tempos de relativismos e fundamentalismos*. Aparecida: Santuário, 2007.
[5] Ver, por exemplo, as definições da *Real Academia Española* (https://dle.rae.es/?w=poder) e do *Webster's Dictionary* (https://www.webster-dictionary.org/). Considerando apenas essas duas referências, já se pode ter uma ideia da ampla gama de significados que esse conceito compreende. Isso significa que, a princípio, temos de considerar que não se pode pretender uma maneira única ou unívoca de entender o poder. Assim, dentro dessa pluralidade, devemos considerar as várias modalidades por meio das quais diferentes tipos de poder se manifestam. Aqui, abordaremos apenas algumas que consideramos mais significativas para o nosso propósito, tendo presente que a realidade do poder é fundamentalmente uma realidade que pertence às relações sociais, que por sua vez têm múltiplas expressões.

lugares e em vários sentidos, esse paradigma das diferenças biológicas, usado como base para a formação das relações sociais, sua conceituação e simbolização.[6] Aqui não poderemos tratar o desenvolvimento e a marca histórica que envolve toda a conformação e crise do paradigma acima mencionado, mas devemos certamente considerar a clássica visão machista ou predominantemente masculina da organização social e toda a subversão que vem ocorrendo desde as reivindicações das mulheres, até todas as revisões e revoluções feministas, para compreender a realidade do poder.

Por outro lado, deve-se notar que a realidade é e sempre foi muito mais complexa. De tal maneira que, mesmo com o que foi dito anteriormente, não se pode falar de sociedades exclusivamente patrilineares em todos os sentidos e níveis de organização, dada a existência de níveis de matrilinearidade que fortaleciam e, de certa forma, davam apoio e continuidade ao patriarcado, bem como geravam estruturas paralelas de vida. De algum modo, um certo tipo de matriarcado gerava e perpetuava um certo tipo de patriarcado.

---

[6] O problema desse tipo de visão, como reconhece um renomado sociólogo francês, é que "a força de ordem masculina é descoberta no fato de prescindir de qualquer justificativa: a visão androcêntrica se impõe como neutra e não tem necessidade de legitimar-se por meio deste ou daquele discurso. A ordem social funciona como uma enorme máquina simbólica que tende a ratificar a dominação masculina na qual se apoia: a divisão sexual do trabalho, a rigorosa distribuição das atividades atribuídas a cada um dos dois sexos, o seu espaço, o seu tempo e os seus instrumentos; é a estrutura do espaço, com a oposição entre o lugar do encontro ou do mercado, reservado aos homens, e a casa, reservada às mulheres, ou, dentro dela, entre a parte masculina, como o lar, e a parte feminina, como o estábulo, a água e os vegetais; é a estrutura de tempo, dia, ano agrícola ou ciclo de vida, com os momentos de ruptura, masculinos, e longos períodos de gestação, femininos". BOURDIEU, Pierre. *La dominación masculina*. Barcelona: Anagrama, 2000, p. 22. É também muito estimulante a contribuição de REEVES SANDAY, Peggy. *Poder femenino y dominio masculino. Sobre los orígenes de la desigualdad sexual*. Barcelona: Mitre, 1986. Essa antropóloga, da Universidade da Pensilvânia, a partir dos estudos feitos, sustenta a tese de que a universal submissão feminina provocada pelo universal domínio masculino não é própria da condição humana e de suas relações como tal, mas modo de enfrentar diversas tensões socioculturais.

1.1. Poder como transformação

É preciso lembrar que o ser humano tem procurado "responder" às suas próprias exigências e necessidades enfrentando ao mesmo tempo as demandas e necessidades do contexto sócio-vital. Necessidades primárias, como alimentos e materiais para sobreviver, necessidades afetivo-sexuais para perpetuar-se e reconhecer-se em relação consigo e com os outros, e até necessidades de autodesenvolvimento e de desenvolvimento do ambiente em que os seres humanos se desenvolvem. Essas necessidades dão um certo colorido ao desenvolvimento do ser humano, que cresce e amadurece desde suas necessidades mais determinantes até às mais livres. Nesse sentido, pode-se dizer que o ser humano busca a forma social mais adequada possível para realizar o melhor possível tais necessidades. Esse é um aspecto funcionalista (utilitarista) da realização humana. Aqui reside em grande parte o que poderia ser chamado de *poder como transformação*, no sentido de influenciar, o que acaba dando uma certa "superioridade" ao ser humano em relação a tudo o que o cerca e a tudo o que o faz depender de sua resposta e ação. Esse é o resultado, por sua vez, da experiência de alteração sofrida pelo ser humano ao experimentar o poder que as coisas e os outros exercem sobre ele[7]. O ser humano, pelo menos num primeiro momento, parece que não pode ser nem estar influenciado (positiva ou negativamente) pelo seu ambiente e pelo que

---

[7] A realidade do poder se manifesta através de, pelo menos, dois relacionamentos básicos, mutuamente relacionados e dialeticamente envolvidos: a relação entre sujeito-objeto e a relação sujeito-sujeito. A intersubjetividade relacional, configurando-se como uma relacionalidade de poder (poder ser; poder querer etc.), converte-se em base funcional-estrutural para todo tipo de relação das pessoas com o resto da realidade.

nele existe. Portanto, um exercício de poder reivindica outro. Aqui emerge um jogo de forças que acompanhará o processo de evolução e (des)humanização na história.

A complexidade aumenta, como nos mostra e ensina a história, quando as relações sociais se tornam mais complexas, seja pelo aumento do número de pessoas que são chamadas a conviver num determinado espaço e tempo, seja também pela gestão dos insumos. Aqui nascem todos os exercícios de controle e censura, as regras e hierarquias de poder e domínio. Vale recordar que tudo se dá sempre dentro da estrutura do primeiro paradigma, isto é, em chave machista e patriarcal. Isso é importante para não cairmos no preconceito de que vivíamos melhor quando éramos menos civilizados ou quando vivíamos de maneira mais "natural". Pois mesmo quando aquele modo primitivo de organização vital tinha seus benefícios, obviamente não deixava de ter sérias limitações. Portanto, o caminho em direção a graus mais altos de civilização não significa necessariamente traição ou evolução, uma vez que também gerou desumanização, dado o esquema paradigmático a partir do qual se configurou. Assim, o modo de "nos civilizarmos" acabou dando lugar a infinitas formas de violência, guerras, submissão da mulher, crescimento populacional irrestrito, hierarquias afluentes, espoliação da natureza, destruição de culturas nativas etc. Esses "benefícios" são postos na balança com as "bondades" pretendidas e que foram em grande parte geradas.

Assim, o exercício do poder está cada vez mais estruturado com base no controle, para o qual a vida e sua vitalidade serão relegadas repetidas vezes a outros fatores, considerados mais importantes para as necessidades "humanas". Estruturas que irão, de alguma forma, colocar em conflito o exercício da autoridade e da solidariedade, confrontando ou justapondo paternidade e fraternidade, gerando estruturas paternalistas ou de colaboração cidadã etc.

Como se pode ver, a partir dessa rápida e simples visão geral, não é possível compreender em que consiste a realidade e a estrutura do poder sem analisar as configurações socioculturais porque, ao longo da história humana, ambas se implicam mutuamente. Com isso, pretendemos também ressaltar que a realidade do poder humano é, primária e fundamentalmente, um componente do ser humano enquanto tal, embora seja claramente expresso por meio do poder social, político, econômico etc.

1.2. Poder como exercício

A partir deste panorama, em geral, pode-se afirmar também que a realidade do poder foi vista e assumida a partir de uma dupla perspectiva. Por um lado, como dada realidade que pertencia a uma certa evolução civilizacional e, por outro, como uma realidade essencialmente negativa e, sobretudo, jurídica. Exercer o poder era basicamente regulamentar, proibir ou permitir, decretar e defender soberanias etc., o que não impediu o reconhecimento da coexistência de outros tipos de "poderes" mais produtivos, no sentido de produtores de sentido, valores compartilhados etc.

Isso nos leva, uma vez mais, a tentar não apenas ver como a realidade do poder apareceu na configuração humana, mas como foi assimilada, compreendida, focalizada; como e com qual finalidade foi realmente exercida. O poder como estrutura conta, mas mais importante é a multiformidade do exercício de micropoderes que ocorrem no tecido sociocultural, que às vezes são independentes da estrutura geral do poder, pois são vítimas ou aliados conscientes ou inconscientes. Assim, uma visão mais complexa, estrutural e sistêmica é necessária para entender a realidade do poder em uma rede de poderes.[8]

Nessa era, marcada pelo poder financeiro e tecnológico, com mudanças consideráveis, não tem mais o poder aquele que só tem armas, acumula riqueza, detém conhecimento exclusivo, mas aquele que gerencia e manipula investimentos financeiros e tecnologias que estão, por sua vez, a serviço de uma miríade de subpoderes, tais como informações, armas, drogas etc., na maioria das vezes resultado de corrupções. É assim que, ao contrário do poder clássico e do exercício da soberania tradicional, que se caracterizava pelo poder de fazer morrer e deixar viver, agora o poder é definido por sua capacidade de fazer viver (por oferecer amplas oportunidades de bem-estar) e deixar morrer.

---

[8] As faces ou perspectivas a partir das quais essas diversas expressões do poder poderiam ser analisadas não são fáceis de sintetizar. Mencionaremos alguns desses rostos que parecem mais significativos e abrangentes de muitos outros. O *poder mágico ou fetichista,* que é dado às coisas ou realidades para que resultem significativas a certos propósitos ou significados funcionais para a vida dos seres humanos (pensemos, entre outras coisas, no poder que é dado ao dinheiro). O *poder simbólico-representativo,* que ocorre em papéis familiares e institucionais, dimensionando ou superdimensionando, por exemplo, a autoridade, ou servindo-se de posições ou títulos como exercício de influência sobre os outros e a realidade. O *poder ação-pressão,* que ocorre nos modos de influência através de realizações que implicam a rede de potencialidades das pessoas, mas que geralmente favorecem relações unidirecionais concentradas em cada pessoa ou em pequenos grupos em referência ao resto da sociedade. O *poder estratégico,* que se manifesta em geral na busca dos meios mais eficazes para atingir os objetivos propostos, é interessante quando funciona não apenas de modo privatista ou setorial, mas reticular. O *poder criativo,* que se manifesta como afirmação e manifestação de infinitas possibilidades humanas e de construção social, é sedutor e atraente (pensemos no poder da beleza e suas muitas formas, bem administrado). O *poder social,* que se manifesta a partir de várias construções simbólicas que exercem uma influência real sobre as pessoas e suas configurações existenciais e históricas. E em tudo isso, devemos sempre considerar os aspectos e as dimensões psíquicas do poder como tal.

Assim, se falou, em primeiro lugar, de *desempoderar*, isto é, remover e desconstruir os lugares habituais de poder, para, em seguida, falar de *empoderar*, isto é, dar voz, visibilidade, poder aos setores humanos, socioculturais até então silenciados, marginalizados e/ou subjugados. Surge assim o tempo de uma certa reavaliação ou valorização do poder das "minorias", que paradoxalmente tendem a ser "maiorias": os marginalizados, os pobres, os "diferentes", os excluídos etc.

Hoje, para melhor ou para pior, nós nos encontramos diante de um difuso e ramificado tecido de organizações que buscam, cada uma por conta própria e algumas de maneira conjunta, senão nos ideais ao menos na praxis, exercer poder, influenciar no destino do ecossistema da vida dos seres humanos. A maioria delas age por meio de uma configuração de poderes cada vez mais desterritorializados, com interferências globais e locais ao mesmo tempo, tanto em referência a lugares geográficos, quanto especialmente a lugares e "não lugares" humanos.

O poder "cego" pode pertencer a todo ser vivo, mas o poder como realidade só pertence aos seres humanos. O ser humano é o *ser que pode* ser ou não ser, é plasticidade, abertura a novas faculdades e possibilidades, gerador de novas alternativas, sempre ativo e proativo. O ser humano, em princípio, *tem o poder de ser o que quer ser*, e esta é a sua grande nobreza, mesmo se enraizada em sua estrutura mais profunda de fragilidade; aquela que impõe limites que são, ao mesmo tempo, tão limitantes quanto facilitadores. Essa finitude é em si a tensão dinâmica entre o ser e o não ser. Nessa tensão, o poder expressa a autoafirmação do ser humano concreto em sua clara finitude; apesar e graças a esse seu "não ser" é que ele descobre que o seu poder é a possibilidade de assumir esse não ser e, de alguma forma, superá-lo através de processos de transformação, atuando sua liberdade.

A grandeza do ser humano é ter o poder de ser livre ou, melhor ainda, o poder de realizar-se com liberdade e na liberdade. Grandeza não isenta de misérias, devido à dinâmica do próprio poder. Com isso, pode-se compreender que o exercício da liberdade é, em princípio, um exercício de poder, entendido como possibilidade de ser mais e melhor. O ser humano está em si vinculado a esse poder, é inexoravelmente chamado a exercê-lo, não pode deixar de fazê-lo, não pode não exercer sua capacidade de decisão e escolha, pois mesmo que não o faça, estaria fazendo. Renunciar ao poder é sempre exercer o poder de renunciar.

1.3. O poder como domínio

O poder, em primeiro lugar, seria aquela força, aquele impulso que leva a concretizar o mundo das possibilidades e realizar o projetado. Num segundo momento, intimamente relacionado ao primeiro, seria a realização como tal, *podendo* transformar a realidade a partir do que *pode* dar de si, em prol de uma maior humanização. Dito tudo isso, não podemos nos esquecer de que, mesmo quando o poder no ser humano não é um reflexo cego, ele pode cegá-lo; com o exercício do poder pode humanizar-se ou desumanizar-se, pode ser mais livre ou mais prisioneiro, pode libertar ou oprimir a realidade e os demais.

Por outro lado, devemos ter presente que o poder, como realidade pertencente à realização humana, está intimamente ligado ao prazer e, portanto, ao amor. São realidades quase inexplicáveis em si, apenas captadas em sua configuração concreta na caminhada histórica do ser humano como tal, formando parte, como já assinalamos, da grandeza e miséria humanas, ao mesmo tempo, tão profundas e tão paradoxais. Realidades que fazem parte da estrutura instintiva e sistêmica da configuração humana, que podem chegar a dar-lhes transcendência e a transcender-lhes, abrindo horizontes de maior expressão da realidade, mesmo que, às vezes, como já afirmado, podem ser sinal contrário ao que a possibilidade real da vida exigiria em um processo de humanização. E isso não só quando há um excesso de poder ou um uso arbitrário dele em nível pessoal, mas quando esse poder é exercido de maneira arbitrária ou tirânica pela mesma sociedade humana (através de estruturas e sistemas de vida, jurídicos ou culturais), resultado do livre poder de pessoas que, na busca de maior humanização, o exerceram para dar à luz a vida em sociedade.

O ser humano, em suma, exerce o poder, para o bem ou para o mal, para humanizar-se ou desumanizar-se, como busca de espaços, áreas de segurança e/ou de conforto, como se costuma dizer hoje em dia. Exercer controle sobre coisas ou pessoas para encontrar segurança em si mesmo e na mesma realidade da qual faz parte; para sentir-se confortável, satisfeito, realizado. Trata-se de um tipo de senhorio, como veremos melhor ao abordar a dimensão bíblica.

É um *poder de dominação*, no sentido de senhorio (*dominus*), que leva, precisamente, a domesticar, isto é, a encontrar um lugar no mundo que seja lar, casa habitável (*domus*), onde o hostil deixa de ser hostil e o estranho se torna familiar, de casa. Desse modo, realiza-se a diferença que faz do ser humano, humano, ou seja, poder desfrutar com e na realidade ou padecê-la.

Desse processo faz parte o que já foi dito sobre o amor e, pelo mesmo motivo, aparece aqui o medo em relação ao desconhecido ao que não se pode controlar. O poder é desafiado de dentro por aquele medo de não saber, de não ter clareza para onde se está indo ou o que se pretende em certas situações e circunstâncias. Aqui a lógica de defesa e ataque, confiança e desconfiança, e assim por diante, encontra o seu lugar. Humanizar é realizar algo habitável, poder habitar sem medo um lugar que resulte familiar, onde é possível amar a si mesmo; esse seria o domínio, o domínio do amor que superaria o amor pela dominação e a dominação pelo medo.

Contudo, como salientamos no início, esse processo foi interpretado e realizado muitas vezes em uma chave machista unilateral, dando origem a uma humanização em termos de passagem do caos para a organização, uma perspectiva claramente viril, isto é, racional e hierárquica, sem necessidade de afetos, pelo menos à primeira vista; para manter a ordem devia-se usar o controle, a fim de evitar o retorno ao caos. Para ilustrar graficamente, se o ser humano primitivo encontrou seu lugar na casa ao redor do fogo ("casa"), isto é, dominou o fogo e o tornou aconchegante, em seguida usará o fogo para aniquilar qualquer inimigo à "sua" segurança. Usou o fogo e fez dele um exterminador.

É assim que foi chamada a passagem do *instinto do poder* para a *vontade de poder*. Num primeiro momento, como já foi dito, isso faz parte do processo de humanização; mas os seus efeitos reais devem ser avaliados por uma determinada orientação sociocultural.

As diversas compreensões da realidade do poder passaram por uma grande diversidade de paradigmas de entendimento, que aqui não podemos abordar. Mas, sinteticamente, podemos dizer que talvez a mudança mais significativa, pelo menos no coração da mudança do século passado, tenha sido passar do entendimento do poder como um exercício de possibilidade dentro das estruturas corporativas formais que visam estabelecer um certo equilíbrio de poderes, ao exercício por meio de processos, em que se assume a realidade em sua complexidade e os conflitos de poderes como eixo em torno do qual se resolvam as posições para estabelecer eleições e tomada de decisões, em qualquer nível de relação humana, não apenas na esfera política, onde pode parecer mais evidente. Nesse contexto de mudança, os dramas sociais serão assumidos como elementos emergentes e capacitadores para realizar transformações processuais, dramas que dependerão de como os jogos de poder são estabelecidos e assumidos na arena sociopolítica. Os dramas sociais serão como uma ferramenta heurística que permitirá interpretar e pressionar a qualidade e realidade dos jogos de poderes, até determinar sua real eficácia. O *poder*, aqui, aparece certamente como uma realidade, mas ainda de natureza simbólica, que permite dar mais ou menos peso a todos os tipos de *autoridade*, a ponto de legitimá-la, descartá-la ou simplesmente desvalorizá-la. Assim, o poder exerce seu peso simbólico, visando controlar a construção e o desenvolvimento do tecido sociocultural.

Mais uma vez, compreende-se como o poder, como instinto ou força, está na base das expressões pessoais e sociais de relação e, por sua vez, é fruto delas dentro de um processo de realização humana, pessoal e social. Visto assim, *o poder inspira, impulsiona, configura e projeta*; portanto, faz parte de todo o processo de humanização, em todos os níveis pessoais e sociais.

1.4. Poder como relação

O ser humano é humano quando sabe que pode e quando pode querer; quando quer o que pode, até chegar a querer *poder*, no melhor sentido, com máxima autoconsciência e segurança em relação a si e ao que pretende. Esta é a base de sua autoridade, que fará com que seu poder realize seu querer e, assim, possa ser, na realidade, o que pode ser, sem ir além do que quer e pode ser no aqui e agora da história. Nisso residem sua grandeza e sua miséria, seu maior paradoxo existencial.

O *poder como possibilidade de transformação positiva* também dá origem ao *poder como resistência* quando o mesmo poder degenera e se torna tirania, resistência ativa ou passiva, pacífica ou bélica. De qualquer forma, é sempre a mesma energia vital que leva os seres humanos a responder com força sem precedentes contra várias hostilidades que eliminam suas reais possibilidades de humanização. Nessa realidade, é sempre muito importante considerar o amplo panorama simbólico em volta do poder e suas manifestações, uma vez que são as que realmente afetam a configuração das reais respostas dos seres humanos, tanto pessoal quanto socialmente.

Será sempre necessário precisar bem em que consistem, em cada situação e realidade sociocultural, *as relações de poder*, seja como realidade existencial seja como controle sobre bens e recursos estratégicos, a fim de melhor compreender e desenvolver os papéis e responsabilidades socioculturais e políticos que permitem estabelecer sistemas culturais de valores.

Um tema que de propósito deixamos até agora de lado é a questão da *violência*, intimamente relacionada com uma forma de exercício do poder e da autoridade, quase ao ponto de identificar-

-se como um instrumento dela.⁹ Mas não se poderia deixar passar que talvez seja algo mais, algo mais profundo e mais complexo, ou seja, que a violência pode ser entendida como uma força geradora e motriz do poder e da autoridade e que, em determinado momento da realidade, cheguem a se confundir. Assim, exercer o poder e a violência torna-se a mesma coisa, porque uma não ocorre sem a outra. Talvez seja um dos mais exageros na busca de poder expressar a própria identidade, principalmente a identidade social. Aqui, o poder afetivo e poder efetivo podem se fundir de modo único e ingovernável, tornando-se a sede de todos os tipos de fundamentalismo, que geralmente atinge expressões dramáticas de diferentes tipos de violência entre os seres humanos. Basta pensar, por exemplo, nos diferentes tipos de violência física e psicológica infligida às mulheres e crianças; nos sistemas de tortura e atentados de destruição em massa, e em outros similares, que não só não desapareceram com o "progresso humano" nem foram mitigados como era de se esperar, mas ressurgiram nesses tempos tão "(pós)-modernos". Isso é importante porque essas realidades ocorrem em todos os lugares; não são exclusivas de áreas consideradas "subdesenvolvidas". Tenha-se presente também o clamoroso fenômeno das autoimolações suicidas que, em geral, não são nem individualmente isoladas nem efeito de patologias individuais, mas estão relacionadas com todo o tecido sociocultural, com um suporte identitário de base, que incentiva esse tipo de expressão violenta para manifestar e/ou defender certas configurações societárias.

---

⁹ Entre tantas contribuições, ver: DOMENACH, Jean-Marie et al. *La violencia y sus causas*. París: UNESCO, 1981; HERNÁNDEZ PICO, Juan. Revolución, violencia y paz. In: ELLACURÍA, Ignacio; SOBRINO, Jon (Eds.). *Mysterium Liberationis*, T. II. Madrid: Trotta, 1990, p. 601-621; BRICEÑO-LEÓN, Roberto. *Sociología de la violencia en América Latina*. Quito: FLACSO, 2007; MADDALONI, Domenico. Para una sociología de la violencia. América Latina en perspectiva comparada. In: *Cultura Latinoamericana* 24/2 (2016): 110-128.

A violência se relaciona com a realidade do poder. Embora pertença, ao menos em algumas de suas manifestações, a estratos primitivos de humanidade, não se confunde com eles; ela é mais do que isso. Por outro lado, ela também não é apenas parte de certo desenvolvimento sociocultural, embora faça parte dele em suas formas mais sofisticadas e dissimuladas de manifestação. Trata-se de uma conjugação complexa e paradoxal de elementos humanos primordiais, como força instintiva e, ao mesmo tempo, como meio de expressão dessa força, como expressão de poder e, ao mesmo tempo, como fonte geradora de poder. Tudo isso redutível à fundamental ambiguidade humana que pode escolher, com mais ou menos condicionamentos, dar de si mesmo o melhor ou o pior.

Há uma realidade de poder e autoridade que também está relacionada à violência – nesse caso estrutural e sistêmica –, com claro impacto na vida dos povos e das pessoas. É a que exerce o mercado financeiro, socioeconômico no melhor dos casos e, sobretudo, alguns países ou regras do jogo que dele fazem parte, combinando paradoxos que não apenas tornam a realidade mais revoltante, mas que também manifestam o mal intrínseco desses sistemas.[10]

---

[10] Considere-se, por exemplo, o valor que o dólar norte-americano impõe à cotação mundial, embora provenha de um país com uma enorme dívida pública (por volta de 22 trilhões de dólares) e com não poucos problemas internos. No entanto, isso não impede que a sua moeda continue se impondo às economias globais e sendo um meio-chave para o intercâmbio de matérias-primas, incluindo, sem dúvida, o petróleo. Esse cenário é o que "justifica" e possibilita, por exemplo, que o Departamento do Tesouro dos Estados Unidos encontre compradores de títulos de capitalização do governo a preços muito baratos. Aparentemente, o Federal Reserve dos Estados Unidos vem aumentando as taxas de juros, tornando o dólar mais atrativo para investimentos, uma vez que as taxas de retorno dos investimentos em dólares também foram elevadas, atraindo um fluxo considerável de dinheiro. Em suma, tudo está montado para que, nesses níveis, nada possa ser feito sem o dólar, dando assim um impressionante poder estrutural e sistêmico aos

1.5. Poder, autoridade e liberdade

Não nos detivemos no tema da *autoridade*, mas apenas sinalizamos certa relação entre ela e o poder. Há quem distinga claramente as duas realidades, compreendendo *o poder* como força ou capacidade de exercer força e pressão e *a autoridade* como uma arte de convencer sem qualquer tipo de pressão ou coerção. Em linhas gerais, essa distinção pode servir. No entanto, concretamente, essas duas realidades se apresentam mais inter-relacionadas do que possa parecer, mesmo quando possam ou se queira distingui-las. Por exemplo, *o poder*, visto como capacidade, e *a autoridade,* como uma faculdade que pode exercer poder, isto é, que pode legitimar um bom uso do poder. Em geral, as distinções e associações entre as duas realidades são geralmente condicionadas por uma certa visão parcial, isto é, para entender num sentido unidirecional a relação *poder-autoridade* como exercício de alguém ou algo sobre outras realidades ou coisas, sem uma visão de mutualidade mais relacional e referencial. A primeira visão reflete um esquema mais formal e linear; a segunda, por sua vez, assume o esquema de complexidade relacional. Na realidade, mesmo com todas as distinções possíveis e talvez necessárias, conforme o caso, *não há autoridade sem poder nem poder sem autoridade.* Que se possa ou não legitimar social ou moralmente essa equação, dependerá certamente do fato de seus frutos serem ou não hu-

---

Estados Unidos e às suas políticas de interferência em todos os níveis. Se a isto se acrescenta tudo o que este sistema é capaz de gerar no âmbito sociocultural, sua influência, com uma grande parcela de poder, torna-se enorme, não importando se se trata de uma influência mais positiva ou mais negativa, já que não existe espaço suficiente para uma escolha livre; resta apenas a possibilidade de mover-se com mais ou menos liberdade, preso dentro dessa rede de influência.

manizantes. Por isso, de agora em diante, falaremos sobre a realidade do *poder/autoridade* como um binômio mutuamente relacionado, como dois lados da mesma realidade.

Já apontamos a relação entre *poder* e *liberdade*, e agora insistimos em ressaltar que essa relação é fundamental. A relação entre *poder/autoridade* e *liberdade* deve ser não apenas mantida, mas sustentada como duas realidades intimamente correlacionadas, e não apenas ligadas externamente, visto que a liberdade não pode ser reduzida nem a uma permissão concedida pelo poder/autoridade nem a um espaço menor ou paralelo. Caso contrário, conflitos perigosos para a realização humana pessoal e social poderiam ser gerados, favorecidos e justificados.

Esperamos que, com o que foi dito até aqui, tenha deixado clara a necessidade de entender o poder/autoridade como uma realidade que pertence à própria condição humana e às suas expressões socioculturais. Poder, autoridade e liberdade formam uma única realidade através da qual os seres humanos podem humanizar-se ou desumanizar-se, dependendo do entendimento e da configuração que se queira a essa força primordial nas realizações concretas da história humana. Em síntese, *poder/autoridade* implica transformação por meio do domínio da realidade. Ambos são necessários à vida humana; mas nunca são ingênuos ou neutros e, por isso, devem ser especificados de alguma forma. É o que explicaremos a seguir.

2. A compreensão do poder a partir de uma perspectiva teológica

No âmbito da fé cristã, o *poder* e sua correspondente *autoridade* são um desses temas de clara ambiguidade, usados e abusados tanto na teoria quanto na prática.[11] Aqui proporemos uma abordagem que, partindo do paradigma trinitário, considere a peculiar contribuição da revelação, especialmente da pessoa de Jesus, para, em seguida, oferecermos uma aproximação do tema a partir de uma perspectiva antropológico-moral.

2.1. Perspectiva trinitária

Na perspectiva cristã, o ser humano não está no centro de tudo, muito menos no topo de tudo. O ser humano é uma *pessoa* e, com esse conceito, se indica sua realidade mais profunda como uma realidade relacional, como ser aberto e não fechado em si mesmo, com capacidade de autotranscender-se e transcender a própria realidade. O ser humano não pode ser reduzido a um simples fenômeno ou a uma peça a mais no mecanismo do universo. O ser humano é "rosto", manifestação, epifania,

---

[11] A relação entre o cristianismo e o poder tem sido sempre dramática, tanto no interior da vida dos fiéis como em suas relações com as sociedades civis de todas as épocas. Muito se escreveu sobre o assunto do ponto de vista histórico, jurídico, sociológico, psicológico e teológico, porque diz respeito à sua própria identidade, ou seja, à sua relação histórica com Deus, com o valor da liberdade e da verdade, com a oferta de caminhos de libertação e transformação. Como amostragem basta uma ilustração que nos parece de valor: a referência a Romano GUARDINI (1885-1968) e ao seu simples mas não menos profético ensaio sobre o poder (1957), no qual, entre outras, profetizava com agudez: "para a época futura o importante já não é, em últimos termos, o aumento do poder – embora este continue crescendo cada vez mais em ritmo acelerado –, mas sim o domínio sobre ele. O sentido central da nossa época consistirá em organizar o poder de tal modo que o ser humano, ao usá-lo, possa continuar existindo como humano" (*El Poder*. Un intento de orientación. Madrid: Cristiandad, 1977). Além disso, não queríamos deixar escapar uma afirmação sintomática para nosso tempo, que nosso autor fez quase ao final de seu escrito: "a imagem que aqui traçamos foi concebida desde o ponto de vista do homem. Fazê-lo do ponto de vista da mulher seria tarefa própria de uma mulher..." (p. 109). Nesse sentido, entre tantas vozes femininas, apenas uma amostra: TAMEZ, Elsa. *Luchas de poder en los orígenes del cristianismo*. Maliaño: Sal Terrae, 2005.

microcosmo do grande universo e do infinito. É por isso que ele sente fortemente o chamado para ir sempre mais longe. Na perspectiva cristã, esse ser pessoa significa ser *imagem e semelhança* do Deus-Pai/Mãe-Trindade, do Deus que é comunhão de pessoas, cuja capacidade essencial é dar origem à vida a partir da sua própria essência vital, isto é, *comunhão relacional*. É por isso que, na criação, de várias maneiras, *tudo está em relação*. Este é o grande poder de Deus: dar origem e deixar que as coisas sejam em sua autonomia, sem que resultem subjugadas a ele, embora estejam sempre relacionadas a ele, como sua fonte original e seu fim último. Trata-se do *poder da rela*ção *e da comunicação* que reconhece e fortalece identidades livres, maduras, mas sempre relacionais. Desse poder primitivo depende toda realidade de poder, para, justamente, poder ser a melhor ajuda para que o ser humano seja o que é chamado a ser, considerando o que ele quer e decide ser.

O ser humano, descobrindo a sua identidade mais genuína, tem o poder de ser ele mesmo, sendo alteridade, autotranscendência. Doando-se, ele se reconhece mediante sua ex-istência (como *esse ad alium*), constitutivamente aberto aos outros e ao próprio Deus (ou transcendência máxima). Para dizê-lo em linguagem teológica, ele participa de alguma forma do poder criador, criativo e transformador de Deus. É, nesse sentido, o grande colaborador de Deus. Na perspectiva cristã, nem Deus nem a criação estão no centro ou acima de todas as realidades, mas, de maneira diferenciada, cada uma dessas realidades – Deus, criação e seres humanos – está em profunda relação de comunhão. Desse modo, se algo está no centro ou no topo, é a relação entre essas três realidades, relação assimétrica de reciprocidade mas sempre de mutualidade relacional, a ponto de uma se explicar somente em referência às outras e ter sentido somente em relação às outras.

O ser humano, e tudo o que ele é capaz de gerar genuína e autenticamente, está sempre em relação. Teologicamente, a pessoa só encontra o seu sentido mais profundo e mais verdadeiro à luz do *mistério trinitário*, o qual, por sua vez, só pode ser esclarecido e entendido à luz da *encarnação da Pessoa do Filho*, a Palavra, o Verbo feito carne na história. Portanto, a base estrutural de toda realidade de poder/autoridade deveria ser essa realidade relacional.

Além disso, somente assim é possível entender a razão pela qual a existência humana, como existência cristã, é uma *existência eclesial*; formamos um povo, uma comunidade de irmãos e irmãs. Da mesma forma, só assim é possível compreender a razão pela qual sua vida moral, sua estrutura ética é a da solidariedade, a de carregar as próprias necessidades e as necessidades dos outros, assumindo-as e cuidando delas de uma maneira sempre comunional. Na perspectiva cristã, não há lugar para individualismos, dualismos, monismos; muito menos para seus extremos opostos; mas para uma compreensão e realização integral e dinâmica da existência, assumindo toda a fadiga histórica e o aprendizado necessário para realizá-la da forma mais coerente possível.[12]

---

[12] Ver: RUIZ DE LA PEÑA, Juan L. *Imagen de Dios*. Santander: Sal Terrae, 1988; HEMMERLE, Klaus. *Tras las huellas de Dios. Ontología trinitaria y unidad relacional*. Salamanca: Sígueme, 2005; GONZÁLEZ-FAUS, José I. *Proyecto de hermano.Visión creyente del hombre*. Santander: Sal Terrae, 2000; ZIZIOULAS, Ioannis D. *Comunión y Alteridad. Persona e Iglesia*. Salamanca: Sígueme, 2009; GERGEN, Kenneth J. *El ser relacional. Más allá del yo y de la comunidad*. Bilbao: DDB, 2015.

2.2. Perspectiva bíblica

A missão que os seres humanos, de acordo com o relato de Gênesis, recebem de "dominar" a terra deve ser entendida a partir do contexto significativo que estamos comentando.[13] Portanto,

---

[13] No relato de Gênesis, é importante ressaltar o uso do plural: "façamos", "ser humano" (humanidade), "dominem"; "criou-os", "abençoou-os" e "lhes disse":

> 26 Deus [**Elohim** (אֱלֹהִים)] disse: «*Façamos o ser humano* [הָאָדָם (*haadàm*)] à *nossa imagem*, à *nossa semelhança (be-salmenu; ke-mutenu)*, e que dominem sobre os peixes do mar e as aves do céu, os animais do campo, as feras da terra e todos os animais que se arrastam no solo».
>
> 27 Deus **criou (*bara*)** o ser humano à *sua imagem*; a imagen de Dios os **criou**; ***macho*** (אִישׁ, *ish*) e fêmea (אִשָּׁה, *ishàh*) os **criou** ["os", no texto hebraico: אֹתוֹ (*otò*)].
>
> וַיִּבְרָא אֱלֹהִים ׀ אֶת־הָאָדָם בְּצַלְמוֹ בְּצֶלֶם אֱלֹהִים בָּרָא אֹתוֹ זָכָר וּנְקֵבָה בָּרָא אֹתָם׃
>
> *veyvrà elohìm et-haadàm betzalènu betzèlem elohìm barà otò sacher veneqevàh otàm*
>
> e Deus criou o *barroso* à sua imagem, à imagem de Deus o criou, varão e mulher os criou]
>
> 28 Deus os abençoou e lhes disse: «Sejam fecundos e multipliquem-se, encham a terra: submetam-na e dominem os peixes do mar e as aves do ceu e a todos os viventes que movem sobre a terra».

O ser humano é um ser no mundo; para compreendê-lo é preciso elaborar uma antropologia em conformidade com a unidade cósmica. O sexto dia surge junto com os outros animais, como parte da criação de *Elohim*. O ser humano é imagem de *Elohim*, portanto, do "divino" e não de Yahweh, Deus da história. O ser humano é imagem de Deus: porque fala (palavra criativa); sabe como olhar; pode dominar o resto da criação (como criação, ordenação e uso sagrado); sabe e pode descansar. O ser humano é a única criatura que pode seguir o ritmo do repouso de Deus, ligado ao dia de repouso, celebrando-o dentro de uma liturgia cósmica fundante. Toda criação é um grande templo, no qual o ser humano é o liturgo por excelência. O ser humano é criado à imagem (*selem*), representação do divino, e semelhança (*demut*), capacidade igual à do divino de conhecer o bem e o mal (Gn 3,22); portanto, com a capacidade de conhecer e escolher, isto é, com liberdade. O ser humano é o "tu" de Deus e Deus é o "tu" dele. O ser humano é o modo finito de ser Deus na terra, na história. Outros seres foram criados "segundo a sua espécie" (Gn 1,21.24.25), mas o ser humano foi o único criado "segundo à imagem de Deus." Além disso, devemos acrescentar a essa reflexão o que afirma o relato da criação do ser humano a partir da terra (Gn

não só não é um poder absoluto de domínio, já que não é seu, mas o recebe como parte da expressão de seu sentido de relação com sua própria existência e com o de todo o resto da criação, também porque esse domínio não se estende em princípio a toda a realidade; o tempo, o céu e outras criaturas humanas estão claramente fora; mas como é parte da imagem e semelhança do Deus Criador, sua característica é sempre criativa, ou, o que é a mesma coisa, de serviço, de gestão para que tudo corra de acordo com aquela "ordem" que assume e supera todo "caos".

Se a grandeza do ser humano foi o poder recebido como plenitude da sua própria identidade, mas dentro de certos limites, querer ir além deles dará origem à realidade do pecado, como ruptura do limite ou expansão extralimitada do poder. O limite não é mais visto como uma fronteira que protege; que, limitando, possibilita modos de relações mais harmoniosos, mas será visto como limitante, como finitude insuportável, quase castradora. O nobre desejo de liberdade criativa e expansiva é confundido com o orgulho de possuir e controlar tudo.[14]

Jesus é a revelação do poder e da autoridade de Deus, para ser referência diante dos seres humanos. De muitas maneiras a Palavra de Deus indica essa realidade, seja de modo direto ou

---

2): 15 "O Senhor Deus tomou o homem ["*barro-barroso-húmus*" (הָאָדָם, ha'adam, Adamo)] e pôs no jardim do Éden para que o cultivasse e guardasse". Duas ações e gestos que se explicam por todo o contexto dialógico e comportamental dentro do qual todo o texto criacional se encontra. O poder dado ao ser humano, mais uma vez, é expressão da sua vocação e identidade relacional. É assumir a criação em nome de Deus e fazer como Deus, nem mais nem menos.
[14] É toda a história "caótica" que se desenrola a partir do terceiro capítulo do Gênesis, mostrando consequências sem-fim, que não privam mais a harmonia relacional, mas a desordem, invertendo o senso de poder/dominação criativa, dando lugar ao poder/domínio destrutivo, cheio de ambição, de posse. Uma dinâmica que invadirá toda a história do povo de Israel, como protótipo da história da humanidade, cheia de despotismo e abusos no exercício do governo político e religioso.

por meio de suas palavras, gestos, ações e consequentes decisões. Em suma, toda a sua vida é um paradigma de como se podem encarnar o poder e a autoridade que, vindos de Deus, estão a serviço da humanidade.[15]

Podemos dizer, sinteticamente, que a mensagem de Jesus visa fazer a diferença, apresentando uma nova modalidade da realidade e do exercício do poder/autoridade,[16] atitude que encontrará resis-

---

[15] O *poder/autoridade* de Jesus não é algo que ele possui como próprio, mas é o resultado da sua filiação, do seu relacionamento com Deus Pai/Mãe, porque "tudo me foi dado pelo Pai" (Mt 11,27; 28,18; Jo 3,35; 10,29; 13,3; 17,2). Essa *obediência filial* expressa toda a sua *exousia*, sua força/potência salvadora, que tem como fundamento o "mandato" (*entolé*) do Pai. Mandato que será força compartilhada desde Jesus até os seus seguidores, nunca como um mero preceito ou lei externa, mas como um verdadeiro "novo mandato" (Jo 13,34; 1Jo 2,7; 2Jo 5), que não é senão aquela Palavra que dá Vida porque é o Amor em pessoa, cheio do Espírito. Assim, a obediência de Jesus (Rm 5,19; 2Cor 10,5; Fl 2,8; Hb 5,8) está diretamente relacionada à sua submissão à vontade do Pai (Mt 26,42//; Jn 4,34; 5,30; 6,38; 8,29; 14,31). É interessante como o Vaticano II ecoou profundamente essas referências teológicas, ressaltando que se trata da obediência de Jesus à vontade do Pai (LG, n. 46a) até à morte (LG, n. 36; 42; PC, n 1; 15), com a qual redimiu o mundo (LG, n 3; AG, n. 24b) e abriu o caminho da liberdade aos filhos de Deus (LG, n. 37). Jesus aprendeu a obediência por meio dos seus sofrimentos (Hb 5,8, CP, n. 14), tornando-se, assim, exemplo de obediência para nós (PC, n. 15).

[16] Recordemos o texto antológico e paradigmático da cena e diálogo com os filhos de Zebedeu, quer no contexto em que colocam Marcos e Mateus, após o terceiro anúncio da paixão, quer no outro, talvez mais chocante de Lucas, porque a cena se desenrola imediatamente após a chamada instituição da Eucaristia, um grande sinal de dedicação e serviço. Em todo caso, este é o cenário e a mensagem clara: "Tiago e João, filhos de Zebedeu, vieram a Jesus e disseram-lhe: 'Mestre, queremos que nos conceda o que lhe pediremos'. Ele respondeu: 'O que querem que faça por vocês?' Eles disseram-lhe: 'Concede-nos que nos assentemos um à tua direita e o outro à tua esquerda, quando estiveres na tua glória.' Jesus disse a eles: 'Vocês não sabem o que estão pedindo. Vocês podem beber o cálice que eu vou beber e receber o batismo que vou receber?'. 'Nós podemos', responderam eles. Então Jesus acrescentou: 'Vocês beberão o cálice que eu vou beber e receberão o mesmo batismo que eu. Quanto a sentar à minha direita ou à minha esquerda, não é para mim concedê-lo, mas são lugares para aqueles aos quais foram destinados'. Os outros dez, que ouviram Tiago e João, ficaram indignados com eles. Jesus os chamou e disse: 'Vocês sabem que aqueles que são considerados governantes dominam as nações como se fossem seus senhores, e os poderosos os fazem sentir sua autoridade. Entre vocês não deve acontecer assim. Ao contrário, quem quer ser grande, que se torne servo;

tências e oposições, tanto políticas quanto religiosas. Jesus apresenta poder/autoridade como serviço (Mc 10,45), no sentido de que a vida tem um grande poder em si mesma quando é dada em abundância, sem se impor, mas propondo-se como dom e serviço de libertação e transformação (Mc 2,1-12, Lc 15,1-45, Jo 4,1-41, etc.). É mais que evidente que Jesus não continuará o ideal da realeza bíblica tal como era delineado no primeiro testamento como estrutura e caminho da salvação.[17] O reino que Ele anuncia e torna presente tem, sobretudo, a característica de proximidade, inclusão, aceitação (Mc 1,15.17; 10,13-16).

Além disso, embora se apresente em continuidade com a grande linha profética e sapiencial do primeiro testamento, por sua vez, o faz com toda a novidade própria de uma Palavra de Deus que, de maneira inesperada, vem realizar as mais profundas expectativas das pessoas. Caso seja necessário, tais pessoas deverão transformar as compreensões e realizações humanas e religiosas, que não estejam em sintonia com a Palavra, em sua mais genuína novidade. Este é o seu grande poder e esta é a sua mais autêntica autoridade. Ao revelar a Deus e, a partir dele, o melhor da humanidade, resulta também evidente tudo aquilo que obscurece e distorce a realidade do poder/autoridade. O confron-

---

e quem quer ser o primeiro que se torne um servo de todos. Porque o Filho do homem não veio para ser servido, mas para servir e dar sua vida em resgate por muitos'"(Mc 10,35-45; Mt 20,20-28; Lc 22,24-27).

[17] O *poder* de Jesus é apresentado, de alguma forma, como um *não poder*, pelo menos no sentido negativo que isso geralmente tem; não visa submeter, mas ajudar pessoas e coisas a recuperar seu lugar de dignidade. Isso acontece até mesmo com os "demônios" e, de maneira peculiar, com o lugar e o significado das pessoas em sua relação com Deus por meio da "religião". É por isso que se nota, de imediato, que o seu poder/autoridade (*exousia*) não é como o dos outros, por exemplo, dos escribas (Mc 1,27). Ele se apresenta como "Senhor do sábado" (Mc 2,27), que "não veio para ser servido, mas para servir" (Mc 10,45s); é conhecido como "Mestre e Senhor", mas "lava os pés" dos seus discípulos (Jo 13,13-14) porque está no meio deles "como aquele que serve" (Lc 22,27).

to direto e indireto com o poder religioso do seu tempo é para Jesus a consequência da sua proposta, pois tal poder escondia a mesquinhez humana e, portanto, distorcia a imagem divina, usando as instituições religiosas para fins espúrios (Mc 2,15-16.23-28; 7,8-13; Mt 23,4; Lc 11,46). Para Jesus, seu confronto com os poderes humanos (pessoais, religiosos e políticos) não é tanto em termos de poder, mas por aquilo que o sustenta e pelo que o faz contraproducente para os seres humanos. Por isso, Ele não propõe uma substituição direta do poder, não busca tomar o poder e nem espera que os seus seguidores o façam, mas deseja uma verdadeira mudança de mentalidade, de atitude básica no modo de configurar a humanidade e suas opções. Podemos dizer que Jesus propõe uma ética política que, por sinal, é a maneira mais profunda de fazer política. É importante ter isso presente para que fique claro que não podemos reduzir o poder que inspira Jesus a um mero nível espiritual e, muito menos, compreendê-lo de maneira dualista, como sobreposto ou fora de qualquer ordem material, temporal.[18]

O serviço redentor de Jesus implica o poder de transformar a realidade para devolver a ela a possibilidade de superar a violência que emerge da subversão do poder/autoridade, quando este deixa de ser criativo para ser destrutivo. Por meio do processo redentor, é restaurada a possibilidade de uma profunda reconciliação do ser humano consigo mesmo e com todas as outras

---

[18] Se todas as ações de Jesus têm uma dimensão política – no sentido mais profundo e genuíno desse conceito –, é porque Ele pretende uma mudança nas pessoas que não seja apenas interior, mas que abarque seus modos e estilos de vida concretos. Não poucos episódios de sua vida tiveram uma carga política particular, no sentido de terem tocado em cheio o problema político de seu tempo e, com ele, a realidade do poder/autoridade em seu real exercício. Basta considerar, por exemplo, todo o processo diante de Pilatos, o caso do tributo devido a César ou como se consideravam os primeiros lugares etc.

realidades; as relações poderão ser, a partir de então, mais harmoniosas e, portanto, menos caóticas. Por isso, deve-se assumir não tanto o paradigma da paternidade/maternidade de Deus, mas o da fraternidade.[19] O modo de se perceber a imagem e semelhança do Deus Pai/Mãe-Trindade é através de Jesus Cristo, no Espírito Santo, que se expressa na capacidade de sermos filhos e filhas e vivermos como irmãos e irmãs, na diversidade compartilhada dos dons, em prol de uma *comunhão de comunhões* que se torne essa história e possa ser considerada verdadeiramente humana.[20]

---

[19] Embora seja evidente que Jesus chama Deus de "Pai" ou de "Abba" (Papai), é muito mais eloquente que nunca use atributos como *pantokrátor* (onipotente); *hypsistos* (altíssimo); *basileús* (rei), preferindo identificá-lo com atributos mais holísticos, que reúnem o melhor do ser humano (masculino/feminino): bondade (*agathós*: Mt 19,17; 20,15; *jrèstós*: Lc 6,35; Rm 2,4; 11,22; Tt 3,4), sabedoria, maternidade, paternidade.

[20] Onde poderia reinar entre o homem e a mulher uma situação de dominação (Gn 3,16), agora deve reinar uma relação de amor, tão significativa que seja comparável ao amor de Jesus pela sua Igreja (Ef 5,25); onde poderia se estabeler a ruptura dos laços familiares e a autoridade se impor como domínio de uns sobre outros (Pr 13, 24, 19, 18, 23, 13-14), agora deve dar-se uma relação obediencial de respeito mútuo no Senhor (Ef 6, 4); onde eram justificadas a escravidão e a servidão (Êx 21; Lv 25), agora deve haver relações de igualdade (Ef 6,9; Fm 16), mesmo que as distinções sociais não desapareçam tão rapidamente, visto que amadurecem no processo histórico de formação da consciência humana. De modo específico, no segundo testamento, fala-se de poder ou potência (*dynamis*) como uma capacidade peculiar de manifestar no humano o divino, e de autoridade (*exousia*) como uma característica peculiar, em geral de Jesus, de tornar presente o reino de Deus. Portanto, o poder é traduzido como o poder de se doar por e para os outros. Poder e autoridade são medidos através da diaconia de uma vida doada por amor e no amor, são sempre um reflexo da *dinâmica criativa* que busca superar toda lógica destrutiva. Pode-se dizer, parafraseando Paulo, que é o poder do bem vencendo o poder do mal. Como Jesus, seus seguidores serão revestidos de poder e terão autoridade (Lc 24,49); mas como ele, pela mesma ação livre do Espírito, deverão viver e agir com humildade e ousadia testemunhal, isto é, serviçal e oblativa e nunca dominadora ou opressiva. A razão é que Jesus recebeu "todo poder no céu e na terra" (Mt 28,18) e, embora tenha sido "crucificado por fraqueza", "vive pelo poder de Deus"; portanto, "também nós somos fracos nele, mas viveremos com ele pelo poder de Deus em nós" (2Cor 13,4). BETZ, Otto; COENEN, Lothar. Poder. In: COENEN, Lothar; BEYREUTHER, Erich; BIETENHARD, Hans (Eds.). *Diccionario Teológico del Nuevo Testamento*, vol. III. Salamanca: Sígueme, 1983, p. 285-399.

Além disso, podemos dizer que toda a formação do discipulado em torno da pessoa de Jesus visa configurar e realizar, de um modo novo, o exercício do poder/autoridade. Com uma mudança significativa e fundamental de paradigma, como acabamos de assinalar. Isso pode ser visto de forma sintomática e programática, por exemplo, na estrutura e texto de Marcos: "Jesus os chamou e lhes disse: 'Vocês sabem que aqueles que se consideram governantes dominam as nações como se fossem seus donos, e os poderosos lhes impõem sua autoridade. Entre vocês não será assim. Ao contrário, quem quiser ser grande [entre vocês], que se faça servidor; e quem quiser ser o primeiro [entre vocês], que se faça servo de todos. Porque o próprio Filho do Homem não veio para ser servido, mas para servir e dar a sua vida em resgate por muitos'" (Mc 10,42-45).[21]

A novidade é expressa na forma afirmativa e prescritiva: "entre vós não será assim" (Mt 20:26; Lc 22,26), dito em um presente com caráter permanente, o que significa que para sem-

---

[21] MINGO KAMINOUCHI, Alberto de. 'Pero no así entre vosotros': poder y servicio en el evangelio según san Marcos. In: *Moralia* 23 (2000): 411-424. O autor comenta, de forma clara e sintética, que: "O conteúdo desses ditos é sobre poder e serviço. Inicia-se com uma referência ao modo como o poder é exercido em seu ambiente sociopolítico para contrapô-lo ao exercício do poder no grupo de discípulos: 'entre vocês não é assim'. Para explicitar o modo como o poder é exercido entre os seguidores de Jesus são usados o termo *diakonos* (servo) e a metáfora *doulos* (escravo). Esta última expressão, de modo especial, ao se referir aos últimos na estratificação social, confere à afirmação uma conotação marcadamente subversiva. As práticas do exercício da autoridade entre os seguidores de Jesus são alternativas e subversão do modo como o poder é exercido no império. O último *logion* vincula esse mandato de serviço à missão redentora do Filho do Homem. Novamente é usada, aqui, uma metáfora tirada da instituição da escravidão: *lytron*, termo técnico que designa o preço pago pela libertação de um escravo. A libertação trazida por Jesus há de se fazer visível por meio da parábola de uma comunidade que se mostra como alternativa às estratégias de poder dos governantes imperiais. Esse é o mandato que encerra os ensinamentos sobre o discipulado de Jesus" (p. 424). MATEOS, Juan; CAMACHO, Fernando. *El Evangelio de Marcos*. Análisis lingüístico y comentario exegético. Córdoba: El Almendro, 1993; FERNÁNDEZ, Cyprian Eranimus. *La propuesta implícita de una nueva identidad social en el relato de Marcos*. Salamanca: UPS, 2012.

pre é e deverá ser assim. Isso é nevrálgico. Jesus deixa claro que não é conciliável com a sua proposta evangélica nenhuma realidade em que o poder se configura como opressão e abuso de autoridade. Isso fica evidente na tríplice insistência do uso "entre vós" para enfatizar a diferença e evidenciar como o paradigma é e será sempre o do "Filho do Homem", "sofredor e servidor", que "dá a vida", que "resgata". Esta é a sua glória, a única que pode ser reivindicada no seu seguimento. Esta é a verdadeira *forma Evangelii*.

A questão, como podemos ver, não é o problema de querer ser grande ou primeiro, mas como isso se configura. Temos de ser grandes e primeiros, mas a partir do serviço e da doação de nós mesmos. A missão cristã é um serviço que busca despertar a vida como serviço e doação, para que haja possibilidades de vida livre e digna para todos os seres humanos, sem exceções ou exclusões.

É importante ter presente que esse texto pertence ao terceiro relato da Paixão e que os três relatos são contextualizados por duas curas de cegos (Mc 8,22-30; 10,46-52). Podemos perceber a cegueira como incompreensão, como um estar entre "não ver e ver", tipificada entre a proposta de Jesus e seus discípulos, que às vezes custam assumi-la; custa-lhes "ver" o que se lhes está manifestando; custa-lhes abrir o horizonte, pois sua miopia os cega, os mantém no escuro, sem acesso à verdadeira luz. Jesus tenta fazer com que vejam, que percebam não apenas como ele questiona a modalidade do poder, mas a sua legitimidade; por isso ele se refere àqueles que "consideram" ter autoridade. O poder, como um elemento antropológico, não só resulta contaminado por um mau exercício, mas por uma má compreensão do seu significado. Com sutil ironia, o texto nos faz ver esta realidade, que geralmente não se vê ou não se quer ver.

Sintetizando, podemos dizer que o paradigma *kenótico-diaconal*, doação/serviço, é o que marca as atitudes reveladas por Deus para mostrar como os seres humanos devem configurar suas atitudes mais primárias e fundamentais, entre as quais se encontra, sem dúvida, a realidade do poder/autoridade.[22] Assim, entende-se que, em última análise, é a realidade do poder/autoridade (como força/poder/dinâmica) que o Deus da vida concedeu aos seres humanos para "submeter" a criação (Gn 1,28; Mc 10: *katakyrieúo*) e configurar-se como comunidade que serve.

Assim, poder/autoridade nunca aparece como fim em si mesmo, mas como meio imprescindível para realizar o serviço e até mesmo configurar as relações como serviços mútuos (Gl 5,13.25).[23] Jesus expressou isso de maneira paradigmática

---

[22] O Vaticano II afirmou, com sintética clareza, que Jesus, "não querendo ser um Messias político e dominador pela força (Mt 4,8-10; Jo 6,15), preferiu denominar-se Filho do Homem, que veio 'para servir e dar a vida em resgate por muitos' (Mc 10,45). Apresentou-se como o perfeito Servo de Deus (Is 42,1-4), que 'não quebrará o caniço rachado, nem apagará a mecha que ainda fumega' (Mt 12,20). Reconheceu o poder civil e seus direitos, ordenando dar o tributo a César, mas advertiu com clareza que os direitos superiores de Deus devem ser respeitados: 'Devolvei, pois, a César o que é de César e a Deus, o que é de Deus' (Mt 22,21). Finalmente, levando a termo na cruz a obra da redenção, com a qual conquistaria a salvação e a verdadeira liberdade para os seres humanos, completou sua revelação. Ele deu, pois, testemunho da verdade (Jo 18,37). Não quis, porém, impô-la pela força os que o contestavam. O seu reino não se defende pela violência (Mt 26,51-53; Jo 18,36), mas se estabelece pelo testemunho e na escuta da verdade. Ele cresce pelo amor por meio do qual o Cristo, elevado na cruz, atrai todos a si (Jo 12,32)". *Dignitatis Humanae*. Sobre a liberdade religiosa. In: CONCÍLIO ECUMÊNICO VATICANO II. *Documentos*. Brasília: Edições CNBB, 2018, n. 11. Sabemos que o segundo testamento evitou, quase que escrupulosamente, usar, em referência a Jesus e seus discípulos, termos que no grego profano serviam para designar a autoridade e o poder terrenos. Por isso, Jesus preferiu usar expressões provenientes do contexto da escravidão que eram conhecidas por todos, como por exemplo, o qualificativo de *diákonos* aplicado a si mesmo (Mc 10,45; Lc 12,37; 22,27) e aos seus discípulos (Mc 9,35; Mt 23,11; Lc 22,26).

[23] Como leitura estimulante, pode-se ver a clássica contribuição de Clodovis BOFF, embora aplicada diretamente à Vida Religiosa, mas com uma interessante análise sobre a compreensão do poder: *El evangelio del poder-servicio. La autoridad en la vida religiosa*. Bogotá: CLAR, 1988. Ver também as interessantes refle-

ao longo de toda a sua vida, mas mais significativamente na doação até a morte na cruz.[24] Ali, Jesus, movido não pelo amor ao poder, mas pelo poder do amor, leva à plenitude a obra da redenção como selo de uma nova criação. É esse gesto que o constitui Senhor, por ser o maior servidor de todos. Nisso reside a realidade do seu poder/autoridade,[25] o qual se fundamenta sobre a vitória não do mundo como tal, mas de seus caminhos ou modos de configurar poder/autoridade.

---

xões de SUSIN, Luis Carlos. Poder e participação na vida religiosa. In: FABRI DOS ANJOS, Márcio (Ed.). *Vida religiosa e novas gerações*. Memória, poder e utopia. Aparecida: Santuário, 2007, p. 185-200; além de uma coleção de escritos do então BERGOGLIO, Cardeal Jorge Mario. *El verdadero poder es el servicio*. Buenos Aires: Claretiana, 2007.

[24] Vale lembrar que a cruz era para os romanos um sinal de tortura, que afirmava o poder do império, servindo como advertência aos povos a ele submetidos, em particular aos escravos e rebeldes. Portanto, Jesus, assumindo esse sinal, apesar de tê-lo vencido, não apenas cumpre um papel meramente "religioso" (des-historicizado), mas profundamente político, porque subverte seu sentido e realidade. Onde o uso e abuso do poder/autoridade conduz por meio da tirania à morte e ao abandono, o Deus da vida e Senhor da história oferece uma real promessa de libertação e transformação, a realidade da ressurreição, dentro da dinâmica do *já sim-ainda não* ou, melhor ainda, do *ainda não-já sim*. Portanto, e somente por essa razão, "Jesus, o crucificado, é o Senhor"; que significa dizer que somente o poder/autoridade do amor exerce o real senhorio nas pessoas, na história e em todos os sistemas de vida.

[25] Na perspectiva cristã, a centralidade da pequenez é a maior grandeza. Tornar-se como as crianças para acolher e realizar o reino a partir da simplicidade, alegria e crescimento constante significa que a vida adulta será maturidade sem adulterar a realidade da qual se partiu, pois, como Igreja, nunca deixamos de ser crianças diante do nosso Deus-Pai/Mãe (Mt 18,1-8; Mc 9,33-36). Só uma Igreja de pequenos pode superar a realidade de um poder/autoridade patriarcal, hierárquica e gerontológica. Jesus foi criança, não só no escondimento de Belém e Nazaré, mas sempre, em seus passos e escolhas de vida até o final, enfrentando todo abuso de poder a partir do seu não poder, como uma criança que pergunta 'por que me bates?', 'por que me abandonas?', mas que segue confiando e se entrega nas mãos do Pai/Mãe. Sem essa mudança, será impossível a Igreja desfazer estruturas de abuso de poder/autoridade que acobertaram e até mesmo favoreceram escândalos sexuais de todo tipo, assim como os escândalos econômicos e de exclusão pelo simples fato de discordar dos centros manipuladores do poder eclesiástico vigente. Exercer o poder/autoridade de *ligar/desligar* não tem nada a ver como o *olho por olho*, com vingança, com a condenação sempre adúltera por ser ocultadora e cúmplice, mas com o serviço sempre restaurador, por ser libertador e transformador. É o por estarem assentados em abusos de poder.

2.3. Visão antropológico-moral

O centro da moralidade humana é, sem dúvida alguma, na consciência (GS, n. 16), mais precisamente na tomada da consciência.[26] Por meio do processo de formação e maturação da consciência humana o ser humano pode dizer que, cada vez mais e melhor, se percebido como tal, vai se realizando como pessoa. Nesse sentido, a consciência é, de alguma forma, uma expressão qualificada da realidade do poder/autoridade, como expressão da real humanidade, digna, livre e responsável. Quem tem uma consciência clara e profunda tem, acima de tudo, poder sobre si mesmo e pode tê-lo em seu favor quando se trata de gerenciar seus relacionamentos. A partir daí, pode-se compreender a importância de todo o processo de conscientização ao ajudar a configurar processos de libertação e transformação humana, histórica, pessoal, social, estrutural e sistêmica.

A *experiência humana* e, mais ainda, a experiência da formação humana, torna-se fundamental para a configuração da consciência, a partir da qual o ser humano pode exercer livre, madura e responsavelmente o poder/autoridade para seu próprio benefício e demais realidades com as quais se relaciona.[27]

---

[26] Note-se que o termo *consciência*, em português, é usado em dois sentidos básicos: no sentido moral e no sentido psicológico e mental para designar a faculdade de percepção sobre si e seu ambiente.

[27] Sobre a avaliação da experiência vale a pena considerar as palavras pedagógicas que Paulo FREIRE (1921-1997) nos deixou: "A questão não é parar de lutar. Este é o discurso totalitário neoliberal. A questão é mudar a maneira de lutar. Há que inventar o modo de lutar, mas nunca deixar de lutar. Os jovens precisam saber que a existência humana é uma experiência de luta e até de violência. A existência humana é uma existência conflitiva. A questão é saber como tornar a existência humana cada vez mais uma experiência "gentificada", de pessoas, de sujeitos, não de objetos. E isso não se consegue sem luta, sem esperança, sem tenacidade e sem força". In: FREIRE, Paulo. *El grito manso*. 2 ed. Buenos Aires: Siglo XXI, 2009, p. 63.

Uma experiência que, quanto mais holística for, melhor será a terra de cultivo, dentro de um processo de verdadeira e autêntica humanização. Uma experiência também relacionada à integralidade da realidade, ou seja, que todos os elementos internos e externos intervêm, por assim dizer, na realidade da pessoa. Eles contam, então, suas conformações e relações neuronais e psíquicas como suas conformações e relações socioculturais[28].

Um segundo elemento pertencente em parte à experiência, mas com consistência própria, é o que poderíamos considerar como o mundo da *ideologia*,[29] no sentido de que esse mundo de pré-compreensões é o que mais afeta o momento de sistematização, apoio e transformação da realidade do poder/autoridade na vida das pessoas. E a tomada de consciência tem a ver com esse mundo da ideologia, isto é, o mundo valórico que se assume para entender e enfrentar a realidade. Visto que a ideologia é o que permite às pessoas operar conscientemente a significatividade que encontram em relação à realidade, consciência e

---

[28] Como bem dizia Paulo FREIRE: "O homem é um ser de relações e não apenas de contatos; não está sozinho no mundo, mas com o mundo". In: *Educação como prática da liberdade*. Rio de Janeiro: Paz e Terra, 1967, p. 28.

[29] Aqui entendemos a ideologia (éidos-lógos), em primeiro lugar, como o conjunto de "ideias" (formas abrangentes) que conformam determinados pensamentos-atitudes pessoais e socioculturais, como um determinado sistema valorativo de ideias relacionadas à configuração e ação social, mas também como um processo pessoal e social de interpelações socioculturais, sem descartar certo significado pejorativo (falsidade, conhecimento errôneo, tendencioso, relativista, oposto ao real etc.), que costuma ocorrer também em outros âmbitos. Nesse caso, seria melhor falar em ideologização, enquanto encobridora do real. Ver: SÁNCHEZ DE LA TORRE, Ángel. Ideologia. In: *Diccionario de Ciencias Sociales*, vol. I. Madrid: Instituto de Estudios Políticos, 1975-1976, p. 1042-1046; FERRATER MORA, José. Ideología. In: *Diccionario de Filosofía*, vol. 2. Madrid: Alianza, 1979, p. 1610-1615; LIBANIO, João Batista; TABORDA, Francisco. Ideologia. In: ELLACURÍA, I.; SOBRINO, J. (Eds.). *Mysterium Liberationis*, T. II, p. 579-600. Para ampliar outros aspectos: GOULDNER, Alvin W. *La dialéctica de la ideología y la tecnología. Los orígenes, la gramática y el futuro de la ideología*. Madrid: Alianza, 1978; LARRAÍN, Jorge. *Concepto de ideología*, I-IV. Santiago: LOM, 2007-2010.

ideologia não se confundem, mas uma não se dá sem a outra. A consciência é um processo mais complexo dentro da conformação do ser humano, e a ideologia é, nesse processo, um meio ou mediação que inclui conceitos, paradigmas, horizontes de compreensão, bem como as experiências mais simples e cotidianas que os fundamentam. Apoderar-se desses componentes é assumir o poder de uma consciência que sabe expressar o que é e deseja através da/s ideologia/s.[30]

Essa perspectiva pode ajudar a evitar uma análise meramente formal ou teórica da consciência – e sua relação com o poder/autoridade –, e enquadrá-la dentro de uma perspectiva mais ampla, como a de um ser histórico que se realiza por meio de atitudes e atos conscientes, assumidos com toda subjetivida-

---

[30] Temos ouvido falar e sentenciar sobre o "fim das ideologias" (no plural), como a parte final de uma era, abrindo o caminho para uma outra; deixaríamos para trás a era em que reinava a razão humana e seus princípios ("ideológicos") para dar lugar a uma época em que a tecnologia e as ciências afins determinariam a chave para toda a existência histórica. A primeira forma apontava ou se movia a partir do universo do desejável, e a outra, a partir do mundo do possível. Não podemos nos esquecer de que a tecnologia, com todas as suas expressões e derivados, é apenas mais uma encarnação do momento ideológico de uma determinada cultura ou modalidade do viver humano. As ideias, ideais ou doutrinas não desaparecem, mas se transformam e se configuram de modos diferentes, e os momentos ideológicos de tais ideias ou doutrinas também. Enquanto as doutrinas têm como critério de verificação certa realidade e concepção sobre o que é ou não (a) "verdade", as ideologias assumem o critério da oportunidade para facilitar ou não a maior autenticidade das ideias na tarefa prática da existência. O interessante é que nada disso aconteceu como previsto; os temas em discussão passaram a ser argumentos éticos (aborto, gênero, eutanásia etc.), relegando a segundo plano outros temas não menos importante, como as questões relacionadas ao uso do poder público e privado; à riqueza; aos bens naturais; às desigualdades sociais etc. Tais temas, de forma inesperada, foram ocupando espaço por força da realidade e por alguns que, como profetas, começaram a fazer com que suas vozes fossem ouvidas (por exemplo, ecologia e imigração). Entre outros, veja: BELL, Daniel. *El fin de las ideologías*. Madrid: Tecnos, 1964; *El fin de las ideologías*: sobre el agotamiento de las ideas políticas en los años cincuenta. Madrid: Ministerio de Trabajo y Asuntos Sociales, 1992; BELL, Daniel; FUKUYAMA, Francis; REVEL, Jean-François. ¿Ideologías sin futuro? ¿Futuro sin ideologías? Madrid: Complutense, 1993.

de possível dentro de relações o mais possível holísticas. Podemos dizer que é a partir das configurações ideológicas da consciência que surgem as várias posições e teorias que o ser humano configura para exercer seu poder/autoridade, a fim de levar adiante os processos de humanização.[31] Por isso, será sempre necessário atender aos verdadeiros interesses e até mesmo aos subterfúgios que dão origem, no fundo das consciências, às determinações históricas. Determinações que conformarão o que chamamos de culturas e/ou expressões culturais, que são as que

---

[31] Nesse sentido, parecem ser interessantes as contribuições e análises que Therborn faz a partir de sua proposta como superadora da perspectiva marxista e, acima de tudo, de Althusser, ao mesmo tempo em que permanece na mesma linha interpretativa. Para o autor, "a função da ideologia na vida humana consiste basicamente na constituição e modelagem da maneira que os seres humanos vivem suas vidas como anfitriões conscientes e reflexivos em um mundo estruturado e significativo. A ideologia funciona como um discurso que se dirige ou, como diz Althusser, que interpela os seres humanos como sujeitos" (p. 12) e, em seu ensaio, trata mostrar o "caráter complexo, variável e conflitivo" que a ideologia desempenha" na organização e desempenho do poder", centrando-se de modo peculiar no poder das ideologias nos processos de mudanças sociais, em seu caráter mobilizador e condutor, chegando a concluir que "o poder da ideologia não só opera em conjunturas de elevado dramatismo, mas também em processos lentos e graduais. As ideologias não apenas consolidam os sistemas de poder; elas também podem ser a causa de seu colapso e seu desvio como se fossem bancos de areia: ainda de pé, mas não da mesma maneira ou no mesmo lugar" (p. 101). THERBORN, Göran. La ideología del poder y el poder de la ideología. Madrid: Siglo XXI, 1987. Pode-se enriquecer essas perspectivas com o estudo de: MANNHEIM, Karl. Ideología y utopia. Madrid: Aguilar, 1970; e com as contribuições significativas de Ricoeur, que distingue três usos legítimos do conceito de ideologia, correspondendo a três funções que elas cumprem com dimensões do imaginário social. O primeiro compreende a ideologia em sua função de dissimular a vida real; o segundo, em sua função integradora; e o terceiro em sua função justificadora. Veja, entre outros: RICOEUR, Paul. Ideologia y utopia. Barcelona: Gedisa, 1989; Del texto a la acción. México: FCE, 2002. Desse último, referimos o que segue: "O gesto da hermenêutica é um gesto humilde de reconhecimento das condições históricas a que todo o entendimento humano está submetido sob um regime de finitude. O da crítica das ideologias é um gesto altivo de desafio dirigido contra as distorções da comunicação humana. Pelo primeiro, insiro-me na evolução histórica à qual sei que pertenço; pelo segundo, oponho ao estado atual da falsificada comunicação humana, a ideia de uma libertação da palavra, de uma libertação essencialmente política, guiada pela ideia da comunicação sem fronteiras e sem obstáculos" (p. 334).

ajudam, por sua vez, a determinar as modalidades possíveis e desejáveis do poder/autoridade, sendo elas, ao mesmo tempo, base e produto do poder/autoridade das consciências. Temos de ver todos esses fatores sempre em reciprocidade, distinguindo cada um deles, sem nunca separá-los ou considerá-los opostos um ao outro, mas tentando verificar em cada ocasião como ocorrem as influências mútuas[32].

Supomos, além disso, que o ideológico não é apenas resultado de alguns "interesses" da parte, nem dos condicionamentos socioculturais, mas também, e de maneira peculiar, parte da *estrutura da inteligência humana*, a qual, como inteligência sensível/emotiva, a partir de sua natureza biológica/material, exerce sempre uma direcionalidade que inclui a atividade como transformação da realidade para a própria sobrevivência humana, que é seu "interesse" básico. Por essa razão, todo conhecimento é sempre de algum modo interessado e, nesse sentido ideológico, interessa-se pela vida que se quer viver, por isso exerce um poder. Quando esse interesse é distorcido, há uma ideologização na intencionalidade e na práxis da realização humana. Da mesma forma, quando a relação (intelectiva/práxica) com a realidade não é assumida de forma integral e crítica, considerando todos os possíveis fatores condicionantes.

---

[32] Em tudo isso que estamos dizendo, supomos uma distinção simples, mas básica, entre a *formação da personalidade* e a *configuração da subjetividade* humana, ou a consciência humana como tal. A personalidade é formada desde o início pela intervenção de vários fatores biológicos e psicodinâmicos, bem como psicossociais do seu contexto, em que a pessoa vive seus primeiros estágios de crescimento. A subjetividade pressupõe esse processo, mas vai além. Ou seja, a partir desse universo de relações, se estabelecem atitudes fundamentais quanto, sobretudo, às relações mais externas da pessoa, aquelas que lhe permitem socializar com o meio e, assim, realizar-se conjuntamente com os demais e com todas as coisas. Poderíamos resumir dizendo que uma pessoa vive sua *personalidade* por meio de diferentes formas de *subjetividade*, isto é, de opções e adoções conscientes de vida.

A consciência, como lugar de interpelação ideológica, em nível pessoal e social, tem um valor significativo quando se trata de configurar a realidade do poder/autoridade.[33] A consciência tem o poder/autoridade para ajudar as pessoas a esclarecer e definir sua identidade, a dar (ou não dar) a ela um sentido de autenticidade; além disso, tem também o poder/autoridade para ajudar a discernir a verdade e determinar o que é justo, reto, desejável e, assim, dar um lugar significativo ao mundo dos desejos profundos (que são sempre lugar de poder, como já indicamos). Por fim, a consciência tem o poder/autoridade de ajudar a entender e definir os limites de toda realização humana que quer ser verdadeiramente humanizante, dando assim lugar ao sentido de esperança, isto é, de controle de seguranças e de possível defesa de todas as negatividades; poder de possibilitar o possível e não apenas o provável, mas o que era desejável como parte configuradora da própria identidade. Um poder que sempre implica uma dupla dinamicidade, a de ser *ego-poder*, poder pessoal e sobre si mesmo (configurante), e a de ser *alter-poder*, poder com e sobre os outros (influente), unidas na sua intrínseca dinamicidade no interior de uma identidade pessoal sempre configurada como alteridade.

Desse modo, a consciência permite às pessoas, através de seus processos ideológicos, ganhar densidade identitária em sua

---

[33] Tendemos a considerar a ideologia como uma necessidade, não apenas dentro do processo intelectivo sensível, mas como necessidade histórica e isso devido à historicidade constitutiva da própria inteligência sensível. O momento ideológico da práxis de vida, que ocorre na consciência, é o que produz os esclarecimentos mais ou menos coerentes, holísticos e avaliativos da apreensão da realidade, em suas partes e em sua totalidade. Assim, a ideologia é como o ar que se respira, a água em que se nada, não apenas o contexto vital, mas a vitalidade do contexto, a partir do qual e no qual a consciência se desenvolve e se expressa. A ideologia, como cosmovisão, é um momento integral da consciência, não apenas da sua capacidade de saber fazer, mas também do fazer sabido, ou se se deseja, não apenas do poder saber para fazer, mas também do ter podido fazer sabendo.

existência histórica, deixando-se interpelar por ambos os fatores (o existencial e o histórico) e, por sua vez, interpelando-os. Trata-se de um jogo que é, ao mesmo tempo, inclusivo e posicional, no sentido que inclue nesse processo de configuração todo um mundo de significados que, com precisão, determinará a força significativa da pessoa e suas relações, como também posicionará a pessoa dentro de um jogo de reais contextos de relação.[34]

Do ponto de vista antropológico-moral, o interesse pelo poder/autoridade não é importante apenas para compreender a identidade e as ações das próprias pessoas e sua possível interação com a realidade, mas também porque nele está em jogo a capacidade mais importante que qualifica a realidade humana como realidade interpretativa e transformadora da realidade em geral.

Nos jogos de poder entre pessoas e entre fatores sociais, a complexidade da existência eleva-se aos seus maiores níveis de realidade. O poder da consciência e sua conformação ideológica desempenham um papel altamente significativo. Pode-se dizer que as verdadeiras mudanças pessoais e sociais só acontecem a partir de como esses jogos são estabelecidos.

Tal realidade pode ser percebida, sobretudo, em situações de crise, quando as forças em confluência colidem com a diversidade de opiniões e realizações que, por diversos motivos, levam a confrontos de todos os tipos. A consciência se mobiliza e, portanto, mais cedo ou mais tarde, produz mobilizações ex-

---

[34] Por exemplo, a *consciência cristã* configura uma existência histórica a partir da perspectiva de Jesus e sua proposta de *nova humanidade* como lugar e forma de realizar o reino de Deus, que *inclui* um grande e peculiar universo simbólico e um modo *posicional* de assumir e enfrentar a vida e seus desafios. E tudo isso é um modo particular de dar forma ao poder/autoridade, que certamente não é nem pode pretender ser o único, mas que é proposto como um modo autêntico, disposto a jogar com outras formas possíveis, desde que a carga ideológica sempre permita dar lugar a melhores processos de humanização.

ternas, pessoais ou sociais, pacíficas ou não, que sempre têm um caráter revolucionário, até mesmo subversivo, no sentido de que é uma reação a situações indesejadas que colidem com os desejos mais profundos da genuína humanização. O conflito na realidade e a realidade como conflito não é necessariamente um aspecto da negatividade da realidade do poder/autoridade, mas uma dinâmica interna para a sua realização, dentro do processo de transformação que busca repetidas vezes acontecer em um contexto das relações históricas existenciais.[35]

Um elemento, certamente não menos importante, é determinar de *onde as consciências e suas configurações ideológicas são formadas*. Melhor ainda, de onde recebem uma maior influência em certos momentos existenciais e históricos. Dada a nossa realidade histórica, há algum tempo se podia afirmar, sem risco de exagero, ser mais do que evidente que os discursos teóricos, sociais e religiosos nem sempre tinham uma grande e direta interferência.

Não são os grandes documentos e escritos que inspiram, pelo menos de imediato, as consciências e seus processos de transformação. Eles não exercem, nesse sentido, um poder real, eles não empoderam. Talvez maior influência exerçam os diversos pregadores ou oradores, nas diversas sociedades ou grupos socioculturais e religiosos, bem como os líderes carismáticos que promovem práticas ou estilos de vidas concretos. Maior influência ainda pode ser que exerçam os chamados meios de comunicação social, os clássicos e tudo o que a rede oferece

---

[35] Isso pode ser visto na vida e especialmente no final da vida de Jesus Cristo. Ver, por exemplo: Gallardo, Carlos Bravo. *Jesús, hombre en conflicto*. El relato de Marcos en América Latina. Santander: Sal Terrae, 1986; González Faus, José Ignacio. *La Humanidad Nueva*. Ensayo de cristología. 10 ed. Maliaño: Sal Terrae, 2016.

por meio da *internet*. Aqui entram jornalistas, *talk shows*, séries televisivas, músicas, vídeos, histórias de vida, *blogs* etc. Isso ocorre porque a mídia não apenas reflete a realidade, mas também a filtra, dimensiona e, não poucas vezes, reconstrói.

O *poder da mídia* talvez seja hoje *o meio de maior poder*, no sentido de empoderar, convencer, influenciar opiniões e decisões de vida, pelo menos na maioria das pessoas. Ultimamente, com a abundância de notícias falsas (*fake news*) e/ou notícias muitas vezes desfiguradas, bem como a seleção de informações respondendo a interesses não muito claros, parece despertar um senso crítico na consciência dos indivíduos, para não serem meros "consumidores", mas mais participantes.[36]

Por outro lado, há quem veja a mídia mais como uma indústria; e assim nascem os grandes grupos ou alianças midiáticas, que exercem um poder de concentração a serviço de interesses particulares e/ou de partidos, em vez de um real interesse na configuração da sociedade. Porém, as novas tecnologias parecem estar deslocando cada vez mais os eixos de interesse e,

---

[36] Nos dias de hoje, somos testemunhas de um *poder crescente* da mídia na arena pública. A imprensa passou por vários estágios, desde ser completamente monopólio de quem a detinha ideológica e economicamente, a ser partidária, referencial de alguns setores, uma mera opinião, até chegar a desenvolver – o que se chama ou pretende ser – o jornalismo investigativo. Todos esses fatores ou características não desapareceram, mas se fundiram de vários modos de acordo com as diferentes situações sociopolíticas. Nos meios televisivos, mas também nas redes, instala-se a autoridade da informação e o debate democrático aberto, acompanhado pelo desejo de uma imprensa de pesquisa "independente"; embora não posssamos ser ingênuos sobre isso. A chave costuma ser a busca da "transparência", tão louvável como também tão "usada" para outros fins que vão além de fornecer informação "objetiva", que ajude no discernimento e na tomada de decisões pessoais e sociais. Os meios de comunicação criam, assim, os tempos, a linguagem, orientam tendências, formam atitudes, em todos os cenários, privados e públicos. Eles definem novos limites, mas, na maioria das vezes, superam tais limites em suas funções e naquilo que direta ou indiretamente propõem.

nesse sentido, os jogos de poder, os espaços reais do verdadeiro empoderamento social.[37]

Vale lembrar que o direito à informação correta e responsável é essencial para uma vida em liberdade, pessoal e social, e também porque é, sem dúvida, um instrumento básico de poder. Ter informação é ter poder. Comunicar e informar para conhecer e conhecer-se é de vital importância na vida dos seres humanos. Certamente não é fácil em uma rede social em que existe uma verdadeira poluição informativa; mas isso não tira o valor e a necessidade de delinear a realidade do poder/autoridade a partir de uma informação correta e responsável.

Nesse contexto, dá-se uma paradoxal instrumentalização da mídia no jogo de poderes. Por um lado, espera-se que informe de modo independente e crítico tudo o que acontece na arena da história, oferecendo os melhores dados possíveis para se entender e enfrentar os desafios da realidade; mas, por outro,

---

[37] A realidade do poder/autoridade exercido a partir do campo da tecnologia já não se move apenas dentro da produção de meros dispositivos auxiliares para a vida doméstica, ou a produção de armas, ou sistemas sofisticados de comunicação, mas cada vez mais atinge níveis mais complexos que envolvem totalmente os seres humanos, especialmente no campo da medicina, das máquinas inteligentes com inteligência artificial etc. O desafio nesses avanços será basicamente se a tecnologia é capaz de humanizar-se e humanizar os seres humanos ou se os seres humanos serão tecnologizados ou rejeitados com o avanço e o progresso de humanoides, ou como serão chamados. Além disso, devemos reconhecer que, mesmo quando os avanços tecnológicos têm contribuído significativamente para o desenvolvimento da humanidade, eles não têm sido capazes de ajudar a superar as grandes desigualdades de oportunidades e, em muitos casos, de uma forma ou de outra, têm ajudado a aprofundá-las ainda mais. No fundo, a questão não está apenas em poder fazer ou não uma coisa, criando progresso, mas como esse poder é usado e para que é usado. Existe sempre o perigo de se permanecer em uma consciência utilitarista, sem abordar seriamente as motivações e os efeitos das medidas escolhidas, a fim de acomodar a realidade do poder/autoridade como um mecanismo de progresso tecnológico. O ser humano é e deveria ter sempre a possibilidade de manifestar, sem pressão ou coerção, o excedente humano, não através de mecanismos que anulem sua humanidade, mas que lhe permitam expressá-la cada vez mais e melhor.

os setores que esperam tais informações querem que, quando se trata de cada um deles (cidadãos, ONG, Igrejas, partidos políticos etc.) os dados sejam os melhores possíveis de modo a lhes conservar uma boa imagem; caso contrário, a mídia será automaticamente vista como inimiga, opositora, como um incômodo "quarto poder".

Todo esse panorama foi concebendo um elemento que podemos considerar, em si mesmo e pelo que produz nas pessoas, como gerador ou doador de certo poder/autoridade. Referimo-nos à atual *cultura midiática* (basicamente audiovisual) e ao seu correlato, a *cibercultura*, que cada vez mais são as que condicionam as ações e reações na maioria dos âmbitos e áreas da vida pessoal e social. É claro que, a partir desta configuração sociocultural, podem aparecer pessoas e tendências que, por sua atração quase magnética, orientam e/ou manipulam as emoções e dirigem as reflexões e as posturas das pessoas que fazem parte, direta ou indiretamente, de tais culturas.

Fica clara, assim, a importância para a formação das consciências diante da chamada *cultura da imagem*, pois esta, pela força do impacto e da repetição, tem criado hábitos em todas as camadas sociais. Hábitos contra os quais não é fácil gerar uma atitude crítica. Por isso, podemos afirmar que esta cultura exerce um poder que, por melhor que seja, enfraquece definitivamente o empoderamento das pessoas, tornando-as mais vulneráveis, menos críticas, menos livres e, em alguns casos, menos dignas. De qualquer forma, a subjetividade hoje não poderá escapar desse tipo de cultura e sua influência e, por isso, terá de aprender a assumi-la e assimilá-la da forma mais crítica e humanizante possível.

Até aqui indicamos vários lugares e formas de compreensão da realidade do poder/autoridade na existência histórica das pessoas. Poderíamos acrescentar, ainda, que a realidade do poder/autoridade – assim como tem sua própria consistência, detectável e de certa forma, qualificável –, é, ao mesmo tempo, e talvez até demais, uma realidade onipresente, como algo "difuso", no sentido de permear todas as coisas. Trata-se, pois, de uma realidade ampla e abrangente, portanto difusiva em profundidade, que permeia as diferentes realidades desde suas entranhas. Uma tarefa de quem deseja gerir bem a própria vida, em âmbito pessoal e social, seria a de dar visibilidade a esta realidade em um verdadeiro processo de empoderamento das pessoas e das estruturas, para que, fortalecidas em suas identidades, possam dar o melhor de si em vista da configuração de sistemas de humanização. Nessa configuração entram em jogo diversas manifestações da realidade poder/autoridade, com diferentes formas de visibilidade, mais públicas e ativas na vida social ou mais misturadas nas estruturas socioculturais de dinâmicas alternativas e pertencentes à vida cotidiana, até chegar a estratos mais ocultos e íntimos, mas não menos ativos e significativos. Uma boa governança precisa estar ciente da existência de todos esses níveis e, por sua vez, saber coordená--los em vista da sua própria missão. Isso é válido para todos os tipos de sociedade, incluindo a Igreja – apesar de sua aparente diferenciação de todos os tipos de organização –, concebida, por princípio, como não democrática.

A gestão das várias manifestações de poder/autoridade deveria ser sempre uma gestão de real visibilidade e transparência, de interrelação de influências de modo autêntico e claro, e nunca o exercício de um poder/autoridade que se tece nas sombras e, pior ainda, que subtrai o real poder/autoridade do povo e de suas aspirações e necessidades, em benefício apenas de alguém ou de alguns detentores absolutos do poder/autoridade. Aqui se costuma mencionar a difícil e complexa relação entre os segredos do poder e o poder dos segredos. Uma coisa é administrar com utilidade e oportuna sabedoria as informações e decisões; outra bem diferente é ocultar para simular ou negar reais responsabilidades, camuflando ou falsificando informações, ou, pior ainda, servir-se da dissimulação como sistema de poder sobre os outros.[38]

Em perspectiva cristã, poderíamos sintetizar afirmando que a realidade do poder/autoridade deveria sempre ser administrada dentro de uma dinâmica de *comunhão e participação* como real *participação na comunhão*, em vista sempre do serviço comum. Nesse sentido, nunca deveriam ser admitidas elites de poder, seja do tipo que for; o que não nega que pessoas ou estruturas possam ter mais ou menos poder, desde que sirvam mais e melhor ao bem comum e, portanto, nunca a si mesmas, mas a partir de si mesmas e por si mesmas, o que é bem diferente.[39]

---

[38] Devemos ter presente que a tentação de abusar do poder surge do medo de perder a segurança e da tendência humana (que pode ser arrogante) de querer sempre ir além de si mesma e da própria realidade. Assim, o abuso de poder é em grande parte motivado pelo medo de perder a segurança e o desejo de querer controlar o poder da vida em si. A partir desse medo inicial – quase como uma reação de autodefesa e sobrevivência – e da tendência arrogante de querer ser quase "super humano", configuram-se relações e sociedades nas quais as estruturas de dominação criam possibilidades especiais para os privilegiados às custas do poder compartilhado por todas as pessoas.
[39] Como dissemos no início, a realidade do poder/autoridade pertence a esse componente vital do ser humano como tal e faz parte dessa rede relacional que nos configura como pessoas. Ela própria é uma realidade também relacional, mas que pode ser distorcida, como todas as outras realidades, por um uso deformado de indivíduos e sociedades, mediante um abuso de *poder/autoridade*, que é a principal causa de tantos sofrimentos humanos A partir de um trabalho libertador e transformador, as consciências humanas – bem formadas e guiadas pelo Espírito – devem tentar obter resiliência, em vez de mera resistência. A partir daí, o melhor antídoto para qualquer abuso de poder devem ser pelo menos duas coisas: uma reforma sociocultural integral, a partir da relacionalidade a serviço da comunhão humanizante, e o fortalecimento do espírito resiliente, a fim de termos pessoas mais íntegras e comunidades mais autênticas, onde não haja nenhum tipo de abuso, mas apenas uma liberdade responsável, fiel e criativa, que saiba cultivar e intensificar os laços de fraternidade/sororidade humana.

Considerações finais

No Ocidente, a partir de uma leitura de fé, mas não só, o poder/autoridade tem sido geralmente entendido como um conflito entre sagrado e profano, superior e inferior, quem manda e quem obedece e oposições semelhantes. Como sabemos, esses binômios resultam sempre de uma interpretação dualista e de uma execução parcial e de uma tensão paradoxal entre as realidades em questão. Essa espécie de dualismo dramático, bem ou mal, evitou, por um lado, a existência de blocos hegemônicos e, por outro, levou a manter sempre um jogo de poderes, apesar do risco de que nesse jogo nem tudo é sempre claro e lícito. As maiores guerras e demais corrupções do poder não cessaram de ocorrer onde a cultura judaico-cristã deu o melhor de si mesma. O drama do uso e abuso de poder ocorreu tanto dentro das Igrejas (embora não da mesma forma em todas as confissões) como nas sociedades, com maior ou menor apoio, direto ou indireto, das próprias Igrejas. O exercício do poder/autoridade, por sua vez, exerceu grande influência na existência histórica de pessoas e estruturas sociais e eclesiais. Apesar do risco de sintetizar demais, poderíamos dizer que a característica de tais jogos e/ou lutas de poder era que, de alguma maneira, todos procuravam se refugiar sob um único poder soberano e regulador de toda ordem sociorreligiosa, paradigma do qual se partia e para o qual se caminhava. Desde o final da Segunda Guerra Mundial e desde o Vaticano II, pelo menos para a Igreja Católica, o paradigma geral evoluiria para a busca da unidade no respeito de um pluralismo que a expressasse e garantisse. Isso não faria desaparecer os jogos de poder, mas os realocaria em outros cenários.

Portanto, no uso do poder/autoridade não se trata de voltar a propor ideais como os da "era constantiniana", com as modalidades e diferentes variações históricas passadas ou por inventar, nem os de tipo monástico nem feudal e, muito menos, quaisquer que sejam as variantes tecnocráticas atuais. Talvez se trate, em termos evangélicos, de voltar a compreender o que significa "estar no mundo sem ser do mundo" (Jo 15,14-19), pertencer plenamente a esta história, mas sempre abrindo horizontes que a levem adiante, não deixando que nenhum sistema a limite, absolutize ou desintegre por lutas internas, em que as partes desejam, de alguma forma, imporem-se umas às outras.[40] É aqui que entendemos a razão pela qual o poder/autoridade é uma realidade inerente ao ser humano e à sua existência histó-

---

[40] Vale lembrar, aqui, aquela formulação tão antiga, mas muito significativa, sobre a vida dos cristãos e sua relação com o mundo: "(1) Os cristãos não se distinguem dos outros homens, nem pelo lugar em que vivem, nem pela sua língua, nem pelos seus costumes. (2) Eles, na verdade, não têm suas próprias cidades, nem usam palavras incomuns, nem carregam um tipo diferente de vida. (3) Seu sistema doutrinário não foi inventado graças ao talento e especulação de homens estudiosos, nem professam, como outros, um ensinamento baseado na autoridade dos homens. (4) Eles vivem em cidades gregas e bárbaras, de acordo com a sua sorte, seguem os costumes dos habitantes do país, tanto no vestir quanto em todo o seu estilo de vida, e ainda dão testemunho de um admirável e impressionante teor de vida na opinião de todos. (5) Eles vivem em sua própria terra natal, mas como forasteiros; eles participam de tudo como cidadãos, mas suportam tudo como estrangeiros; toda terra estranha é pátria para eles, mas estão em toda pátria como em uma terra estranha. (6) Como os demais, eles se casam e geram filhos, mas não se livram dos filhos que concebem. Eles têm a mesa em comum, mas não a cama. (7) Eles vivem na carne, mas não segundo a carne. Vivem na terra, mas sua cidadania está no céu. Obedecem às leis estabelecidas e, com seu modo de vida, superam essas leis. Amam a todos, e todos os perseguem. Mesmo sem conhecê-los, os condenam. São condenados à morte e, com isso, recebem a vida. São pobres e enriquecem a muitos; falta-lhes tudo e abundam em tudo. Sofrem a desonra, e isso lhes serve de glória; são difamados, e isso atesta sua justiça. São amaldiçoados, e abençoam; são tratados com ignomínia, e retribuem com honra. Fazem o bem, e são punidos como malfeitores; e, sendo condenados à morte, alegram-se como se lhes tivessem dado a vida. Os judeus os combatem como estranhos e os gentios os perseguem; porém, os mesmos que os odeiam não sabem explicar a razão de sua inimizade ..." (*De la Carta a Diogneto*, Cap. 5-6).

rica, que devemos saber configurar sempre como um serviço pessoal e estrutural, a fim de alcançar a realização da convivência integral dos seres humanos entre si e em suas relações com todo o ecossistema (GS, n. 3-4; 9).

Para a nossa vida eclesial, este é um desafio, especialmente hoje em dia. Claro que não se trata de "democratizar" a Igreja e suas estruturas, quer se entenda a democracia como um método, quer se entenda como finalidade política e organizacional. Isso vale inclusive quando se possam usar, na Igreja, modos ou métodos democráticos para algumas questões institucionais. Trata-se de ver como configurar as relações internas em termos de poder fraternal/sororal e não mais paternal/patriarcal; de serviço e não de supremacia, em que o consenso e o dissenso entram em reciprocidade sem se excluírem; em que a vida eclesial se apresenta tão secular como a própria vida, embora evite e corrija possíveis e reais extremos secularistas; em que a vida eclesial integre sabiamente todo momento ideológico como parte de toda a configuração práxica de seu serviço para a realização do Reino de Deus, evitando e corrigindo qualquer ideologização possível e real (GS, n. 20-21).[41]

A realidade do poder/autoridade aparece, repetidas vezes, com tantas faces quanto as dos seres humanos que lhe dão forma. Pode ser uma ameaça como forte fator de defesa e proteção. O importante é que ela sempre se manifeste como parte fundamental da existência histórica, sendo mais livre criação

---

[41] Ver: RAHNER, Karl. *Lo dinámico en la Iglesia*. Barcelona: Herder, 1963; *Cambio estructural de la Iglesia*. Madrid: Cristiandad, 1974 (ver a edição de 2014, Madrid: PPC), com a Apresentação de José Ignacio González Faus, p. 5-12); BOFF, Leonardo. *Iglesia: Carisma y poder*. Ensayos de eclesiología militante. Santander: Sal Terrae, 1982; ARBUCKLE, Gerald A. *Refundar la Iglesia*: disidencia y liderazgo. Santander: Sal Terrae, 1998.

do que mero instinto, com o objetivo de se colocar a serviço da salvaguarda das coisas mais essenciais e fundamentais da existência pessoal, social e cósmica.

O rosto que talvez devesse sintetizar todos os outros, em sua justa variedade, seria o rosto da *constante encarnação*, isto é, em termos mais "sociais", o rosto da *secularidade*, da *laicidade*, de um *cristianismo simples, local e universal,* que sabe conjugar-se através de diferentes realizações socioculturais, sem abraçar nenhuma delas, sem absolutizá-las ou dogmatizá-las, mas apenas ajudando-as a serem canalizadas por caminhos de maior humanização.[42]

Por outro lado, a perspectiva cristã contribuiu com um elemento importante que foi assumido de alguma forma pela cultura ocidental: a personalização como um elemento irrevogável dentro do jogo de relações. Isso implica que, no jogo de relações, qualquer realidade de poder/autoridade pertence à pessoa e se expressa sempre em seu benefício, e que este jogo nunca tem poder/autoridade em si mesmo, mas pelo fato de participar do processo de personalização e de humanização. Poder/autoridade de ser pessoa digna, livre e responsável, esta é a base e a medida para qualquer realidade de poder/autoridade, exercida

---

[42] A Igreja do Vaticano II, em sua tomada de consciência, descobrindo sua identidade na e a partir da sua missão fundamental, pôs-se nessa linha de reflexão. Basta recordar o que afirma a Constituição Pastoral *Gaudium et Spes*: "Aquilo que, tirado dos tesouros da doutrina, é proposto por este Sagrado Sínodo, pretende ajudar todos os homens do nosso tempo, quer os que creem em Deus, quer os que explicitamente não o reconhecem, a fim de que, percebendo com mais clareza sua vocação integral, tornem o mundo mais conforme com a sublime dignidade do homem, aspirem a uma fraternidade universal mais profundamente fundamentada e, sob o impulso do amor, correspondam com um generoso e comunitário esforço às urgentes exigências de nossa época". *Gaudium et Spes*. Constituição Pastoral sobre a Igreja no mundo de hoje. In: CONCÍLIO ECUMÊNICO VATICANO II. *Documentos*. Brasília: Edições CNBB, 2018, n. 91. Vale a leitura de algumas passagens que refletem o que temos dito, como por exemplo: *GS*, n. 34; 36; 43; 59; 63-66; 73; 75.

ou manifestada em âmbitos pessoais ou em esferas estruturais e sistêmicas. Como já afirmado várias vezes, realidade que pode ser distorcida e, se mal exercida, voltar-se contra as pessoas, despersonalizando-as e desumanizando-as.

Disso resulta que o poder/autoridade, tido como força e potência de realidade, expressa e pode expressar a pessoa em sua existência histórica, de modo que é essa relação que pode se tornar garantia e justificativa de qualquer outra estrutura de poder/autoridade, e não o contrário. Não são as estruturas religiosas ou socioculturais que garantem ou justificam a realidade do poder/autoridade, mesmo quando podem desencadear e viabilizar seu uso, conter e corrigir seus abusos, mas as pessoas e todas as relações personalizantes-humanizantes que fazem parte de suas existências históricas.

Uma última consideração ainda pode ser feita sobre o poder/autoridade na perspectiva cristã, o estilo de uma vida cristã em um contexto sociocultural plural de secularidade/laicidade, em que também atuam cosmovisões integristas de mundo, tanto religiosas como políticas. Uma sociedade que muitas vezes, em defesa de seu secularismo – com muitos traços de laicismo secularista –, pretende se possível desautorizar por completo a interferência da religião e das sabedorias populares ou ao menos deslocá-las para espaços privados e de insignificância sociocultural. Por outro lado, existem as Igrejas e/ou religiões que nem sempre souberam ou sabem propor a sua participação em um jogo democrático e pluralista, pois postulam cotas de poder a partir de suas visões e configurações teocráticas, hierárquicas, muito distantes e contraditórias da proposta Jesus.

Hoje, em muitos lugares, infelizmente assistimos a confrontos ríspidos e hostis entre essas visões, diante das quais devemos rejeitar, sem dúvida alguma, todo tipo de intolerância fundamentalista e excludente, fomentando o encontro, o diálogo, a livre discussão, a capacidade de persuasão, sabendo apresentar razões em um contexto de *reciprocidade de consciências*; tendo a coragem de sustentar e defender valores ou razões não negociáveis quando se trata de cuidar da humanidade e do ecossistema, do seu presente e do seu futuro; e, ao mesmo tempo, sabendo esperar e apostando em processos graduais e históricos de compreensão; conjugando, o poder/autoridade da verdade profética com o poder/autoridade da humildade spiencial.

Dentro dessa dinâmica, entende-se melhor a razão pela qual a realidade do poder/autoridade não pode ser negada, alienada, absolutizada, divinizada ou demonizada, mas sempre integrada no processo de realização da existência histórica dos seres humanos, com todo o cansaço histórico e toda a perspectiva crítica possível que isso significa, pois estamos lidando com uma realidade abrangente e transversal a toda a realidade humana.[43]

Referências bibliográficas

ANTOINE, Charles. *Church and power in Brazil*. London: Sheed and Ward, 1973.

---

[43] O poder/autoridade é uma realidade difusa, como já mostramos várias vezes, onipresente, mas que em diferentes momentos da história e, em particular, desde pelo menos a metade do século passado, existe em formas de concentração significativa em grupos ou realidades muito diversas. É assim que acontecem as formas mais sofisticadas de exercer o poder/autoridade através de diferentes tipos de organizações (estatais, privadas, civis, militares, populares etc.) e de uma rede sociocultural não menos significativa, evidenciando que não há uma real distribuição (equitativa) do poder/autoridade, mas sim um poder/autoridade participado, delegado. Tanto é assim que existe real satisfação quando há superação desse labirinto; é nessas horas que o poder de infrigir ou de resistir se manifesta. Portanto, há uma grande concentração e ao mesmo tempo uma grande dispersão; a força e a fraqueza do *poder/autoridade* estão nas pessoas e nos sistemas de vida. Buscar uma síntese mais harmoniosa ainda é tarefa a ser empreendida.

ARAÚJO, Luiz Carlos. *Profecia e poder na Igreja*. Reflexões para debate. São Paulo: Paulinas, 1986.

ARBUCKLE, Gerald A. *Refundar la Iglesia:* disidencia y liderazgo. Santander: Sal Terrae, 1998.

BARBÉ, Dominique. *La grâce et le pouvoir*. Les communautés de base au Brésil. Paris: Du Cerf, 1982.

BELL, Daniel. *El fin de las ideologías*. Madrid: Tecnos, 1964.

BELL, Daniel. *El fin de las ideologías:* sobre el agotamiento de las ideas políticas en los años cincuenta. Madrid: Ministerio de Trabajo y Asuntos Sociales, 1992.

BELL, Daniel; FUKUYAMA, Francis; REVEL, Jean-François ¿Ideologías sin futuro? ¿Futuro sin ideologías? Madrid: Complutense, 1993.

BERGOGLIO, Jorge Mario. *El verdadero poder es el servicio*. Buenos Aires: Claretiana, 2007.

BETZ Otto; COENEN Lothar. Poder. In: COENEN, Lothar; BEYREUTHER, Erich; BIETENHARD, Hans (Eds.). *Diccionario Teológico del Nuevo Testamento*, vol. III. Salamanca: Sígueme, 1983, p. 285-399.

BILLIER, Jean-Cassien. *Le pouvoir*. Paris: A. Colin, 2000.

BIRD, Jennifer G. *Abuse, power and fearful obedience:* reconsidering 1 Peter's commands to wives. London/New York: T.&T. Clark, 2011.

BOFF, Clodovis. *El evangelio del poder-servicio*. La autoridad en la vida religiosa. Bogotá: CLAR, 1988.

BOFF, Leonardo. *Igreja: carisma e poder.* Ensaios de eclesiologia militante. São Paulo: Ática, 1994.

BOURDIEU, Pierre. *La dominación masculina*. Barcelona: Anagrama, 2000.

BRICEÑO-LEÓN, Roberto. *Sociología de la violencia en América Latina*. Quito: FLACSO, 2007.

CACCIARI, Massimo. *Il potere che frena*. Saggio di teologia politica. Milano: Adelphi, 2013.

CHOMBART DE LAUWE, Paul-Henry. *La culture et le pouvoir*. Paris: Stock, 1975.

CONCÍLIO ECUMÊNICO VATICANO II. *Documentos*. Brasília: Edições CNBB, 2018.

CORRADI, Consuelo. *Sociologia della violenza, modernità, identità, potere*. Roma: Meltemi, 2009.

D'AVACK, Lorenzo. *Il potere sul corpo*. Limiti etici e giuridici. Torino: Giappichelli, 2015.

DEBERGÉ, Pierre. *Inchiesta sul potere*. Approccio biblico e teologico. Milano: Paoline, 2000.

DOMENACH Jean-Marie et al. *La violencia y sus causas*. París: UNESCO, 1981.

FABRI DOS ANJOS, Márcio (Ed.). *Vida religiosa e novas gerações*. Memória, poder e utopia. Aparecida: Santuário, 2007.

FAURE, Jean Philippe; FAURE, Céline Girardet. *L'empathie, le pouvoir de l'accueil*. Au cœur de la communication non violente. Saint-Julien-en-Genevoix: Jouvence, 2004.

FAURE, Jean Philippe. *Empatia:* al cuore della comunicazione nonviolenta. Firenze: Terra Nuova, 2017.

FERNÁNDEZ, Cyprian Eranimus. *La propuesta implícita de una nueva identidad social en el relato de Marcos*. Salamanca: UPS, 2012.

FERNÁNDEZ DEL RIESGO, Manuel ¿Secularismo o secularidad? El conflicto entre el poder político y el poder religioso. Madrid: PPC, 2010.

FERRATER MORA, José. Ideología. In: *Diccionario de Filosofía*, vol. 2. Madrid: Alianza, 1979, p. 1610-1615.

FREIRE, Paulo. *Educação como prática da liberdade*. Rio de Janeiro: Paz e Terra, 1967.

FREIRE, Paulo. *El grito manso*. 2 ed. Buenos Aires: Siglo XXI, 2009.

GALBRAITH, John Kenneth. *La Anatomía del Poder*. Barcelona: Plaza y Janes, 1984.

GALLARDO, Carlos Bravo. *Jesús, hombre en conflicto*. El relato de Marcos en América Latina. Santander: Sal Terrae, 1986.

GEORGE, Susan. *Famine et pouvoir dans le monde*. Paris: Presses Universitaires de France, 1989.

GERGEN, Kenneth J. *El ser relacional*. Más allá del yo y de la comunidad. Bilbao: DDB, 2015.

GONZÁLEZ DE CARDEDAL, Olegario. *El poder y la conciencia:* rostros personales frente a poderes anónimos. Madrid: Espasa-Calpe, 1985.

GONZÁLEZ-FAUS, José I. *Proyecto de hermano*. Visión creyente del hombre. Santander: Sal Terrae, 2000.

GONZÁLEZ-FAUS, José I. *La Humanidad Nueva*. Ensayo de cristología. 10 ed. Maliaño: Sal Terrae, 2016.

GOULDNER, Alvin W. *La dialéctica de la ideología y la tecnología*. Los orígenes, la gramática y el futuro de la ideología. Madrid: Alianza, 1978.

GUARDINI, Romano. *El Poder*. Un intento de orientación. Madrid: Cristiandad, 1977.

HAVEL, Václav. *Il potere dei senza potere*. Castel Bolognese/Milano: Itaca/La Casa di Matriona, 2013.

HEMMERLE, Klaus. *Tras las huellas de Dios*. Ontología trinitaria y unidad relacional. Salamanca: Sígueme, 2005.

HERNÁNDEZ PICO, Juan. Revolución, violencia y paz. In: ELLACURÍA, Ignacio; SOBRINO, Jon (Eds.). *Mysterium Liberationis*, T. II. Madrid: Trotta, 1990, p. 601-621.

KRÄMER, Peter. *Servizio e potere nella chiesa*. Un'indagine giuridico-teologica sulla dottrina della *sacra potestas* del concilio Vaticano II. Lugano: Eupress FTL, 2007.

LARRAÍN, Jorge. *Concepto de ideología*, I-IV. Santiago: LOM, 2007-2010.

LIBANIO, João Batista; TABORDA, Francisco. Ideología. In: ELLACURÍA, Ignacio; SOBRINO, Jon (Eds.). *Mysterium Liberationis*, T. II. Madrid: Trotta, 1990, p. 579-600.

LLAMAZARES, Ana María. *Del reloj a la flor de loto*. Crisis contemporánea y cambio de paradigmas. Buenos Aires: Del Nuevo Extremo, 2011.

LÓPEZ QUINTÁS, Alfonso. *El poder del dialogo y del encuentro: Ebner, Haecker, Wust, Przywara*. Madrid: BAC, 1997.

MACKEY, James Patrick. *Power and Christian Ethics*. Cambridge-UK/New York-NY: Cambridge University Press, 1994.

MADDALONI, Domenico. Para una sociología de la violencia. América Latina en perspectiva comparada. In: *Cultura Latinoamericana* 24/2 (2016): 110-128.

MATEOS, Juan; CAMACHO, Fernando. *El Evangelio de Marcos*. Análisis lingüístico y comentario exegético. Córdoba: El Almendro, 1993.

MILLER, Peter. *Domination and power*. London: Routledge & Kegan Paul, 1987.

MINGO KAMINOUCHI, Alberto de. 'Pero no así entre vosotros': poder y servicio en el evangelio según san Marcos. In: *Moralia* 23 (2000): 411-424.

MINNERATH, Roland. *Jésus et le pouvoir*. Paris: Beauchesne, 1987.

MOLTMANN, Jürgen. *The power of the powerless*. San Francisco: Harper & Row, 1983.

NAREDO, José Manuel. *Economía, poder y política*. Crisis y cambio de paradigma. Madrid: Díaz & Pons, 2013.

POLING, James Newton. *The abuse of power*. A theological problem. Nashville-TN: Abingdon, 1991.

PONTAROLLO, Mattia; TARCA, Luigi Vero (Eds.). *Il potere sulla vita, etica o economia della cura?* Milano/Udine Mimesis, 2017.

PRODI, Paolo; SARTORI Luigi (A cura di). *Cristianesimo e potere*. Atti del seminario tenuto a Trento il 21-22 giugno 1985. Bologna: EDB, 1986.

PRODI, Paolo. *Dall'analogia alla storia, il sacramento del potere*. Bologna: EDB, 1991.

RAHNER, Karl. *Lo dinámico en la Iglesia*. Barcelona: Herder, 1963.

RAHNER, Karl. *Cambio estructural de la Iglesia*. Madrid: Cristiandad, 1974 (Ver a edição de 2014 [Madrid: PPC], com a Apresentação de José Ignacio GONZÁLEZ FAUS, p. 5-12).

RANZATO, Francesco P. *Coscienza e potere*. La psicodinamica del potere. Roma: Mediterranee, 1988.

REEVES SANDAY, Peggy. *Poder femenino y dominio masculino*. Sobre los orígenes de la desigualdad sexual. Barcelona: Mitre, 1986.

ROBERT, Charles (Ed.). *L'homme manipulé*. Pouvoir de l'homme sur l'homme, ses chances et ses limites. Actes du congrès de moralistes européens. Recherches Européennes. Strasbourg, 24-29 septembre 1973, Strasbourg: Cerdic, 1974.

ROBINSON, Geoffrey James. *Confronting power and sex in the Catholic Church*. Reclaiming the spirit of Jesus. Collegeville-MN: Liturgical Press, 2007.

RUIZ DE LA PEÑA, Juan L. *Imagen de Dios*. Santander: Sal Terrae, 1988.

SÁNCHEZ DE LA TORRE, Ángel. Ideología. In: *Diccionario de Ciencias Sociales*, vol. I. Madrid: Instituto de Estudios Políticos, 1975-1976, p. 1042-1046.

Sipe, A. W. Richard. *Sex, priests, and power*. Anatomy of a crisis. New York: Brunner/Mazel, 1995.

Sociedad Castellano-Leonesa de Filosofía. *Temas actuales de ética. Sentido y legitimación del poder*. Salamanca: Sociedad Castellano-Leonesa de Filosofía, 1994.

Srour, Robert Henry. *Poder, cultura e ética nas organizações*. Rio de Janeiro: Campus, 1998.

Tamez, Elsa. *Luchas de poder en los orígenes del cristianismo*. Maliaño: Sal Terrae, 2005.

Therborn, Göran. *La ideología del poder y el poder de la ideología*. Madrid: Siglo XXI, 1987.

Urbán, Ángel. *El origen divino del poder*. Estudio filológico e historia de la interpretación de Jn 19,11a. Córdoba: El Almendro, 1989.

Vidal, Marciano. Ética civil y sociedad democrática. Bilbao: DDB, 2001.

Vidal, Marciano. *La ética civil y la moral cristiana*. Madrid: San Pablo, 1995.

Vidal, Marciano. *Nova Moral Fundamental*. O lar teológico da ética. Aparecida/São Paulo: Santuário/Paulinas, 2003.

Vidal, Marciano. *Moral cristã em tempos de relativismos e fundamentalismos*. Aparecida: Santuário, 2007.

Wink, Walter. *Naming the power*. The language of power in the New Testament. Philadelphia: Fortress Press, 1984.

Wright, Tom. *Il potere e la verità*. Il Vangelo di fronte all'imperialismo e al postmoderno. Bologna: EMI, 2016.

Zizioulas, Ioannis D. *Comunión y Alteridad*. Persona e Iglesia. Salamanca: Sígueme, 2009.

2

Incidência do poder tecnológico
Aspectos antropológicos

Giovanni Del Missier[1]

Introdução

A técnica sempre foi percebida como uma (divina?) possibilidade de superação de quase todas as limitações, apesar do risco de consequências catastróficas quando o orgulho e o excesso tomam o lugar da ética na orientação do seu potencial para o bem. Esse desvio negativo é ampliado nas transformações da modernidade para as quais o aparato técnico de meios se torna o fim e a medida de todo conhecimento e poder. Isso tem provocado uma recente tomada de consciência do perigo que significa para a dignidade humana e a sobrevivência do planeta. O presente estudo identifica, nos paradigmas éticos da vulnerabilidade e do cuidado, caminhos de superação do arriscado jogo do poder tecnocrático em vista de uma reapropriação do *humanum* mais autêntico.

---

[1] Giovanni Del Missier é Doutor em Teologia Moral (Academia Alfonsiana – Roma), Mestre em Bioética (Istituto "Giovanni Paolo II" – Università Cattolica del S. Cuore – Roma) e Professor de Teologia e Bioética na Academia Alfonsiana. Tradução do italiano: Márcio Fabri dos Anjos.

1. A tecnologia nasce como uma "oportunidade perigosa de poder"

Segundo a mitologia grega, a origem da técnica é atribuída a um roubo sacrílego: o da ciência do fogo de Hefesto e da perícia técnica de Atena, operada pelo Titã Prometeu, que então as deu como um presente para a humanidade. Disso derivou toda a abundância e prosperidade, impossível de serem alcançadas devido à própria dotação natural, decididamente carente em comparação com qualquer outra espécie. A técnica, de fato, permite ao ser humano *pré-ver* e *pro-jetar* o futuro, superando a condição da menoridade que leva a olhar o passado como uma era de ouro perdida, para apropriar-se do mundo por meio da racionalidade e torná-lo vivendo.

É precisamente esse passo decisivo em direção a uma humanidade adulta, autônoma e independente que, no mito, desencadeia a inveja e a vingança de Júpiter: ele derrama sobre a terra todos os males e as calamidades escondidos no vaso dado a Pandora, punindo a presunção do ladrão com a dor dos cepos e o perene tormento da águia que lhe devorava o fígado.[2]

De uma descrição semelhante, pré-filosófica e simbólica, transparece a consciência da extrema potencialidade inerente à técnica, descrita precisamente como prerrogativa/capacidade que aproxima os mortais dos deuses, mas também da sua perigosa intrínseca ambiguidade: será o ser humano capaz de orientar sabiamente para o Bem o enorme poder do qual pode dispor ou permanecerá aprisionado nas "feitiçarias" que ele mesmo iniciou, não podendo mais governá-las? Cegos pelo

---

[2] PLATONE. *Protagora*, 321c-322°. In: PLATONE. *Opere complete*. Bari: Laterza, 1971.

seu orgulho e inebriados pelas possibilidades sempre novas do dom quase-divino, os mortais serão inevitavelmente tentados a ir mais e mais longe, até chegar a "substituir Deus" (*playing God*), apropriando-se de um papel que lhes compete e produzindo resultados catastróficos.

Isso pode acontecer porque a medida da técnica é a eficácia operativa destinada a superar o limite, mas isso a torna míope: ela só conhece a funcionalidade instrumental dos meios, enquanto ignora as razões das finalidades da ação e a relação desta com o Bem. Por isso, precisa ser governada por um conhecimento mais perspicaz, uma "orientação técnica" capaz de discernir quais bens devem ser perseguidos aqui e agora, de acordo com a medida certa, conveniente, apropriada, devida, harmonizando objetivos parciais potencialmente conflitantes. Trata-se da prudência que investiga os fins e sabe direcioná-los, isto é, trata-se da ética, a máxima disciplina cujo objeto

> é a ideia do Bem; é dela que as coisas certas e as outras tiram a própria utilidade e vantagem. (...) E, se disso não temos conhecimento, mesmo que soubéssemos exatamente todo o resto (...) não obteríamos nenhuma vantagem, assim como não resultaria se possuíssemos uma coisa sem o Bem.[3]

Esse paradigma clássico – em geral, tranquilizador – que retrata a técnica como uma quadriga a todo galope, mas controlada e dirigida pela ética, sábia condutora, empreende um processo de transformação radical com o advento da modernidade, orientando-se para uma total dissociação do papel orientador da moral.

---

[3] PLATONE. *La Repubblica*, VI, 505°. Bari: Laterza, 1997.

2. O resultado desumanizador do paradigma tecnocrático moderno

O grande projeto da modernidade é poderoso, ambicioso e visionário. Segundo Francis Bacon, com a ciência e a tecnologia, a humanidade tem a possibilidade de recuperar aquele domínio sobre as coisas criadas, perdido com o pecado original. De fato, se a salvação é um dom derivado da fé, a transformação da "terra para que dê pão para comer" é uma conquista ao alcance dos esforços humanos.[4] Nesse sentido, *scientia est potentia* (ciência é poder), voltada à dominação progressiva da natureza e à criação na terra do *regnum hominis* (reinado do ser humano).

A ferramenta capaz de reduzir todas as coisas à medida do controle humano é a linguagem matemática: como um sistema conceitual normativo, abstrato e pré-constituído, ela é capaz de revelar os segredos da natureza e forçá-la dentro dos limites da previsão e do planejamento, para poder dispor dela de modo eficaz. Assim, o modo de conceber a verdade sofre uma profunda transformação: da recepção intelectual da realidade entendida como correspondência – "Veritas est adaequatio rei et intellectus"[5] (*Verdade é a adequação entre o objeto e o intelecto*) – passa-se a um novo procedimento que *obriga* a realidade a se adaptar às hipóteses sistematicamente submetidas à falsificação e verificação por meio do experimento.[6] Assim, o mundo natural se resolve no artificial, porque a técnica passa a ser a mediação indispensável para alcançar qualquer verdade científica.

---

[4] BACONE, F. *Novum Organum*, II, 52. In: BACONE, F. *Opere filosofiche*, vol. I. Bari: Laterza, 1965.
[5] TOMMASO D'AQUINO. *Quaestiones disputatae. De veritate*, q. 1, art. 1, co; TOMMASO D'AQUINO *SUMMA THEOLOGIAE*, I, q. 16, art. 1, co.; art. 2, arg. 2.
[6] POPPER, K. R. *Congetture e confutazioni*. Bologna: Il Mulino, 1972.

> A razão só entende aquilo que produz segundo os seus próprios planos; (...) tendo por um lado os seus princípios, únicos a poderem dar aos fenômenos concordantes a autoridade de leis e, por outro, a experimentação, que imaginou segundo esses princípios, deve ir ao encontro da natureza, para ser por esta ensinada, é certo, mas não na qualidade de aluno que aceita tudo o que o mestre afirma, antes na de juiz investido nas suas funções, que obriga as testemunhas a responder aos quesitos que lhes apresenta.[7]

O homem pode se iludir acreditando ter realmente se tornado "a medida de todas as coisas"[8] e "senhor e dono da natureza";[9] mas, na realidade, ele produziu uma reviravolta gnoseológica, ética e antropológica, que acabou atribuindo à técnica uma inédita e inquietante centralidade: essa não é mais apenas um instrumento disponível, nem um meio entre o homem e a natureza, como era originalmente, mas tende a substituir-se ao sujeito e aos seus fins, colocando-se como horizonte último de compreensão de toda a realidade, condição indispensável para dominar a natureza e explorar as suas potencialidades. Na sociedade tecnológica contemporânea, o aumento quantitativo das possibilidades oferecidas pelo aparato técnico produz uma mudança qualitativa, de modo que não é mais o homem quem escolhe o fim em vista do qual operar, mas é o próprio meio que abre o cenário de todos os fins que apenas por meio dele são finalmente alcançáveis. A técnica assume um valor absoluto e autorreferencial: por meio da conquista de meios cada vez mais eficazes, apresentados como uma necessidade a ser

---

[7] KANT, I. *Critica della ragion pura*. Prefazione alla II edizione (1787). Milano: Adelphi, 1976, p. 21.
[8] PROTAGORA, *fr.* 1. In: PLATONE. *Teeteto*, 152a (*fr.* 80 B1 D.-K.).
[9] DESCARTES, R. *Discorso sul metodo*. In: DESCARTES, R. *Opere filosofiche*, vol. VI. Torino: UTET, 1994, p. 192.

alcançada e, ao mesmo tempo, a ser superada, servindo-se deles para aceder a ulteriores avanços, a técnica gera uma cadeia contínua – uma "má infinidade" – que carrega cada projeto de relativismo, obscurecendo o sentido especificamente humano do agir e reduzindo a própria pessoa à escravidão, que se tornou objeto de técnica.

Foi isso o que Martin Heidegger denunciou em 1953, em uma famosa conferência sobre *A Questão da Técnica*,[10] afirmando que "a essência da técnica não é nada de técnico", mas um modo particular de acesso à verdade do mundo, *pro-vocado* a fim de que forneça energia extraível e utilizável.

Em outras palavras, o real é "revelado" na forma de uma calculável concatenação causal de forças e como objeto exclusivamente utilizável, com o risco de obscurecer qualquer outra possibilidade de conhecimento que exceda a dimensão factual: o humano, o simbólico, o estético, o significado, a transcendência. Em suma, para a técnica, tudo o que existe não é senão recurso ou produto, até mesmo o homem!

3. A reação pós-moderna: a percepção do perigo

A partir dos anos 1960, a consciência dos danos e perigos associados à tecnociência contemporânea tem se tornado cada vez mais aguda. A denúncia da crise ecológica, o medo da catástrofe nuclear no contexto da guerra fria, o escândalo permanente da desigualdade mundial, a liquefação dos confins entre natureza e artifício, a possibilidade de manipular as chaves da vida e da morte, a ampla violação dos direitos humanos em

---

[10] HEIDEGGER, M. *La questione della tecnica*. In: HEIDEGGER, M. *Saggi e discorsi*. Milano: Mursia, 1976, p. 5-27.

nome da pesquisa científica, as ambíguas relações entre política, economia e universidade são apenas alguns dos fatores que determinaram o despertar das consciências em todo o mundo, deixando clara a necessidade de se repensar a autorreferencialidade da técnica.[11]

A bioética, provavelmente, é o fruto mais evidente – mas não o único – dessa nova percepção do risco iminente, da necessidade de se questionar sobre o que estamos fazendo e de tomar decisões alternativas e responsáveis. E tudo isso também envolve a reflexão especificamente cristã:

> A fé, por sua vez, não teme o progresso da ciência nem os desenvolvimentos para os quais levam as suas conquistas, quando estas têm como finalidade o homem, o seu bem-estar e o progresso de toda a humanidade. (...) Todavia, acontece que nem sempre os cientistas orientam as suas pesquisas para estas finalidades. O lucro fácil ou, pior ainda, a arrogância de se substituir ao Criador desempenha às vezes um papel determinante. Esta é uma fórmula de *hybris* da razão, que pode assumir características perigosas para a própria humanidade.[12]

Essas palavras de Bento XVI interpretam lucidamente a reação pós-moderna a uma técnica que não cumpriu as promessas de "*magnifiche sorti e progressive*" sem, no entanto, ceder

---

[11] FAGGIONI, M. P. *La vita nelle nostre mani*. Corso di bioetica teologica. 4 ed. Bologna: Dehoniane, 2016, p. 19-40; POTTER, V. R. *Bioetica globale:* la mia filosofia. In: RUSSO G. (Ed.). *Bilancio di 25 anni di Bioetica*. Un rapporto dei pionieri. Leumann-TO: LDC, 1997, p. 69-81.
[12] BENTO XVI. Discurso aos participantes no Congresso promovido pela Pontifícia Universidade Lateranense por ocasião do 10° aniversário da Carta Encíclica "Fides et Ratio" (16.10. 2008). Disponível em: https://w2.vatican.va/content/benedict-xvi/pt/speeches/2008/october/documents/hf_ben-xvi_spe_20081016_x-fides-et-ratio.html. Acesso em: 25 jun. 2019); Ver também: FRANCISCO, Papa. *Laudato Si'*. Carta Encíclica sobre o cuidado da casa comum. São Paulo: Paulo/Loyola, 2015, n. 102-104. Daqui em diante = LS.

às reações mais extremas daqueles que gostariam de reconhecer como legítimo apenas o que é natural, proibindo, sem mais, qualquer intervenção artificial, considerando-a como "má" precisamente por ser técnica

Essa última posição revela-se ingênua e anti-histórica, pois não corresponde à realidade humana, desprovida organicamente daqueles instintos especializados que permitem aos outros animais se adaptarem a um ambiente específico. É exatamente essa falta que obriga os seres humanos a transformarem a natureza de acordo com suas necessidades por meio da técnica, que constitui uma eficaz compensação à sua constitutiva fraqueza. É o conjunto das técnicas que molda o *mundo cultural*, condição essencial da existência humana, em que o ambiente é antropizado para emancipar-se da necessidade.[13] Por conseguinte, deve-se reconhecer que o uso da tecnologia é conatural ao ser humano, tanto que assume um caráter de necessidade e dever em relação à pessoa, como acontece com a "técnica médica" que cura a natureza doente. Aparece claro, então, o critério moral fundamental para avaliar a bondade ou não de qualquer artifício: a proteção e a promoção do bem humano integral, de cada um e de todos os indivíduos envolvidos na intervenção da técnica.[14]

Para Paulo VI, "a Igreja é a primeira a elogiar e a recomendar a intervenção da inteligência, numa obra que tão de perto associa a criatura racional com o seu Criador; mas afirma também que isso se deve fazer respeitando sempre a ordem estabelecida por Deus".[15]

---

[13] GEHLEN, A. *L'uomo nell'era della tecnica*. Problemi socio-psicologici della civiltà industriale. Roma: Armando, 2003; GEHLEN, A. *L'uomo*. La sua natura e il suo posto nel mondo. Milano: Feltrinelli, 1983.

[14] COTTIER, G. *Scritti di etica*. Casale Monferrato-AL: Piemme, 1994, p. 150-176.

[15] PAULO VI, Papa. *Humanae vitae*. Carta Encíclica sobre a regulação da natalidade, n. 16. In: DOCUMENTOS DE PAULO VI. São Paulo: Paulus, 1997, p. 213. Ver também: *Dignitas personae*, n. 36.

O mandato do Gênesis – de cultivar e preservar a Terra como um jardim (Gn 2,15-20; 1,28-30) – implica um poder real confiado por Deus ao ser humano, um poder sobre toda vida, incluindo a vida humana. No entanto, é um poder ministerial e não despótico, carregado de responsabilidade, a ser exercido imitando a sabedoria e o amor do Criador... *fazendo como Deus,* sem, no entanto, brincar/jogar imprudentemente com a criação![16]

A raiz última desse "jogo perigoso" deve ser identificada não na técnica em si, mas sobretudo no *paradigma tecnocrático,* isto é, na assunção de uma compreensão reducionista do mundo, concebido exclusivamente em termos de posse, dominação e transformação.[17] A intervenção técnica perdeu o caráter "amistoso" da *imitatio et adiuvatio naturae* (*imitação e ajuda à natureza*), assumindo uma atitude voraz e predatória que tende a explorar a realidade até o total esgotamento dos recursos disponíveis.

Essa mentalidade passa a condicionar a vida das pessoas e as interações sociais: a técnica parece ser aparentemente neutra, como uma ferramenta que pode ser usada conforme o gosto do usuário; mas, na realidade, subjaz a ela um planejamento social e uma concepção erosiva da liberdade e da criatividade, impondo uma visão individualista e utilitarista com inevitáveis efeitos desumanizantes.

> É preciso reconhecer que os produtos da técnica não são neutros, porque criam uma trama que acaba condicionando os estilos de vida e orientam as possibilidades sociais na linha dos interesses de determinados grupos de poder. Certas opções, que parecem puramente instrumentais, na realidade são opções sobre o tipo de vida social que se pretende desenvolver.[18]

---

[16] João Paulo II, Papa. *Evangelium vitae.* Carta Encíclica sobre o valor e a inviolabilidade da vida humana, n. 42-43. In: ENCÍCLICAS DE JOÃO PAULO II. São Paulo: Paulus, 1997, p. 942-946.
[17] Guardini, R. *La fine dell'epoca moderna.* Brescia: Morcelliana, 1960.
[18] LS 107.

Devido à difusão sutil e sistêmica desse paradigma que envolve a todos e à força imponente do domínio tecnocrático, não é realista pensar em combatê-lo simplesmente por meio de iniciativas individuais que resultam de uma maior conscientização. Nós nos iludimos se acreditamos que podemos dominar a tecnologia, porque na realidade é ela que impõe sobre nós sua lógica interna, simplesmente porque não podemos ficar sem usá-la. Portanto, para reverter o curso e romper esse mecanismo, é necessária uma ação contracultural mais complexa, que pode começar por promover atitudes alternativas e críticas em relação ao poder globalizador e massificador da tecnocracia dominante.

> Ninguém quer o regresso à Idade da Pedra, mas é indispensável abrandar a marcha para olhar a realidade de outra forma, recolher os avanços positivos e sustentáveis e ao mesmo tempo recuperar os valores e os grandes objetivos arrasados por um desenfreamento megalômano.[19]

4. Um caminho de salvação possível: mudar o paradigma antropológico

O "excesso antropológico" da modernidade, que colocou a razão técnica acima da realidade, acabou desenraizando a pessoa e tornando-a indiferente a todas as formas de fragilidade humana, corroendo os fundamentos éticos e sociais em que se apoia sua própria existência. A hiper especialização da técnica, a fragmentação do saber e o pragmatismo das ciências empíricas ocultaram o horizonte mais amplo em que estamos inseridos, tornando-nos incapazes de apreender a complexidade da realidade, gerando

---

[19] LS 114.

um mal-estar existencial generalizado, indicador do erro de fazer a ideologia prevalecer sobre a realidade concreta.[20]

O antídoto contra o antropocentrismo desviado pela exaltação esquizofrênica da tecnociência deve ser buscado na redescoberta do valor intrínseco do *mundo dado* à humanidade e do lugar que esta ocupa no cosmo – o ser humano *dado* a si mesmo –, redescobrindo referências comuns e laços sociais significativos. Isso requer uma radical "conversão do olhar", que permita passar da voracidade instrumental da tecnocracia – o olhar do Prometeu tardomoderno, irresistivelmente rebelde – para um olhar mais humano, prospectivo, amplo, inclusivo, finalmente consciente da fragilidade e das interconexões que nos ligam uns aos outros.

Trata-se de deixar-se inspirar por um paradigma antropológico mais adequado, que poderíamos definir como "personalismo relacional, sensível ao cuidado", dentro do qual o valor da pessoa humana deve ser identificado não na autodeterminação e no domínio exercido sobre a realidade, mas na capacidade de alteridade e abertura ao *Tu*, entendido tanto em um sentido social quanto em um sentido transcendente. Em outras palavras, é necessário recuperar e curar as relações fundamentais que nos ligam aos outros, aos nossos mundos vitais, a toda a realidade e ao Mistério nela oculto. De modo especial, é preciso afirmar a necessidade de cultivar aquela capacidade tipicamente humana de acolher e assumir a fragilidade por meio da atitude de cuidado.

A condição humana, de fato, aparece radicalmente marcada pela vulnerabilidade, sempre em tensão, porque está exposta ao risco de romper o frágil equilíbrio entre o desejo infinito e

---

[20] Francisco, Papa. *Evangelii gaudium*. Exortação Apostólica sobre o anúncio do Evangelho no mundo atual. São Paulo: Paulus/Loyola, 2013, n. 231.

a finitude do corpo, que nos mantém vivos.[21] Por isso, o ser humano precisa do cuidado do outro ao longo de toda a vida, do primeiro ao último instante, revelando uma necessidade estrutural em que a unidade do ser vivo é sempre garantida, a fim de prevenir e corrigir qualquer separação interna possível, antecipadora e precursora da morte.

Considerações finais

Vulnerabilidade e cuidado são modalidades existenciais básicas para evitar que o ser humano seja reduzido à vítima das ações dos outros e do aparato técnico.[22] Pelo cuidado o ser humano foi criado e dele nunca deve se afastar enquanto estiver no mundo, porque somente por meio dele pode alcançar o que é chamado a ser.[23] Somente essa é a morada em que se pode viver com segurança e o lugar onde o outro pode ser recebido pacificamente, respondendo à provocação que surge no momento em que uma existência vulnerável se faz presente.[24] É sempre no contexto do cuidado que se pode expressar a liberdade pessoal como responsabilidade e, portanto, como experiência moral que se manifesta originalmente como reciprocidade previdente e providente.

Desse modo, emerge uma renovada visão harmoniosa que permite ao ser humano re-situar-se no mundo, uma síntese ainda a ser inventada para a qual o Povo de Deus oferece sua contribuição original que lhe vem da Revelação, com o objetivo de

---

[21] Ricoeur, P. *Finitudine e colpa*. Bologna: Il Mulino, 1970.
[22] The Biomed-Ii Project. *The Barcelona Declaration*. Policy proposals to the European Commission (November 1998), C.4.
[23] Heidegger, M. *Essere e tempo*, §§ 41-42. 3 ed. Milano: Longanesi, 2008, p. 233-243.
[24] Lévinas, E. *Altrimenti che essere o al di là dell'essenza*. Milano: Jaca Book, 1983; Lévinas, E. *Totalità e infinito. Saggio sull'esteriorità*. 2 ed. Milano: Jaca Book, 1990.

fazer florescer a humanidade inteira, junto com a criação, uma vez que essa plenitude superabundante de vida é o desígnio secreto de Deus, que, desde sempre, cuida do mundo.

Somente se inserido em tal projeto, o "dono da ciência e do pensamento, senhor das técnicas"[25] pode encontrar a plena realização; de fato, permanecendo sempre no cuidado dos outros, ele finalmente será libertado de toda coação, até mesmo daquelas que provêm da sua própria produção técnica.

Referências bibliográficas

ANDERS, G. *Il mondo dopo l'uomo. Tecnica e violenza*. Sesto San Giovanni-MI: Mimesis, 2008.

BACONE, F. *Novum Organum*, II, 52. In: BACONE, F. *Opere filosofiche*, vol. I. Bari: Laterza, 1965.

BENTO XVI. Discurso aos participantes no Congresso promovido pela Pontifícia Universidade Lateranense por ocasião do 10° aniversário da Carta Encíclica "Fides et Ratio" (16.10.2008). Disponível em: https://w2.vatican.va/content/benedict-xvi/pt/speeches/2008/october/documents/hf_ben-xvi_spe_20081016_x-fides-et-ratio.html. Acesso em: 25 jun. 2019).

COTTIER, G. *Scritti di etica*. Casale Monferrato-AL: Piemme, 1994.

CUCCHETTI, S. *Interpretare la natura*. Prospettive di fondazione della bioetica a partire dalla riflessione filosofica su tecnica e natura. Milano: Glossa, 2010.

DESCARTES, R. *Opere filosofiche*, vol. VI. Torino: UTET, 1994.

FAGGIONI, M. P. *La vita nelle nostre mani*. Corso di bioetica teologica. 4 ed. Bologna: Dehoniane, 2016.

---

[25] SOFOCLE, *Antigone*, 365-366. In: PADUANO, G. (Ed.). *Tragedie e frammenti di Sofocle*. Torino: UTET, 1982.

FRANCISCO, Papa. *Laudato Si'*. Carta Encíclica sobre o cuidado da casa comum. São Paulo: Paulo/Loyola, 2015.

FRANCISCO, Papa. *Evangelii Gaudium*. Exortação Apostólica sobre o anúncio do Evangelho no mundo atual. São Paulo: Paulus/Loyola, 2013.

GALIMBERTI, U. *Psiche e techne*. L'uomo nell'età della tecnica. 6 ed. Milano: Feltrinelli, 2008.

GEHLEN, A. *L'uomo nell'era della tecnica*. Problemi socio-psicologici della civiltà industriale. Roma: Armando, 2003.

GEHLEN, A. *L'uomo*. La sua natura e il suo posto nel mondo. Milano: Feltrinelli, 1983.

GENSABELLA FURNARI, M. *Vulnerabilità e cura*. Bioetica ed esperienza del limite. Soveria Mannelli-CZ: Rubbettino, 2008.

GUARDINI, R. *La fine dell'epoca moderna*. Brescia: Morcelliana, 1960.

HEIDEGGER, M. *Saggi e discorsi*. Milano: Mursia, 1976.

HEIDEGGER, M. *Essere e tempo*, §§ 41-42. 3 ed. Milano: Longanesi, 2008.

JOÃO PAULO II, Papa. *Evangelium vitae*. Carta Encíclica sobre o valor e a inviolabilidade da vida humana. In: ENCÍCLICAS DE JOÃO PAULO II. São Paulo: Paulus, 1997, p. 885-1038.

JONAS, H. *Il principio responsabilità*. Un'etica per la civiltà tecnologica. Torino: Einaudi, 2002.

KANT, I. *Critica della ragion pura*. Prefazione alla II edizione (1787). Milano: Adelphi, 1976.

LÉVINAS, E. *Altrimenti che essere o al di là dell'essenza*. Milano: Jaca Book, 1983.

LÉVINAS, E. *Totalità e infinito*. Saggio sull'esteriorità. 2 ed. Milano: Jaca Book, 1990.

MASSARO, R. *L'etica della cura*. Un terreno comune per un'etica pubblica condivisa. Città del Vaticano: Lateran University Press, 2016.

MIETH, D. *Cosa vogliamo potere?* Etica nell'epoca della biotecnica. Brescia: Queriniana, 2003.

PAULO VI, Papa. *Humanae vitae.* Carta Encíclica sobre a regulação da natalidade. In: DOCUMENTOS DE PAULO VI. São Paulo: Paulus, 1997, p. 201-225.

PESSINA, A. *Bioetica.* L'uomo sperimentale. Milano: Mondadori, 1999.

PLATONE. *Protagora*, 321c-322°. In: PLATONE. *Opere complete.* Bari: Laterza, 1971.

PLATONE. *La Repubblica*, VI, 505°. Bari: Laterza, 1997.

POPPER, K. R. *Congetture e confutazioni.* Bologna: Il Mulino, 1972.

POTTER, V. R. *Bioetica globale:* la mia filosofia. In: RUSSO G. (Ed.). *Bilancio di 25 anni di Bioetica.* Un rapporto dei pionieri. Leumann-TO: LDC, 1997, p. 69-81.

PROTAGORA, *fr.* 1. In: PLATONE. *Teeteto*, 152a (*fr.* 80 B1 D.-K.).

RICOEUR, P. *Finitudine e colpa.* Bologna: Il Mulino, 1970.

SEQUERI, P. (Ed.). *La tecnica e il senso.* Oltre l'uomo? Milano: Glossa, 2015.

SOFOCLE, *Antigone*, 365-366. In: PADUANO, G. (Ed.). *Tragedie e frammenti di Sofocle.* Torino: UTET, 1982.

THE BIOMED-II PROJECT. *The Barcelona Declaration.* Policy proposals to the European Commission (November 1998), C.4.

TOMMASO D'AQUINO. *Quaestiones disputatae. De veritate*, q. 1, art. 1, co.

TOMMASO D'AQUINO. *SUMMA THEOLOGIAE*, I, q. 16, art. 1, co.; art. 2, arg. 2.

TUROLDO, F. *Breve storia della bioetica.* Torino: Lindau, 2014.

3

Ética do poder na sociedade secularizada

Vicente de Paula Ferreira[1]

Introdução

A parábola do bom samaritano é motivada pela pergunta de um mestre da lei sobre o mandamento principal. Quem é meu próximo? (Lc 10,30-37). Jesus não deu uma resposta abstrata. Partiu da situação real, concreta, de um pobre ferido, violado em sua integridade física e moral, às margens de uma estrada. O sacerdote e o doutor da lei, ao se depararem com a situação, passaram adiante. Um estrangeiro, vindo da Samaria, inimigo dos judeus, acolheu, cuidou, usou de misericórdia. "A realidade é superior à ideia",[2] tem afirmado o papa Francisco, pedindo que sejamos uma Igreja em saída. Em uma sociedade

---

[1] Vicente de Paula Ferreira, bispo auxiliar da Arquidiocese de Belo Horizonte/MG, é Doutor em Ciência da Religião (Universidade Federal de Juiz de Fora), com estágio pós-doutoral em Teologia, na Faculdade Jesuíta de Filosofia e Teologia (FAJE – Belo Horizonte), membro do Grupo de Pesquisas Interfaces (FAJE), psicanalista e referencial do Vicariato para Ação Missionária nas Vilas e Favelas e da Região Episcopal Nossa Senhora do Rosário, Vale do Paraopeba, cuja sede está na cidade de Brumadinho.

[2] FRANCISCO, Papa. *Evangelii Gaudium*. Exortação Apostólica sobre o anúncio do Evangelho no mundo atual. São Paulo: Paulus/Loyola, 2013, n. 233.

secularizada, polissêmica, em constantes transformações, falar de ética do poder, é tarefa urgente e, ao mesmo tempo, complexa. Escolhemos, aqui, pensar o tema a partir das vítimas e do que revelam dos poderes vigentes. Elas são o lugar teológico, por excelência, na pós-modernidade, porque a experiência cristã é radicalmente imbuída pelo anúncio da boa notícia de que o Reino dos céus é dos que promovem a justiça. O caminho de nossa reflexão passará por um enfoque filosófico cultural, mostrando que o poder, na ótica cristã, está ligado a *caritas*, fundamento hermenêutico, para discutirmos a relação entre ética e poder na sociedade secularizada.

Ai Weiwei, artista plástico chinês, afirmou que a língua nunca é neutra, justificando que sua trajetória procura dar voz a quem não tem. Na direção do filme *Human Flow – não existe lar se não há para onde ir*, enfrenta a aguda questão dos refugiados, reforçando a necessidade de resistência diante de regimes totalitários. A partir de realidades tão gritantes, nossa intenção é mostrar a urgência do pensar ético numa cultura plural, fragmentada, secularizada, a partir das minorias. O *pensiero debole*, expressão que vem da filosofia de Gianni Vattimo, está na base de nossa reflexão porque entendemos que ele traz grande contribuição para uma leitura da contemporaneidade a partir dos fragmentos, dos mais fracos. Enquanto racionalidade dialogal, ele transforma-se em oportunidade de defesa dos excluídos da história porque denuncia a ligação do pensamento oficial com as forças de domínio e de poder. Se, por um lado, nem toda metafísica é violenta, por outro, toda violência tem suas pretensões metafísicas. De algum modo, portanto, o pensamento enfraquecido pretende ser o pensamento dos mais fragilizados, dos que sofrem, na carne, as feridas contemporâneas.

1. Pensamento dos enfraquecidos

No declínio da modernidade, queremos reforçar um novo modo de pensar, que resgate as forças que ficaram ao relento, as expressões marginais de tantas narrativas consideradas secundárias ou insignificantes.[3] Dar voz aos fragmentos não significa, simplesmente, tomada de poder pelos pequenos. Trata-se de vigilância contínua, senso crítico que não se ilude com a massificação do saber e que, ao mesmo tempo, busca ações transformadoras. A vocação do pensador, mais que simplesmente pensar o mundo, é também ter disposição prática para contribuir com mudanças nas trágicas situações de desigualdade, com processos sempre abertos e nunca definitivos. Se para a sociedade capitalista os pobres são material de descarte porque os vencedores se consideram, eles mesmos, os titulares da verdadeira consciência, da justa democracia, a profecia do *pensiero debole*, por sua vez, inaugura a possibilidade de uma nova narrativa, precisamente a partir daquilo que é esquecido, banido, excluído.

Desde os gregos até os iluministas, o tema central da tradição ocidental-cristã foi a concepção de que a verdade é qualquer coisa que se deve buscar por si mesma. "Os interesses da verdade, pertencem àqueles que compreendem, conhecem e que, provavelmente, criaram-na para justificar suas presenças objetivas. Esta é a razão pela qual, na maior parte dos diálogos de Platão, a verdade não é um resultado, mas é sempre pressuposta por aqueles que oportunamente interrogam os outros."[4]

---

[3] Para maior compreensão do *pensiero debole* e suas implicações cristãs, conferir: FERREIRA, Vicente de Paula. *Cristianismo não religioso no pensamento de Gianni Vattimo*. Santuário: Aparecida, 2015.
[4] VATTIMO, Gianni; ZABALA, Santiago. *Comunismo ermeneutico*. Da Heidegger a Marx. Milano: Garzanti, 2014, p. 35.

Heidegger, em sua obra, fez duras críticas ao objetivismo metafísico tecnológico para o qual o diálogo circula dentro de uma organização já preconcebida, sem gerar novas emergências. Nesse caso, grande parte da filosofia tornou-se cúmplice de um pensamento hegemônico e realista. Hoje, por exemplo, correntes fortes do pensamento ocidental defendem que a filosofia deve submeter-se às últimas descobertas da ciência porque vive-se num mundo de fatos basilares, como os descritos pela física atômica, pela biologia evolutiva ou pela neurobiologia.

Jacques Derrida insistiu na criatividade dos símbolos, da linguagem, afirmando que nenhum contexto é totalmente esgotável. O que vale dizer que eles não possuem nenhum centro de ancoragem absoluta. A isso Derrida deu o nome de interação contra o colonialismo, cada vez mais ferrenho, como acontece com a hegemonia norte-americana, com o domínio da técnica e da ciência. "Esta é a razão pela qual, segundo Derrida, a filosofia analítica tem uma relação imperialista interessada em estabelecer uma cultura para uma civilização descritiva, estática e universal; nenhuma obra teórica, nenhuma obra literária, nenhuma obra de filosofia pode receber uma legitimação em nível mundial sem ser legitimada pelos Estados Unidos".[5]

Em nome do discurso de uma democracia definitiva, representada pelos EUA, como ideal da história, nunca na história da humanidade existiu tanta exclusão, tanta desigualdade, tanta miséria e opressão econômica. "Os fracos não possuem uma história à parte, mas existem às margens da história, representam o esvaziamento do capitalismo e estão presentes não somente no terceiro mundo, mas também nas periferias das

---
[5] VATTIMO; ZABALA. Comunismo ermeneutico, p. 46.

metrópoles ocidentais".⁶ Estima-se que aproximadamente 250 milhões de pessoas são refugiadas, migrantes no mundo. Enquanto isso, impera uma economia racional que não permite o ingresso dos pobres. O sistema que prioriza aqueles que são considerados perfeitos, gerando bolhas financeiras, sem consciência de seus limites, sendo que, quem regula tal sistema, não acredita e nem obedece a regulamentação. Nesse cenário de democracia bloqueada, a desigualdade de renda é cada vez mais agressiva. Estima-se que 20 pessoas mais ricas do mundo concentram para si bens equivalentes ao que possui um bilhão de pessoas mais pobres.

Que tipo de pensamento pode dar conta de pensar outra cultura possível e não apenas a serviço do *status quo?* Independentemente das contradições da hermenêutica, um dos pontos de concordância é sobre sua eficácia prática. Tal eficácia remete-se a Hermes, o mensageiro dos deuses, de pés alados, notável pela sua velocidade, boa forma física e prontidão com que entregava os anúncios, advertências e profecias dos deuses do Olimpo. Mas era sempre acusado de traidor por distorcer a comunicação, dando sua interpretação. No entanto, é exatamente nisso que consiste a chance da hermenêutica, ou seja, na garantia de que há uma dimensão profundamente ética na interpretação. Assim aconteceu com os intérpretes considerados anárquicos. Lutero, na religião do séc. XV; Freud, na psicologia do séc. XIX; e Thomas Kuhn, na ciência do séc. XX, para citar alguns exemplos.

Lutero rebelou-se contra a Igreja católica por conta da pretensão de ser a única instância válida como intérprete do texto bíblico. "Reconhecendo a contribuição de cada um e o direito de interpre-

---

⁶ VATTIMO; ZABALA. Comunismo ermeneutico, p. 58.

tar por si, Lutero não defendeu somente os fracos, mas também colocou em ato a latente natureza anárquica da interpretação".[7] Freud denunciou a concepção científica que vigorou até Descartes, a prevalência da objetividade sobre o sujeito. Sugeriu que nossas ações são motivadas também por forças desconhecidas, por impulsos inconscientes. Com a *Interpretação dos Sonhos*, obra de 1900, além de revelar aspectos irracionais das motivações humanas, mostrou que tais ações não podiam ser explicitadas por métodos objetivos a não ser pela interpretação do sujeito, pela livre associação. Thomas Kuhn reconheceu, por sua vez, a natureza hermenêutica da ciência. A partir das mudanças, nos cenários científicos, Kuhn revelou que elas não acontecem rumo a uma verdade maior, que desautoriza as anteriores. No entanto, são mudanças de paradigmas, que contribuem de acordo com sua época.

Ao que nos interessa para a ética da interpretação, contra formas metafísicas de domínio e poder, Heidegger demonstrou a impossibilidade de ter uma imagem unitária, organizada e sistemática do mundo por causa da pluralidade. Sobre essa diversidade, a hermenêutica lança luzes ao inserir não uma nova concepção sobre tais visões, mas revelando que elas fazem parte de uma estrutura ontológica do ente humano que, na relação com o ser, não o colhe de forma passiva. Em qualquer visão de mundo acontece a relação entre ser e ente, num processo interpretativo. Nietzsche mostrou como o mundo verdadeiro tornou-se fábula. Mundo que, desde o platonismo, acreditou num tipo de certeza, ou seja, que existe uma ideia das coisas em si mesmas, que, por meio do experimento, são identificadas objetivamente, processo que terminou por transformar o ser em ente, perdendo sua dimensão de mistério.

---

[7] VATTIMO; ZABALA. Comunismo ermeneutico, p. 87.

Seguindo essa tradição, propomos que o pensamento enfraquecido, ou pensamento dos fracos, dos que ficaram às margens de uma ordem social estabelecida, quase sempre mantida pela lógica do domínio e de cenários de violência, seja levado à sério na construção de novas narrativas do poder. Tal pensamento, por isso mesmo, é uma teoria forte da fragilidade, na qual o sucesso do filósofo não se encontra numa proposta objetiva, mas no desejo de manter a resistência em continuar enfraquecendo as estruturas rígidas. Enquanto a força dominante consegue impor sua visão de mundo, goza de predominância política, em sua verdade. Por isso, a resistência hermenêutica deve continuar mostrando outras verdades, caladas pelo preconceito, afastadas da suposta normalidade e taxadas como marginais, excluídas, inoportunas. Há algo profundamente ético na conversação, no diálogo, por reconhecer os conceitos como meios, como instrumentos para a resolução de determinados problemas e não como uma sólida base da qual partir para criticar aqueles que utilizam conceitos diversos.

É a conversação que compromete o filósofo com as interpretações, mostrando a vocação do ser humano como sujeito e não como objeto à disposição das verdades definitivas. O filósofo hermeneuta estará, assim, ocupado em guiar projetos inclusivos, favorecendo pontes de encontro, não muros de separação. Isso significa também uma ética enfraquecida, porque não se tratará mais de imposição obrigatória de regras pelas autoridades divinas ou quase divinas, nas do exercício da liberdade responsável de grupos e pessoas que buscarão responder aos seus problemas com esforços mútuos. O liberalismo genuíno seria, com isso, não a imposição de regras preconceituosas, que funcionam a favor de minorias dominantes, como são as regras do mercado e dos grandes meios de comunicação. O liberalismo verdadeiro seria aquele capaz de, constantemente, levar o ser humano a recriar-se, pautado num referencial hermenêutico que garante a maior dignidade de todo ser humano que é ser interprete da história.

Ao defender-nos dos perigos do extremismo, tal pensamento não nos lançaria no relativismo? A relatividade hermenêutica é a consciência dos limites de toda verdade e de suas interfaces. Em nosso caso, ela não perde todo fundamento porque a relação dialogal, a *caritas* é seu princípio irrenunciável. Ainda mais porque o relativismo total, como forma de indiferença, já seria, de alguma forma, extremista. Significa, então, acreditar que é sempre possível estabelecer princípios ou discernir se uma interpretação é verdadeira ou falsa a partir de paradigmas e não de uma pressuposta realidade fixa, imutável com pretensões de verdade absoluta. Essa política das interpretações deve se tornar o reino no qual os poderosos descritores do mundo prestem atenção nas demandas dos fracos e mudem suas prioridades. É nesse sentido que autores como Vattimo afirmam que o que é importante nas instituições democráticas encontra-se na defesa dos fracos contra a crueldade das instituições, ditas verdadeiras, que lhes impõem fardos mortíferos. E, ainda mais, que a herança cristã da *caritas* é fundamento hermenêutico, critério ético principal que o cristianismo deve continuar aprofundando na sociedade secularizada.

2. *Caritas* e vulnerabilidade contemporânea

A potencialidade de uma sociedade que se constrói tendo como base a igualdade, é que ela não se respalda numa verdade única, sempre ligada ao domínio de quem a impõe. É a profecia da partilha. "Numa condição na qual os fracos estão aumentando, a estrada neoliberal de uma economia capitalista, com a sua atenção ao desenvolvimento acelerado, confirma-se não socialmente improdutiva, mas também destrutiva para a humanidade em geral".[8] A esperança é que as centelhas de democracia que forçam a mudança do *status quo* não sejam dominadas pela força, pela violência. Diante do alarmante fato de que a globalização neoliberal não distribuiu as riquezas, é urgente pensar mecanismos de convivência e de defesa dos mais pobres e da ecologia integral. A grande encruzilhada passará, certamente, pela superação do fundamentalismo, das muitas formas de exclusão, na tentativa de promover a globalização do amor. Ainda mais porque se as disputas aumentarem, se as únicas regras de exploração da natureza forem as do neoliberalismo vigente, subjugaremos a espécie humana a tempos ainda mais sombrios.

A partir da cultura globalizada, regida pelo poder econômico das grandes multinacionais, que pautam suas agendas sobretudo pelo lucro, submetendo grande parte da população mundial ao frenético ritmo do consumo, como pensar a ética cristã a partir das vítimas desse sistema? Em tempos de crise das instituições e de seus valores, econômica, de migrações desordenadas de gente que foge da miséria e da guerra em seus países de origem, até quando devemos ter aberta nossa porta para o outro? Como dar razão da esperança cristã (1Pd 3,15) diante de um corpo ferido, de uma sociedade injusta, de uma religião do mercado, sem incorrer nas velhas posturas extremistas e relativistas? Diante de uma saudável emancipação dos frag-

---

[8] VATTIMO; ZABALA. Comunismo ermeneutico, p. 121.

mentos, das interpretações diversas, como promover o diálogo, a caridade, elementos genuinamente cristãos, combatendo todo tipo de violência e preconceito, testemunhando o Deus de Jesus Cristo, corpo descartado pelas ideias fixas, sofrendo também hoje nos milhões de irmãos sem endereço, sem pátria, sem vez? Como continuar acreditando que a força do Espírito, dom divino, age na vulnerabilidade como superabundância da vida, elevando em dignidade a existência humana?

Já apresentamos a herança do *pensiero debole* como suporte epistemológico, para continuar respondendo a essas questões. Agora, esclarecemos que é possível fazer uma leitura da secularização enquanto processo oriundo da *kenosis* do Verbo porque ela é o rompimento com as estruturas religiosas vigentes, revelando a história humana como lugar da acolhida e construção do Reino de Deus. Em seu âmago, a tradição cristã tem, na *caritas,* o dom divino que promove a secularização de todas as esferas que ainda pretendem se alicerçar no domínio, na imposição, na violência, inclusive aquelas experiências religiosas enclausuradas em suas ideias, mas que não enxergam o próximo às margens do caminho.

A consciência dos excessos da razão unidimensional, que geraram conflitos bárbaros, é extremamente importante na acolhida de uma ética da interpretação, da caridade. Traumatismos históricos como Auschwitz, Hiroshima, Chernobyl, Brumadinho estão ligados ao perigoso monopólio técnico-científico. Se a hermenêutica tenta fazer a passagem da onipotência à vulnerabilidade, ela somente pode fazê-lo como herdeira de uma tradição cristã, inspirada em elementos como a parábola que foi mencionada no início deste capítulo, ou seja, que o próximo se apresenta não enquanto entidade fixa, princípio absoluto, mas que ele se mostra é no caminho. Por isso, "o sujeito vulnerável designa, em seu sentido específico, o processo de construção histórica da intersubjetividade que acontece no seio dos dinamismos da vontade e da razão crítica, sempre a partir do reconhecimento das diferenças. Essa é uma condição de possibilidade do espaço comum. De outro modo a ética do discurso se converte num álibi para a vontade de onipotência que se fantasia rapidamente de sistema de poder totalitário".[9]

O cristianismo, nesse sentido, não pode recuar no anúncio de que o poder que liberta é aquele que serve. O mandamento do amor não pode ser um material de luxo presente somente nos discursos. Nossa vocação principal é combater os perigos da violência, transformando a lógica da reciprocidade em horizonte da gratuidade e não da rivalidade fratricida. "O núcleo duro da experiência cristã consiste em desmascarar a perversidade da dialética dos contrários que conduz forçosamente à guerra e ao sacrifício, para mostrar precisamente no seio desse mecanismo de desejo mimético sua superação por meio da lógica da gratuidade".[10] Essa nova estrutura humanitária, ancora-se na perspectiva do Reino de Deus, da entrega *kenótica* de Jesus, o servo sofredor, de tal modo que a memória do crucificado está intimamente ligada aos crucificados da história. Por isso, a *caritas* não se trata de um argumento nascido apenas de nossas convicções. É dom que exige empenho, acolhida. É a instância crítica, o critério ético, a joeira comum que impede, sobretudo no horizonte dos poderes, confundir trigo com joio.

---

[9] MENDOZA ALVARES, Carlos. *O Deus escondido da pós-modernidade. Desejo, memória e imaginação escatológica. Ensaio de teologia fundamental pós-moderna.* São Paulo: Realizações Editora, 2011, p. 79.
[10] MENDOZA ALVARES. *O Deus escondido da pós-modernidade*, p. 138.

Seguindo o maior descartado da história, o cristão aprende que seu juízo final (Mt 25) não é somente adesão a uma verdade eterna, mas acolhida do próximo que sofre às margens do caminho e, na história deles, saber que são memória, presença e profecia de um reinado que não é o do poder violento. A experiência latino-americana da teologia autóctone dos povos indígenas tem nos ensinado a resgatar a história a partir dos que ficaram às margens. É urgente reconhecer a *kênosis* não somente como esvaziamento do Verbo divino, vulnerável, em direção a nós, mas abrir a perspectiva escatológica de que o Espírito do Senhor age, impulsionando-nos ao encontro do próximo que espera por nosso testemunho de amor. Esse movimento é porta--voz da denúncia profética das mentiras, de toda onipotência infantil que obstrui a vida pelas vias do preconceito, do domínio, do egoísmo. Vulnerabilidade, nesse sentido, diz respeito à condição da radical finitude do ser humano e, ao mesmo tempo, dos que são vitimados por toda estrutura que, assumindo condições de mando e domínio, viola sua dignidade. E a *caritas* é o princípio ético, dom do amor vulnerável divino que nos coloca no serviço humilde dos pobres.

3. Cristo: a vítima que perdoa

Ao mostrar o *pensiero debole* como herdeiro da *caritas* cristã, nosso intento é reforçar que a tarefa do discípulo de Jesus é continuar sendo promotor do Reino de Deus, no hoje da história, a partir do poder do não poder. Nem tudo na secularização é oposto ao anúncio do Evangelho. Como mostramos, muitos de seus cenários têm raízes no mandamento do amor. Isso significa, então, ver que o sonho de uma pós-modernidade autônoma, baseada nos princípios subjetivos, na emancipação do corpo, na vivência livre do amor sem os referenciais transcendentais, lançam luzes ao que é propriamente humano, sua vontade de ser, seus desejos, seu corpo aberto e pulsional. No entanto, também faz emergir as sombras do egoísmo. Por isso, a vivência da fraternidade é um horizonte sempre aberto, a ser construído. O encontro com a finitude faz o ser humano indagar-se sobre o sentido da vida, do universo e do seu lugar no mistério da criação (Sl 8).

O desamparo funda a busca pelo sentido. Confrontado com sua insignificância, o desamparado sente-se, ao mesmo tempo, como um ente que coloca em questão os outros entes e a si mesmo. Sua malha subjetiva sabe que o que o constitui e diferencia dos outros entes é o fato de não ser matéria fechada, mas ente de possibilidades. Há uma lei implícita: o desejo do bem, enfraquecido pela presença do mal (Rm 7). Diante das inúmeras possibilidades, reconhece-se como ente de juízo, que pondera os resultados das escolhas, avaliando-os. Nas possibilidades, encontra-se como dialogal do ser; de uma certeza que o leva a concluir que a vida não começa nem termina consigo. A isso podemos chamar de abertura transcendental, horizonte que faz nascer suas mais diversas experiências religiosas. E, no caso cristão, a *caritas* é esse fundamento transcendental, plenamente revelado em Cristo, vítima que perdoa.

Exatamente nessa fronteira do entregar-se, arriscar-se a um futuro ou ao aniquilamento de uma vida jogada sem finalidades, o desamparado pode escutar o silêncio de um ser convocando-o a lançar-se numa gratuita experiência de entrega ao mistério. De alguma forma, a herança cristã revela sua singularidade ao mostrar não somente a busca do homem por Deus, mas o movimento inverso, do divino que se torna humano. Divino que não convoca o ser humano a um diálogo impossível, totalmente transcendente, mas dentro dos limites de uma história que carrega consigo a preciosa tensão do que já é e do que ainda pode ser. Então, é necessário manter a humildade epistemológica de uma razão que se dispõe a falar de Deus a partir da gratuidade, da superação da rivalidade, do perdão como elemento de peso escatológico que amplia e liberta o ciclo fechado da rivalidade. O cristianismo, moldado pela trágica experiência de um Deus que morre na cruz, tem de mostrar o descartado que perdoa e seu convite para a promoção de comunidades do perdão.

O caminho de Cristo, vitimado no Calvário, inaugura o Reino de Deus. Foi a vítima que trouxe à luz toda a perversa lógica do sacrifício. Ao ser esperado como messias que iria romper com o Império, declarou-se príncipe da paz, e isso lhe causou muito sofrimento. Seguir Jesus é dizer não à própria existência como centro das coisas. Jesus rompeu com a cumplicidade com os poderosos. Fez opção gratuita pelos dilacerados da história. Da cruz nasceu a nova consciência de um coração reconciliado. A vítima que perdoa é a forma mais poderosa de barrar a violência e descortinar um outro horizonte para a vulnerabilidade humana. Eis o Reino de Deus que a Igreja deve anunciar. A ética fundamental pós-moderna deve desenvolver uma prática gramatical da diversidade. Com a realização da promessa escatológica do justo que rompe com o cenário da violência, o Reino de Deus acontece nas profundidades da história dos enfraquecidos. O espaço público será o lugar da manifestação da diversidade, que a memória, a presença e a profecia das vítimas têm como missão a esperança escatológica de um mundo novo.

"Cristo simboliza a alternativa para dizer o real humano-
-divino segundo uma lógica diferente: a doação. E, mediante
isso, ele mostrou a abertura constitutiva do sujeito à sua própria
finitude e vulnerabilidade, ao mesmo tempo em que inaugurou a
possibilidade da nova criação por meio do perdão".[11] O problema da ética, em primeiro plano, não é a sociedade secularizada,
mas se a experiência cristã está ou não centrada nesse espaço
intersubjetivo como instância crítica de toda cultura, a partir da
sua vocação de continuar escutando os mais pobres e auxiliá-
-los na construção de um mundo mais justo e fraterno. Falar
de ética e poder no contexto secular é construir novos tempos
a partir da vulnerabilidade, da finitude de todos nós, realidade
que, quando não assumida, impõe outra dimensão de vulnerabilidade, ainda mais dramática: a colonização de povos, matando
seu protagonismo e dignidade de filhos e filhas de Deus.

Considerações finais

A Igreja não encontrou caído no caminho apenas um corpo.
Foram centenas, desde a tragédia/crime da Vale, em Brumadinho. O luto transformou-se em luta, na mais cruel cena do
que pode acontecer no avesso de qualquer projeto ético, cristão.
Uma história que é metáfora mundial e não apenas um problema pontual. A civilização secularizada tem muitas chances de
promover o encontro das culturas a partir da globalização do
amor. Mas as instâncias que insistem na divisão, na destruição
da casa comum parecem fortes demais. Ferozmente, o capital,
em sua forma de especulação financeira, tornou-se o grande e

---

[11] MENDOZA ALVARES. *O Deus escondido da pós-modernidade*, p. 259.

poderoso dragão. Em sua corrida frenética, deixa milhões de pessoas vivendo a esmo. O dinheiro, esse grande ídolo pós-moderno, inclusive dentro de instituições religiosas, tudo parece comprar. Mas não comprará a força da vítima, porque ela nunca morre totalmente. Ela é nossa instância ética por excelência. Propomos, em primeiro lugar, que a ética sempre enfrente a questão do poder na secularização a partir dos descartados. Suas narrativas julgarão o mundo no qual vivemos, se ele está de acordo com o reino do amor ou do egoísmo.

Toda vítima é memória de seu sistema. Em Brumadinho, a tragédia fez romper a aparência de uma cultura pautada na exploração honesta, segura. Ao romper-se a barragem, rompeu-se o mito do desenvolvimento sustentável e revelou-se o lucro acima de tudo e a lama em cima de todos. Um crime de magnitudes horrendas que destruiu a vida humana e o meio ambiente. E no meio de tudo, a esperteza dos filhos das trevas. Todo poder hegemônico tende a comprar tudo, inclusive as narrativas. Além de destruir, ele mesmo diz sobre os impactos das destruições. A sociedade globalizada ocidental tem se tornado, cada vez mais, uma sociedade de massa, possuída por um discurso único, o do capital. Estar ao lado das vítimas, como Igreja samaritana, é defender o não esquecimento, a memória. Ela é carregada de muito significado. É a primeira que os donos querem destruir. Por isso, em segundo lugar, propomos que para um projeto ético universal, o corpo, a voz, a língua, o território da vítima são lugares sagrados. A vulnerabilidade de tantos corpos feridos e mortos é espaço cristão, fundamental, dos novos discursos éticos sobre o poder, caso não queiramos continuar falando de valores de dentro de escritórios, longe dos dramas existenciais das minorias.

Em terceiro lugar, a *caritas*, fundamento hermenêutico, é paradoxal. Ampara, acolhe, consola, mas também denuncia. Sua força discreta, sem os aparatos das forças coercitivas, atrai. Mas só se acontecer a presença, o encontro. É emblemática a convicção de Francisco que insiste numa Igreja em saída. Defender os pobres é dar a eles também a oportunidade da voz. Numa cultura que tem fortes traços de massificação, a ética da interpretação, do *pensiero debole*, deve reforçar e inaugurar espaços de debates e de promoção da corresponsabilidade. O protagonismo das comunidades tem na Igreja um forte e grande aliado. Mas, para isso, não podemos nos fechar nas sacristias, nas academias, nas estruturas já prontas. O mundo está em acelerado processo de mudança. Para estarmos com os pobres, temos que mudar também de endereço. A justificativa racionalizada de que as periferias são existenciais não é suficiente. As maiores periferias existenciais encontram-se nas periferias geográficas. Se não mudarmos nossos endereços, não acompanharemos os mais pobres, não seremos éticos e estaremos do lado dos mais fortes.

Em quarto e último lugar, há uma profecia nos cenários caóticos. O Espírito do Ressuscitado atua não apesar de nossas feridas, mas nelas. Não devemos somente evangelizar, pastorear os pobres. São eles os nossos pastores. Conduzem nossas agendas. A ética cristã tem por missão continuar combatendo a violência, propondo novas narrativas. Mas para isso, ela não pode deixar de dar voz à história de tantos dramas. A virtualidade do tempo atual pode até nos seduzir, num primeiro momento, mas nada substituirá, na defesa da dignidade dos mais pobres, nossa presença corpórea. O envolvimento de tudo que somos, dos nossos desejos, ideais e crenças com os projetos das minorias é que nos purificará do puritanismo de quem salta por cima dos corpos feridos para cumprir a agenda dos poderes estabelecidos ou seus compromissos religiosos. Mais do que fazer uma pergunta formal sobre quem é o nosso próximo, a secularização nos remete a outra demanda, ainda mais ética, sobre, de fato, de quem nos aproximamos.

Referências bibliográficas

FERREIRA, Vicente de Paula. *Cristianismo não religioso no pensamento de Gianni Vattimo*. São Paulo: Santuário, 2015.

_____. *Vulnerabilidade pós-moderna e cristianismo*. Aparecida: Santuário, 2017.

FRANCISCO, Papa. *Evangelii Gaudium*. Exortação Apostólica sobre o anúncio do Evangelho no mundo atual. São Paulo: Paulus/Loyola, 2013.

MENDOZA ALVARES, Carlos. *O Deus escondido da pós-modernidade*. Desejo, memória e imaginação escatológica. Ensaio de teologia fundamental pós-moderna. São Paulo: Realizações Editora, 2011.

VATTIMO, Gianni; ZABALA, Santiago. *Comunismo ermeneutico*. Da Heidegger a Marx. Milano: Garzanti, 2014.

4

Fundamentos ético-teológicos do poder: Uma reflexão a partir da Bíblia

Altamir Celio de Andrade[1]

Introdução

Gostaria de partir da lúcida reflexão do Eclesiastes: "Há um tempo para tudo, tempo de nascer e tempo de morrer" (3,2). Esse motivo é o que me norteia, a fim de refletir sobre as relações de poder que nascem e culminam com as realidades de vida e de morte. Para tanto, lançarei mão de um olhar desde a Bíblia, que é "o lugar" em que me sinto mais confortável para fazer essa leitura. É importante que seja indicado, antes de tudo, que a Bíblia não tem um termo próprio para dizer do poder, mas que se chega a ele por ou-

---

[1] Altamir Celio de Andrade é Doutor em Letras: Estudos Literários (Universidade Federal de Juiz de Fora – UFJF), Mestre em Teologia Bíblica (Pontifícia Universidade Católica do Rio de Janeiro – PUC-Rio), Pesquisador nas áreas de Literatura Comparada (Bíblia e outros textos literários); Literatura, História e Teologia do Antigo e do Novo Testamento, Coordenador do Programa de Mestrado em Letras e Professor do Centro de Ensino Superior de Juiz de Fora (CES/JF) e do Seminário Diocesano Nossa Senhora do Rosário (Caratinga).

tras vias, por caminhos que se aproximam do termo mediante equivalentes linguísticos.[2]

A Bíblia inicia-se com o tema da vida. Os dois primeiros capítulos narram a criação do ser humano, colocando-o no cenário do mundo. A organização harmoniosa do 1º capítulo, por si só, já demonstra como seria perfeita essa ordenação, já que tudo é preparado para a chegada humana. Tal discurso, presente nessas primeiras páginas da Escritura, demonstra um dos aspectos do poder que a Bíblia revela: "a potência de Deus, que culmina na criação do homem, sua exaltação mais luminosa".[3]

De modo contrastante, quando homem e mulher querem ser iguais a Deus, há a manifestação de desejo de poder, buscando por vias outras a sua realização. O que aprendemos com o desenlace de Gênesis 3? A queda do ser humano é para cima, agora é tempo de crescer e de assemelhar-se a Deus; não de um modo mágico (fruto), mas no percurso natural da vida e da proximidade com o Criador (vestidos por Ele). A ambição de ser igual a Deus reaparece no relato da torre de Babel e é, novamente, combatida por Deus. Assim,

> o conhecimento do bem e do mal, qualquer que seja a interpretação (...) que se faça disso, provém da possibilidade de decidir por si só o que está bem e o que está mal, sem depender de ninguém. Neste ponto, coloca-se à parte a discussão referente a Deus, de quem, justamente, o homem depende.[4]

É curioso, no entanto, que os capítulos 1 e 2 apresentem as mais belas linhas sobre a vida (começo da vida humana), e

---

[2] CORRADINO, Saverio. Il potere nella Bibbia. Roma: Stella Matutina, 1977, p. 2. Conversazione tenuta nel corso di un incontro per dirigenti delle ACLI. Trascrizione da registrazione su nastro a cura degli amici di p. Pio Parisi (testo non definitivo).
[3] PANI, Giancarlo. El 'poder' en la Biblia. In: *La Civiltà Cattolica Iberoamericana*. Barcelona: Herder Editorial, n. 19 (2018), p. 33.
[0] CORRADINO. Il potere nella Bibbia, p. 11.

os seguintes apresentem a morte e o afastamento (do jardim) e depois do mundo conhecido (dilúvio). Começo, então, a identificar um padrão que vai permear a Bíblia toda, qual seja, a apresentação da vida, a questão da morte – não raro – violenta, podendo terminar novamente com o tema da vida ou não.

Para dar conta do tema sobre o qual estamos meditando, devo adiantar que as questões que envolvem morte e vida na Bíblia partem, quase sempre, das situações de poder: sejam do homem sobre a mulher; do templo sobre as pessoas; do rico sobre os pobres; dos governantes sobre o povo. É por isso que, agora, passo a alguns exames mais particulares para exemplificar o que estou propondo.

1. Sobre a morte e a vida: um inventário

Após os relatos da criação, em que o ser humano é criado e depois colocado no jardim, o tema da morte aparece na Bíblia, pela primeira vez, em Gn 2,17, nesse mesmo contexto do jardim. Ali está o aviso para não se comer da árvore do conhecimento, sob pena de morte (*mût*). Esse tema é retomado no diálogo da mulher com a serpente, em 3,4. Aqui se pode perceber que conhecer o bem e o mal tem implicações de poder. Temos por máxima que conhecer é poder, e isso parece estar dito claramente nessa página do Gênesis. Os desdobramentos dessa realidade aparecerão no capítulo seguinte, quando homem e mulher deixarão o jardim por causa da desobediência.

Os versículos de Gn 3,16-19 talvez sejam um dos mais emblemáticos para ilustrar a temática da vida e da morte. No contexto da saída, é dito que a mulher dará à luz entre dores e, ao se fechar o discurso divino, afirma-se que o homem é pó e ao pó vai voltar.

Em seguida, é apresentado o significado do nome de Eva: a mãe dos viventes. Em leituras correntes, comumente é construída uma imagem do castigo (morte), mas essas cenas podem ser compreendidas como indicadores da bênção (vida): maternidade, cultivo da terra, saída/libertação. Eis aqui a interpenetração entre morte e vida que a Bíblia carrega do início ao fim e que está, também, atrelada ao poder. Isso porque os detentores do poder, quase sempre, podem dele dispor tanto para a vida quanto para a morte.

Imediatamente, a narrativa passa para o relato de Abel e Caim, abrindo-se com a concepção de Eva, a disputa e morte de Abel e o juramento de morte a Caim. Aqui, nota-se quão complexas são as relações de poder no ambiente familiar e cultual, expresso pela oferta de sacrifício de ambos os filhos. Um detalhe, no entanto, tem passado despercebido em nossas leituras do Gênesis. Em 4,8 ocorre o primeiro uso do verbo *hārag*. Importa indicar que esse verbo é usado tanto para assassinato como para morte judicial. Ele será muito recorrente nos relatos dos juízes, em que situações de poder estão, a todo momento, alternando-se. É um termo raramente usado para morte de animais (nunca em sacrifícios), sendo mais comum para a morte de homens, indicando, quase sempre, morte violenta. Nos capítulos iniciais do Gênesis, ocorre somente no episódio de Caim e Abel. É muito sintomático que ele volte em 12,12, quando Abrão, ao descer ao Egito, é ameaçado de morte por causa da cobiça do Faraó por Sara. Repare-se que, nesse episódio, o que era morte no começo torna-se vida e abundância no final e, dessa vez, por causa de Sara.

Em Gn 21, o nascimento de Isaac é motivo de riso e alegria. Todos os termos ao redor do anúncio desse evento traduzem essa realidade. Um longo desfile de formas verbais e nominais, ligadas ao verbo rir (*tsāhaq*), ocupa a primeira parte do relato: Isaac; motivo de riso; rirá. O próprio verbo brincar, no v.9, faz parte da mesma raiz. Abraão é, no entanto, convidado ao Monte Moriá. O convite ao monte é um convite doloroso, e a pergunta do menino é uma das mais sombrias da Bíblia: "Vejo o fogo e a lenha, mas onde está o cordeiro para o sacrifício?" Essa pergunta ressoa e volta para o caminho. O caminho de casa, aquele lugar onde o menino foi nascido, onde a vida apareceu. Em seus conflitos com Ismael, a quase morte de Isaac tem eco no meio-irmão. Se em Gn 21 há a quase-morte de Ismael, em 22 é a quase-morte de Isaac. Os dois meninos sofrem as disputas domésticas de poder: a crise entre Sara e Hagar coloca sobre os ombros desta última um cântaro de água e um pedaço de pão, indicando, pelos dedos de Abraão, um deserto à sua frente. Primeiro a vida, depois a morte... o padrão permanece. Hagar é a sempre em fuga: mulher egípcia, escrava em casa de hebreus. Parece prenunciar o que vem a seguir: os hebreus, escravos em casa egípcia.

O Egito acolhe e depois expulsa. As crianças são nascidas, mas o faraó manda matá-las. O poder do Faraó, no entanto, teve um enfrentamento com o que havia de mais periférico e insignificante: duas parteiras e um grupo de frágeis crianças estrangeiras. O que hospeda torna-se agora o opressor; aquela hospitalidade anterior converte-se, agora, em uma perigosa ameaça à vida dos filhos de Israel. Contudo, a continuidade da vida vai depender da intervenção de duas mulheres. Talvez seja por isso que já se observou: "Se o faraó tivesse percebido o poder destas mulheres, teria invertido seu decreto, fazendo matar mulheres antes que varões".[5] O próprio êxodo configura-se como disputa

---

[5] TRIBLE, 1973, p. 34 *apud* EMMERSON, Grace I. Mulheres no Israel antigo. In: CLEMENTS, Renold Edouard (Org). *O mundo do antigo Israel*. Tradução de João Rezende Costa. São Paulo: Paulus, 1995, p. 354.

de poder entre o faraó e Deus. O endurecimento do coração é como um recurso que demonstra o poder sem limites de Deus. Será que podemos pensar que a narrativa é fruto da crise no exílio, em que a pergunta é se Marduk venceu o Deus de Israel? O léxico das parteiras é surpreendentemente sucinto no relato, mas, nem por isso, sua palavra é desimportante. Em uma narrativa em que se respira a morte por todos os lados, elas falam de vida, preservam a vida e trazem a vida. O sucesso de sua estratégia é sentido, consolidando sua subversão à ordem dada pelo Faraó. As crianças não são suas filhas (como no caso de Hagar), mas, a despeito disso, elas se tornam as grandes responsáveis pela continuidade do povo. E suas mães, por que não?

As parteiras nos ajudam a enxergar as duas faces do Egito: o asilo oferecido e a escravidão imposta. A hospitalidade é substituída pela violência e tomada de reféns. O povo é refém do faraó, numa simbologia oferecida pela impotência das criancinhas. Elas são incapazes de resistência, reação e revide. Isso vem ampliar a importância das parteiras que, originalmente egípcias, esperamos que se alinhem à face da opressão. Elas, no entanto, permanecem na face da hospitalidade, deixando que os meninos vivam. O rosto do Egito muda, mas o das parteiras permanece. Essa permanência caracteriza a mais profunda hospitalidade, uma hospitalidade continuada, eficaz e duradoura; geratriz de descendência e solução improvável para a sobrevivência do povo-criança. A um começo de vida sucede uma situação de morte, terminando novamente com a vida.

A entrada na terra prometida é um novo começo de vida, após a morte anunciada pela opressão do Egito. A opressão dos povos estrangeiros – e consequentemente dos próprios reis e governantes – parece configurar, contudo, novamente a presença da morte. É impressionante como o Livro de Neemias deixa fluir em um de seus belos textos essa angustiosa constatação. Depois de fazer toda uma memória do caminho do êxodo, da entrada na terra, da presença dos profetas e mantença da Aliança, o poeta tristemente conclui:

> Eis que estamos hoje escravizados e eis que, na terra que havias dado a nossos pais para gozarem de seus frutos e de seus bens, nós estamos na escravidão. Seus produtos enriquecem os reis, que nos impuseste, pelos nossos pecados, e que dispõem a seu arbítrio de nossas pessoas e de nosso gado. Achamo-nos em grande aflição (9,36-37).

De modo comparativo, quase que entendemos que o Exílio havia sido o fim da vida, belamente ilustrado por um dos maiores e mais influentes poemas da Bíblia, o Salmo 137. Depois dessa triste experiência e sua volta para a terra, parece haver um período de paz e reconstrução da vida, mas os constantes domínios levam ao desânimo. Um dos mais acentuados é o período da dominação grega e, particularmente, da terrível presença de Antíoco IV Epífanes, o selêucida. Aqui tem germe o movimento apocalíptico, como resistência diante da iminência da morte. Isso vai desembocar no Novo Testamento, e o nascimento de Jesus parece indicar o mesmo que se passa na Bíblia toda: anúncio de vida, uma tentativa de morte (Herodes manda matar as crianças). O Apocalipse fechará o ciclo com a ideia mais clara do capítulo 12: a mulher tem o filho, e o dragão quer matá-lo.

Quando entramos, por fim, no horizonte do Novo Testamento, deparamo-nos com essa mesma realidade que vimos observando no Antigo, como se fosse um padrão. Há, contudo, uma sensível diferença: se para o Antigo Testamento se fala da aurora da vida e depois do crepúsculo da morte, no Novo, percebemos uma espécie de inversão. Isso já pode ser notado no macrocosmo da organização dos Evangelhos, que terminam com a Ressurreição de Jesus. Mateus começa com o nascimento de Jesus, retomando o nascimento do povo na longa genealogia do 1º capítulo. Em seguida, sobre esse nascimento pairam as escuras sombras da morte, retratadas na perseguição de Herodes ao menino nascido. O ministério de Jesus, no entanto, será desenvolvido sobre o prisma da devolução da vida e da alegria aos tristes, como muito bem é ilustrado na emblemática palavra de Jesus: "Vinde a mim todos os que estais cansados sob o peso de vosso fardo e vos darei descanso" (Mt 11,28). O horizonte do Evangelho é marcado pela vida, e essas palavras são claras indicações de como a nossa ética pode ser reorientada.

Por questão de espaço não me é possível exemplificar outras passagens do *Novo Testamento*, lugares nos quais se pode identificar esse padrão. Para ficar com uma dimensão desses textos, apenas, basta observar como os relatos de milagres são claramente situações de morte convertidas em realidades de vida.

É assim que vemos uma mulher que padece longo tempo com um fluxo de sangue (Mc 5,25); homens que estão na cegueira, afastados da plenitude da vida (Mc 8,22ss;10,46ss); pessoas possuídas por espíritos impuros, incapazes de ter as rédeas de suas vidas (Mt 8,28ss); crianças que muito cedo enfrentam a morte, resgatadas por Jesus e entregues às suas mães (Lc 7,11ss). Essas muitas situações nascem de contexto de exclusão como, por exemplo, os leprosos (Lc 17,12ss); situações em que a vida humana está ameaçada por interesses outros, sejam do templo ou dos poderes vigentes. Isso nos mostra claramente o que ora nos propomos refletir: a presença de Jesus é a restauração da Justiça, da ética e da vida, como muito recentemente nos alertou o Santo Padre, o papa Francisco: "Jesus nunca negocia a verdade".[6]

Assim, procuramos, a partir de agora, tomar como exemplo, apenas, o quarto Evangelho. Os relatos dos sinais exemplificam bastante o que acabamos de afirmar e já no relato das bodas de Caná (Jo 2,1-11), por exemplo, nota-se que começa pela falta: a falta do vinho. Para o Antigo Testamento, o vinho é indicativo de alegria, sinal de aliança. Além disso, o vinho "é geralmente associado ao sangue, tanto pela cor quanto por seu caráter de essência de planta: em consequência, é a porção de vida ou de imortalidade".[7] Essa falta de vinho aludiria, penso, à situação de morte na qual vivem os contemporâneos de Jesus,[8] afastados que estão de seus costumes, negligenciando-os, segundo o quarto evangelista. Assim, a situação de morte precisa da aurora da vida, isto é, da presença de Jesus, que trará de novo a alegria, configurando-se assim o primeiro sinal. E como se trata de um sinal, ele pode estar, como muito já se afirmou, associado ao que vai acontecer na cruz, lugar da morte redentora, que trará a vida em plenitude à humanidade.[9]

---

[6] Pedido feito pelo Papa aos juízes de todo o mundo, em vídeo de 04.07.2019, sobre a intenção de oração para julho de 2019: Integridade da Justiça. Disponível em: https://www.viomundo.com.br/voce-escreve/em-video-papa-francisco-pede-aos-juizes-isencao-e-que-como-jesus-nunca-negociem-a-verdade-veja.html. Acesso em: 17 jul. 2019.
[7] CHEVALIER, Jean; GHEERBRANT, Alain. *Dicionário de Símbolos*: mitos, sonhos, costumes, gestos, formas, figuras, cores, números. Tradução de Vera Costa e Silva et al. Rio de Janeiro: José Olympio, 2012, p. 956.
[8] Creio que não seria fora de propósito afirmar que Nicodemos, no próximo capítulo, seja um exemplo daqueles que precisam morrer para viver direito (Jo 3,1ss). Nele está o símbolo da mudança de vida como mais um sinal do que acontecerá na carne de Jesus.
[9] DODD, Charles Harold. *A Interpretação do quarto evangelho*. Tradução de José Raimundo Vidigal. São Paulo: Paulinas, 1977, p. 385-586. Para o autor, podemos chamar a primeira parte de "livro dos sinais" e a segunda de "livro da paixão". O autor vê este último livro construído sobre um modelo amplamente semelhante ao de cada episódio individual do livro dos sinais.

> Jesus faz passar da festa de núpcias na qual falta o vinho (a alegria) a núpcias que dispõem de vinho em abundância (2,1-11); da doença perigosa (4,46-54) ou crônica (5,1-9) à saúde completa; da fome da grande multidão à sua saciedade (6,1-15); da cegueira à luz (9,1-7) e do túmulo de morte à vida recuperada (11,1-44). O significado dessas passagens é detalhadamente exposto em discursos de Jesus no que se refere à multiplicação dos pães (6,22-70), à cura do cego (9,8-41) e à ressurreição de Lázaro (11,1-44). Isso vem sintetizado por Jesus nos ditos singulares sobre sua própria pessoa: "Eu sou o pão da vida. Quem vem a mim não terá mais fome, e quem crê em mim nunca mais terá sede" (6,35). "Eu sou a luz do mundo. Quem me segue não caminha nas trevas, mas terá a luz da vida" (8,12). "Eu sou a porta. Quem entrar por mim será salvo; poderá entrar e sair, e encontrará pastagem" (10,9). "Eu sou o bom pastor. O bom pastor dá a vida por suas ovelhas" (10,11; cf 10,14-15). "Eu sou a ressurreição e a vida. Quem crê em mim, ainda que tenha morrido, viverá. E todo aquele que vive e crê em mim não morrerá jamais" (11,25-26).[10]

Ao paralítico à beira da piscina Jesus outorga, novamente, a alegria dos seus passos. Ele que está no seu longo deserto de morte (38 anos de paralisia) recebe, pelas mãos de Jesus, a nova possibilidade de terminar seu êxodo; ao povo que está faminto o pão restaura e devolve a força; ao cego impedido de ver, pelo poder mesquinho das autoridades, Jesus concede uma vida nova e, enfim, a Lázaro, preso no poder da morte, Jesus chama para fora. Além dele, suas irmãs também são convidadas a revisitarem a sua compreensão de ressurreição e de vida.

A opção em favor do homem é requisito para aderir a Jesus. O princípio da vida definitiva é o espírito, simbolizado na água (samaritana, paralítico, cego, festa). A vida definitiva supera a morte física. O estado de morte é próprio do que está fora da es-

---

[10] PONTIFÍCIA COMISSÃO BÍBLICA. *Bíblia e Moral*: raízes bíblicas do agir cristão. São Paulo: Paulinas, 2009, § 49.

fera divina. Fazendo sua a mensagem de Jesus, o homem passa da morte para a vida (5,24). O poder de Jesus está em restaurar a vida, ameaçada pelos poderes de morte e opressão vindos até mesmo do próprio Templo. As autoridades e os que pensam dominar têm o poder de condenar e matar, mas o poder de Jesus se contrapõe, indicando que o serviço e a proximidade são a nova configuração de uma ética no meio das pessoas.

A ressurreição é o rompimento das portas mais trancadas, das pedras mais pesadas e dos corações mais endurecidos. No episódio do encontro de Jesus com seus discípulos, após a sua ressurreição, os estudiosos da Bíblia já chamaram a atenção para o fato de que Jesus não caminha da porta para o centro, mas faz-se presente no centro (da comunidade).[11] A sua saudação aos discípulos devolve-lhes a paz que lhes fora retirada. Talvez também nos fosse permitido afirmar que essa paz é o próprio Jesus: ele, que esteve "ausente" por três dias, retorna, trazendo a alegria e o ânimo verdadeiros. Se em Atos dos Apóstolos são os discípulos que trazem "sinais e maravilhas" (5,12), agora Jesus mesmo é o grande sinal e a melhor das maravilhas.

Um dos discípulos, no entanto, está ausente, não participa da alegria primeira. Tomé é o sinal do perigo que a comunidade enfrenta por se separar do Senhor e dos seus membros primeiros. Tomé acusa uma fissura profunda, como aquela do lado do Senhor. Quando Jesus pede que ele toque suas mãos e o lado, indica que ele deve abrir os olhos para as marcas do Ressuscitado, que (só) podem ser percebidas no seio da comunidade. Assim como os dois de Emaús (Lc 24) tocaram o pão, Tomé é convidado a tocar o Senhor. Lá e aqui são ausências para os que enxergam com os olhos

---

[11] MATEOS, Juan; BARRETO, Juan. *O Evangelho de São João*. Tradução de Alberto Costa. São Paulo: Paulinas, 1989.

externos, mas proximidade e mistério para os que veem com os olhos do coração. O primeiro dia da criação foi o de separar a luz das trevas; o primeiro dia da semana foi o de trazer a luz aos que estavam nas trevas. João, finalizando seu Evangelho, transporta o leitor, de novo, para os textos antigos. "No princípio era o Verbo" (1,1) e agora está no meio dos homens e das mulheres; no começo eram as trevas, mas agora se tem a claridade da verdadeira luz.

A presença de Jesus, ao longo do Evangelho de São João – como se viu –, é sempre restauradora: é Ele quem traz (e é) o vinho novo; oferece (e é) a água viva; reparte (e é) o pão da vida; faz retornar (e é) a luz para os olhos do cego; devolve (e é) a vida para o jovem Lázaro.[12]

João, no grande discurso sobre o Pão da Vida, mostra uma vez mais como Jesus garante a sua presença aos que dele se aproximam. Uma presença que se converte em cuidado e pertença. Toda pessoa que nele crê tem a vida eterna, sendo ressuscitada no último dia. Todo o Evangelho caminha sob esta luz: a brilhante certeza do Senhor ressuscitado, que busca os seus e os protege. O quarto evangelista é, talvez, aquele que mais vincula a relação da vida e da morte com o mistério de Cristo ressuscitado. Em sua Páscoa, Jesus permite que se experimente o doce sabor do infinito da vida em Deus. Aqueles que morrem entram no mundo novo inaugurado por Jesus. A sua ressurreição sustenta a esperança porque, na morte, ressuscitamos com ele. No início dos Evangelhos, os céus se abrem no seu batismo; no final, os sepulcros se abrem na (com a) sua morte.

---

[12] Indiscutivelmente, em Jo 1-12 está em jogo o tema da vida eterna. É preciso ir a Jesus para que se tenha a vida: 1,4 (a vida era a luz dos homens); 3,15.16; 4,14.36; 5,24.39; 6,27.40.47.54.68;10,28 (vida eterna); 5,26.40; 6,53 (o Pai e o filho têm a vida em si mesmos; a vida está em Jesus); 6,33.51 (vida ao mundo); 6,35.48.51 (pão da vida); 6,63 (espírito e vida); 8,12 (luz da vida); 10,10 (para que todos tenham vida).

2. Para uma reorientação da ética

Os que "andam no vale das sombras da morte" (Sl 23) são, exatamente, os pobres. Sobre eles a mão fria da injustiça pesa de modo desmedido. Sobre eles, de forma irresistível, arma-se a chuva da tarde, em cujos ventos, a casa de sua vida é destelhada. O poder vil e arbitrário se faz sentir de modo mais explícito na realidade dos que são menos favorecidos.

Quando visitamos algum pobre, um pensamento sempre vem: é casa do outro, mesmo que seja construída de placas de muro (o que já é muito, em não poucos casos). É, de alguma forma, um templo, um santuário onde não posso entrar com minhas sandálias. Por mais que não se perceba ou se desrespeite, há uma fronteira importante: a sua liberdade. No coração da cidade, redutos escuros e frios, lama na porta, quartos vazios; vazios de bens, repletos de crianças. Não conhecem o sentido da palavra "segurança" e esperam no próximo dia, mais do que ninguém.

Carolina Maria de Jesus nasceu em 1914, em Sacramento, Estado de Minas Gerais, e morou na favela do Canindé, em São Paulo. Carolina foi mãe de três filhos: João José de Jesus, José Carlos de Jesus e Vera Eunice de Jesus Lima. Repare-se que todas as crianças são de Jesus, tal como a mãe! Ela escreveu vários cadernos sobre o diário da sua vida de catadora de papel que, mais tarde, foram publicados. A obra mais conhecida é *Quarto de despejo*: diário de uma favelada (1960), com tiragem inicial de dez mil exemplares, esgotados na primeira semana, e traduzida em cerca de 13 idiomas. Assim ela disse: "Fiz a comida. Achei bonito a gordura frigindo na panela. Que espetáculo deslumbrante! As crianças sorrindo vendo a comida ferver nas panelas. Ainda mais quando é arroz e feijão, é um dia de festa para eles".[13]

É mulher negra, sofrida, é mãe. Hoje, violentadas estão as mães. Violentadas em jeitos vários, mesmo aquelas sem diários carregam marcas profundas na pele. E Carolina continua: "Não tomei café, ia andando meio tonta. A tontura da fome é pior que a do álcool. A tontura do álcool nos impele a cantar. Mas a da fome nos faz tremer. Percebi que é horrível ter só ar dentro do estômago. Comecei sentir a boca amarga. Pensei: já não bastam as amarguras da vida?"[14]

São Vicente de Paulo (1581-1660) afirmava que não considerava "um camponês ou uma pobre mulher de acordo com o seu exterior ou mesmo com o modo como se apresentava seu espírito". Para ele, muitas vezes, eles nem pareciam razoáveis e poderiam ser até grosseiros. Contudo, é preciso vê-los "à luz da fé, pois o filho de Deus escolheu ser pobre, sendo, portanto, representado por eles".[15] O próprio Isaías alertara, possivelmente falando sobre o povo de Deus, que este não tinha beleza, nem formosura, nem boa aparência para que, olhando nós para ele, o desejássemos (53,2).

Nossas ruas e nossos bairros trazem, em seu seio, o sofrimento das crianças, a falta de dignidade das mulheres com suas feridas sem unguentos e seus corpos sem o óleo da alegria. O programa missionário de Jesus, na sinagoga de Nazaré, tem, para os nossos dias, o seu sentido mais profundo e a sua mais clara razão: o Espírito do Senhor está sobre nós para o movimento, para o passo corajoso, e não para a estagnação. Esse é o melhor exercício do poder: o da cura.

---

[13] JESUS, Carolina Maria de. *Quarto de Despejo*: diário de uma favelada. 8 ed. São Paulo: Ática, 1999, p. 38.
[14] JESUS. *Quarto de Despejo*, p. 39.
[15] COSTE, Pierre. *Vincent de Paul*: correspondance, entretiens, documents. Tom. XI. Paris: Librarie LeCoffre, 1923, p. 32.

A vida de Jesus é o claro exemplo para o mundo e para a missão de cada homem e mulher. As conclusões da Conferência do Episcopado latino-americano em Santo Domingo já ensinavam que "descobrir nos rostos sofredores dos pobres o rosto do Senhor é algo que desafia todos os cristãos a uma profunda conversão pessoal e eclesial".[16] Por isso a sua direita deve trabalhar sem que a sua esquerda o saiba! O Reino de Deus é luta, é conflito; não fosse assim, Jesus não o teria dito por medo daquela cruz. O valor do Evangelho se descobre com os oprimidos, com os menos favorecidos e com os que vivem na simplicidade do acolhimento ao dom de Deus.[17]

Não é preciso desenhar ponto a ponto, passo a passo, a situação de tanta gente. Não é preciso clarear, com lamparinas quase apagadas, a escuridão das ruas que abrigam seres sem vida e que são chamados de humanos. Não há moldura que sirva para um quadro tão grande de miseráveis e já não há água suficiente para lavar a sujeira imposta sobre a pele dos pobres por um sistema que oprime. Como também disse Amós, "vendem o indigente por um par de sandálias" (2,6) e o pobre, por um botijão de gás.

O anúncio e a prática de Jesus firmaram-se na fragilidade e na luta pela restauração da dignidade humana. O Reino de Deus é convite e proposta e, onde há homens e mulheres, ele aí está, pede resposta. Onde há sofrimento e opressão, ele se faz prioridade de vivência. Moisés saiu fugido do Egito, saiu sozinho. Mas o Senhor o fez voltar, para sair com outras gentes; é o

---

[16] CONFERÊNCIA DO EPISCOPADO LATINO-AMERICANO. *Conclusões da Conferência de Santo Domingo*. São Paulo: Paulinas, 1992, p. 178.
[17] CONFERÊNCIA DO EPISCOPADO LATINO-AMERICANO. *Conclusões da Conferência de Puebla*. São Paulo: Paulinas, 1982, p. 1147-1152.

sinal mais evidente de que vocação só existe onde alguém grita por socorro. E é assim, então, que o ser humano se associa ao mistério pascal de Cristo.

Fica claro, portanto, que o poder da maneira como pode ser entendido na Bíblia manifesta-se pela faculdade de "dispor de outros com uma autoridade que vem de Deus".[18] Aqui se nota não uma força opressora, mas o serviço dedicado, uma autoridade que se expressa na prática do direito. Talvez por isso os profetas – e o *Antigo Testamento* de modo geral – procurem dar tamanha "importância à legislação, que abarca todos os aspectos da existência. Uma característica que parece perder-se no Novo Testamento".[19]

Lembro-me das palavras de Dom Luciano Mendes de Almeida (1930-2006): "Dar uma cesta básica é fácil, contribuir financeiramente também, o mais difícil, porém, é sentir o cheiro do pobre". E, sobre isso, São Vicente de Paulo também havia se pronunciado, mais ou menos com estas palavras:

> Deve-se preferir o serviço aos pobres a tudo o mais e prestá-lo sem demora. Se na hora da oração for necessário dar remédios ou auxílio a algum pobre, ide tranquilos, oferecendo a Deus essa ação como se estivésseis em oração.[20]

Outro francês (como São Vicente), o exímio contista Guy de Maupassant (1850-1892), descreve o mendigo, em um conto de mesmo nome: "E permaneceu muito tempo imóvel, torturado pela fome, mas estupidificado demais para descortinar de fato sua insondável miséria". E um pouco mais adiante, arremata: "Esperava no canto daquele pátio, sob o vento gelado, a ajuda

---
[18] PANI. El 'poder' en la Biblia, p. 42-43.
[19] PANI. El 'poder' en la Biblia, p. 43.
[20] COSTE, Pierre. *Vincent de Paul*: correspondance, entretiens, documents. Tom. IX. Paris: Librarie LeCoffre, 1923, p. 319.

misteriosa que sempre se espera do céu ou dos homens, sem se perguntar como, nem por que, nem por intermédio de quem ela poderia chegar".[21]

Os pobres carecem de comida, carecem de abrigo, carecem de palavra, mas, sobretudo, de respeito, porque suas esperanças nem sempre coincidem com as nossas. É como minha família em tempos de roça, como dizia João Guimarães Rosa: "Queríamos trovão em Outubro e a tulha cheia de arroz".[22] Mas não é tudo! O Reino é muito mais!

Com os olhos erguidos para o alto da cruz, o ser humano enxerga-se a si mesmo. Com os olhos sobre a pedra rolada, olha para trás e percebe, sem poder explicar, o mistério redentor. Na sua homilia da noite de Natal, em 2014, o Santo Padre, o papa Francisco, disse: "Temos a coragem de acolher, com ternura, as situações difíceis e os problemas de quem vive ao nosso lado, ou preferimos as soluções impessoais, talvez eficientes, mas desprovidas do calor do Evangelho?"[23]

Essa sim é uma palavra profética. Entenda-se aqui a profecia não como uma previsão de futuro, mas como uma constatação do presente e rememória do passado. Aliás, essa foi a estrutura de sua pregação, qual seja, um percurso pela história da Salvação, destacando a primeira grande treva da humanidade: o pecado de Caim (Gn 4,8).

O calor do Evangelho! Expressão tão simples, mas carregada de extrema significação. É o mesmo que falar do calor de

---

[21] MAUPASSANT, Guy. *125 contos de Guy de Maupassant*. Tradução de Amilcar Bettega. São Paulo: Companhia das Letras, 2009, p. 403.
[22] ROSA, João Guimarães. *Grande Sertão*: veredas. Rio de Janeiro: Nova Aguilar, 1994, p. 70.
[23] FRANCISCO, Papa. Homilia na Santa Missa da noite de Natal (24.12.2014). Disponível em: http://w2.vatican.va/content/francesco/pt/homilies/2014/documents/papa-francesco_20141224_omelia-natale.html. Acesso em: 20 jun. 2019.

Jesus. E qual é o calor de Jesus? É o calor de seus dedos tocando os olhos dos cegos; o calor de suas mãos abençoando as crianças, partindo o pão para os necessitados. É o calor de suas palavras tenras quando, sussurrando, disse à viúva de Naim: "Não chores!" (Lc 7,13).

A palavra é profética, porque está intimamente afinada com os profetas antigos. Repare bem o que Isaías disse: "Por acaso não consiste nisto o jejum que escolhi: em repartir o teu pão com o faminto, em recolheres em tua casa os pobres e desabrigados, em vestires aquele que vês nu e em não te esconderes daquele que é tua carne?" (58,6a.7). E, em outro lugar, avisava Miqueias: "Foi-te anunciado, ó homem, o que é bom e o que o Senhor exige de ti: nada mais do que praticar a justiça, amar o amor e te sujeitares a caminhar com teu Deus" (6,8).

Como bem lembra o Santo Padre, não são os arrogantes que veem a luz, mas os simples; não os entendidos, mas aqueles que são pequenos; não são os afoitos e desejosos de possuir o mundo e tê-lo só para si, sem paciência e perdão. Eis, talvez, o assombro do Santo Padre ao constatar: "Como é difícil compreender isto: a paciência de Deus para conosco!" Eis o grande contraste do Cristianismo com o mundo em que vivemos: é um mundo de muitas luzes, mas luzes que nos ofuscam e escurecem nosso caminho, que não nos deixam ver. Deixemo-nos iluminar pela Palavra de Jesus, pela verdadeira luz, atentos ao seu aviso, dirigido, sobretudo, aos que detêm o poder: "Se fôsseis cegos, não teríeis pecado, mas como dizeis: 'nós vemos', vosso pecado permanece" (Jo 9,41).

Nessa mesma linha, Francisco disse na noite de Natal de 2015:

> Numa sociedade frequentemente embriagada de consumo e prazer, de abundância e luxo, de aparência e narcisismo, Ele (Jesus) chama-nos a um comportamento *sóbrio*,

isto é, simples, equilibrado, linear, capaz de individuar e viver o essencial. Num mundo que demasiadas vezes é duro com o pecador e brando com o pecado, há necessidade de cultivar um forte sentido da justiça, de buscar e pôr em prática a vontade de Deus.[24]

As palavras do Santo Padre nos convidam a pensar no chamado que o Evangelho faz. É um chamado ao amor. Por isso a resposta deve ser o amor. A resposta passa pelo outro. Esse outro é o que de mais caro existe para o cristão. É preciso ter cuidado porque o outro não é como nós, um erro facílimo de se cometer no contato com os mais necessitados: confundimos ajuda com tentativa de igualar o outro a nós.

Isso Jesus ensina muito bem: chama em particular, conversa, olha e vê (Mc 5,32); "chamou a si os que ele quis e constituiu doze para ficarem com ele". Para ficarem com ele e para aprenderem dele (Mc 3,13-14). Ele "chamou os discípulos e disse: se alguém quer ser o primeiro que seja o último" (Mc 9,35). O serviço em primeiro lugar, a proximidade e a atenção. Nem sempre as pessoas precisam de pão. Às vezes nossas cestas básicas são amargas porque nossos ouvidos e nosso coração não estão nelas, mas apenas a obrigatoriedade egoísta de um gesto vazio.

Considerações finais

Não creio que haja uma conclusão específica, mas algumas questões que considero norteadoras para a reflexão. A primeira delas diz respeito ao 1) comportamento mesmo de Jesus. *A sua religião*

---

[24] FRANCISCO, Papa. Homilia na Santa Missa da noite de Natal (24.12.2015). Disponível em: http://w2.vatican.va/content/francesco/pt/homilies/2015/documents/papa-francesco_20151224_omelia-natale.html. Acesso em: 20 jun. 2019.

tem alto teor de intimidade com a religião profética. Assim, funda-se em uma ética pautada na memória, atenção e denúncia dos abusos e de toda sorte de malefícios que podem ser praticados contra a pessoa humana. Implica dizer, portanto, de um grande tema tratado pelos antigos profetas: o da justiça social, espelhado, sobretudo, na imperativa atenção ao órfão e à viúva. Aponta para o desenvolvimento e a condenação da injustiça. Uma injustiça que se alastra, gerando a miséria e a morte, enquanto se erguem cânticos de festa no santuário. A palavra profética procura colocar um termo a essa estrutura de pecado e exploração que, como uma cárie, corrói o povo.

Penso, também, que é necessário considerar 2) a importância que devemos dar à vida e perseguir os caminhos que a promovam. *Uma atitude que se paute nessa conduta separa o joio do trigo no que concerne ao entendimento da verdadeira instância de poder.* Esse apelo já é ouvido desde os tempos do Deuteronômio que, fortemente, avisava sobre o cuidado nas escolhas dos caminhos:

> Hoje chamo, como testemunhas contra vós, os céus e a terra. Coloco a vida e a morte diante de ti; a bênção e a maldição. Agora, escolhe a vida, para que viva tu e tua descendência. Para amar o Senhor teu Deus, para ouvir a sua voz e para se apegar a Ele, pois Ele é a tua vida e o prolongamento dos teus dias; para habitar na terra que o Senhor jurou dar a teus pais Abraão, Isaac e Jacó (30,19-20).

Esse texto pertence a um conjunto maior (versículos anteriores desse mesmo capítulo 30). É um chamado de atenção a Israel para que se comporte bem na terra onde vai entrar. Um dos temas mais interessantes desse conjunto é a liberdade humana para se fazer uma opção diante das propostas divinas. Assim, o Senhor apresenta a vida e a morte, felicidade e infelicidade. O critério para a escolha parte do coração humano, indicado por um verbo muito caro ao *Antigo Testamento*: "ouvir" (Dt 30,2.8.20). O perigo está perto porque o "não ouvir" caracteriza o desvio do coração: "Se teu coração se virar para outro lado e não escutares..." (Dt 30,17). Isso porque o Senhor é um Deus que ouve, evidenciando que quem não ouve (sobretudo o clamor de quem sofre) se distancia Dele.

Acredito, também, que se deva pensar em 3) *como ser sinal de um autêntico poder em um mundo marcado fortemente pela corrupção e pela busca de luzes falsas*. O filósofo Giorgio Agamben afirma que contemporâneo é quem sabe ver a escuridão e não quem se ofusca com as luzes. Ser contemporâneo não significa exatamente estar no presente, mas saber haurir do tempo em que está uma postura acertada e correta sobre os eventos que se passam ao redor. Portanto, se quisermos ser contemporâneos, não podemos coincidir com o tempo em que estamos, porque, como afirma Agamben, "aqueles que coincidem muito plenamente com a época, que em todos os aspectos a esta aderem perfeitamente, não são contemporâneos porque, exatamente por isso, não conseguem vê-la, não podem manter fixo o olhar sobre ela".[25]

Então, como pensar o poder humano a partir do poder de Deus? O poder de Deus consiste em dar a vida ao homem; o poder de Deus consiste também em conhecer e decidir o "tempo de morrer" do *Eclesiastes*. Ao homem, não cabe o poder de dar a vida ou de decidir a morte, mas é em Jesus que a humanidade se torna participante do poder divino e, então, recebe certo poder sobre a vida, uma vez que não se pode ter poder algum se este não vier do alto (Jo 19,11).

---

[25] AGAMBEN, Giorgio. *O que é o contemporâneo? e outros ensaios*. Tradução de Vinícius Nicastro Honesko. Chapecó: Argos, 2010, p. 59.

Assim, o fundamento ético do poder, para nós, deve ser o olhar do outro, o território sagrado da alteridade e o discipulado da cura. Cura do corpo, da interioridade, das memórias, dos desejos, dos sonhos, dos propósitos.
Eis!

Referências bibliográficas

AGAMBEN, Giorgio. *O que é o contemporâneo? e outros ensaios*. Tradução de Vinícius Nicastro Honesko. Chapecó: Argos, 2010.

BÍBLIA. Português. *Bíblia de Jerusalém*. Nova edição rev. e ampl. São Paulo: Paulus, 2002.

CHEVALIER, Jean; GHEERBRANT, Alain. *Dicionário de Símbolos*: mitos, sonhos, costumes, gestos, formas, figuras, cores, números. 26 ed. Tradução Vera Costa e Silva et al. Rio de Janeiro: José Olympio, 2012.

CLEMENTS, Renold Edouard (Org). *O mundo do antigo Israel*. Tradução de João Rezende Costa. São Paulo: Paulus, 1995.

CONFERÊNCIA DO EPISCOPADO LATINO-AMERICANO. *Conclusões da Conferência de Puebla*. 4 ed. São Paulo: Paulinas, 1982.

CONFERÊNCIA DO EPISCOPADO LATINO-AMERICANO. *Conclusões da Conferência de Santo Domingo*. 4 ed. São Paulo: Paulinas, 1992.

CORRADINO, Saverio. Il potere nella Bibbia. Roma: Stella Matutina, 1977.

COSTE, Pierre. *Vincent de Paul*: correspondance, entretiens, documents. Tom. IX. Paris: Librarie LeCoffre, 1923.

COSTE, Pierre. *Vincent de Paul*: correspondance, entretiens, documents. Tom. XI. Paris: Librarie LeCoffre, 1923.

DODD, Charles Harold. *A Interpretação do quarto evangelho*. Tradução de José Raimundo Vidigal. São Paulo: Paulinas, 1977.

FRANCISCO, Papa. Homilia na Santa Missa da noite de Natal (24.12.2015). Disponível em: http://w2.vatican.va/content/francesco/pt/homilies/2015/documents/papa-francesco_20151224_omelia-natale.html. Acesso em: 20 jun. 2019.

FRANCISCO, Papa. Homilia na Santa Missa da noite de Natal (24.12.2014). Disponível em: http://w2.vatican.va/content/francesco/pt/homilies/2014/documents/papa-francesco_20141224_omelia-natale.html. Acesso em: 20 jun. 2019.

JESUS, Carolina Maria de. *Quarto de despejo*: diário de uma favelada. 8 ed. São Paulo: Ática, 1999.

MATEOS, Juan; BARRETO, Juan. *O Evangelho de São João*. Tradução de Alberto Costa. São Paulo: Paulinas, 1989.

MAUPASSANT, Guy. *125 contos de Guy de Maupassant*. Tradução de Amilcar Bettega. São Paulo: Companhia das Letras, 2009.

PANI, Giancarlo. El «poder» en la Biblia. In: *La Civiltà Cattolica Iberoamericana*. Barcelona: Herder Editorial, n. 19 (2018): 33-45.

PONTIFÍCIA COMISSÃO BÍBLICA. *Bíblia e Moral*: raízes bíblicas do agir cristão. São Paulo: Paulinas, 2009.

ROSA, João Guimarães. *Grande Sertão*: veredas. Rio de Janeiro: Nova Aguilar, 1994.

5

A demagogia do poder à luz da ética teológica

Ronaldo Zacharias[1]

Introdução

O que há em comum a respeito do que diz Maquiavel – "dê poder ao homem, e descobrirá quem ele realmente é" –, Abraham Lincoln – "se quiser pôr à prova o caráter de um homem, dê-lhe poder" –, Ivan Teorilang – "o verdadeiro caráter de um homem irá se manifestar apenas quando lhe for delegado poderes, pois quando tiveres o destino de outros à sua mercê, é chegada a hora de avaliar que tipo de animal habita o teu ser" –, Lord Acton – "o poder tende a corromper, e o poder absoluto corrompe de modo absoluto" – e Aislan Dlano – "quer conhecer uma pessoa, dê poder a ela; mas se quiser verdadeiramente conhecê-la, retire o poder dela"?

Não é difícil perceber o que há de comum nas afirmações de tais pensadores: por um lado, a ambiguidade do poder; por outro, a sua evidente relação com o caráter da pessoa. Justa-

---

[1] Ronaldo Zacharias é Doutor em Teologia Moral (Weston Jesuit School of Theology – Cambridge/USA) e Secretário da Sociedade Brasileira de Teologia Moral (SBTM).

mente por isso, entender o seu significado é algo fascinante. Procurarei, aqui, refletir sobre o sentido do poder no contexto da relação entre verdade e hipocrisia, à luz da atividade política. Em seguida, proporei a devolução da verdade à verdade como caminho de superação da hipocrisia no exercício do poder. Por fim, defenderei que o poder pode ser libertador se vivido na perspectiva evangélica de serviço e sacrifício de si pelo bem do outro. Espero, com isso, conseguir demonstrar que é possível, até mesmo para a atividade política, servir-se do poder como instrumento de superação da hipocrisia e da corrupção e de promoção da justiça e da verdade.

1. Poder, verdade e hipocrisia

Se considerarmos, por exemplo, a atividade política, resulta mais fácil compreender o significado do poder. A política, considerada a mais nobre de todas as ciências, visa a realização da justiça e a consecução do bem comum, como caminhos concretos de realização e felicidade das pessoas e da sociedade.[2] No entanto, para alcançar os seus fins, a ciência política deveria ser exercida por pessoas sábias, justas, honradas, virtuosas.

---

[2] Há um outro aspecto da atividade política que justifica a sua escolha para ilustrar a reflexão que segue: "A expressão típica do poder é a política, ou seja, aquele aspecto da vida no qual se formulam as ideologias totalizantes sobre a realidade, as estratégias ou os projetos para alcançar, de fato, o conjunto da realidade e, finalmente, as ações ou táticas concretas mediante as quais se dá a intervenção direta sobre as coisas: a política é a arte de chegar à posse, ao governo das coisas e das pessoas". GAMELEIRA, Sebastião A. Somos poder. In: *Revista Inclusividade* 2/4 (2003), p. 3. Disponível em: http://www.centroestudosanglicanos.com.br/rev/4/somos_poder_sebastiao.pdf. Acesso em: 10 jul. 2019. Devido à dificuldade de aprofundar aqui, esse aspecto, sugiro a leitura de todo o ensaio de Gameleira (p. 1-13). Ver também: DIETRICH, Luiz José (Org.). *Ser e poder*. Porto Alegre/São Paulo: CEBI/Paulus, 2002.

É um bom político aquele que reúne consensos sem precisar recorrer a mecanismos de repressão e de intimidação. E isso depende, em grande parte, da sua competência e habilidade. E muito mais do seu caráter.

Mas sabemos que a realidade difere da noção ideal de atividade política, a começar pelo fato de ela poder ser exercida por demagogos, isto é, por pessoas que se revestem de falsa sabedoria e falsa virtude para enganar o povo, obter a simpatia e o apoio popular, para mais facilmente conseguir realizar os próprios interesses, sobretudo quando esses passam quilômetros de distância da justiça e da honradez. Apesar de demagogas, tais pessoas revelam ter um grande poder, pois suas ações resultam eficazes, isto é, expressam a capacidade que eles têm de alcançar os fins desejados, mesmo se os meios forem antiéticos. Para os demagogos interessa o que parecem ser e não o que, de fato, são. Por isso, a preocupação com a verdade e com a coerência pouco lhes interessa. Os demagogos, embora poderosos, são essencialmente hipócritas. E a hipocrisia só pode ser superada por meio da verdade e da transparência.[3]

Não se trata de afirmar, aqui, a pretensão de uma verdade absoluta, válida universal e eternamente, até porque isso implicaria o reconhecimento de um saber que fosse dominante,

---

[3] Assumirei, aqui, a noção de hipocrisia, como sintetizada por Flávio Eduardo Silveira: "O termo hipocrisia era utilizado na Grécia Antiga com um significado semelhante ao usualmente empregado na atualidade: procedimento similar ao de um ator (do grego "hypocritás"); isto é, aquele que intencionalmente age de modo simulado; produz atos e palavras em desconformidade com o que ele pensa e esconde a natureza desta representação; age de forma enganosa, com o objetivo não revelado de produzir determinados resultados, diferentes daqueles que seriam decorrência de um comportamento não falsificado". SILVEIRA, Flávio Eduardo. Natureza do poder político: o problema da hipocrisia. In: *Civitas – Revista de Ciências Sociais* I/I (2001), p. 148. A Silveira devo, em grande parte, a inspiração para o conteúdo deste capítulo.

com a consequente negação da legitimidade de formas de saber diferentes e da gradativa e relativa capacidade de conhecimento por parte dos sujeitos. Além disso, a pretensão de uma verdade absoluta implicaria também a definição do que é certo e errado, com a consequente impossibilidade de questionamento e refutação do que possa vir a ser considerado um erro. Como nos lembra Michel Foucault, as verdades descobertas correspondem à política geral de verdade de cada sociedade e estão socialmente associadas a mecanismos e relações de poder.[4] Por isso é que, para Flávio Eduardo Silveira,

> todo exercício do poder supõe a produção de discursos de verdade, que justifiquem as regras (jurídicas, políticas) de regulamentação da ordem social, e garantam o seu funcionamento. Para exercer este papel, no entanto, a verdade é obrigada a mentir. Ela precisa negar o seu caráter monopólico, aparecendo como naturalmente a única; negar a sua capacidade de produzir sanções em defesa de si mesma, para excluir ideias distintas; negar o seu inevitável vínculo com o poder, a relação de poder que ela supõe, os seus efeitos de poder, e a hipocrisia contida nas relações de poder. A verdade não pode aceitar que ela mesma carrega hipocrisia. Assim, precisa dissimular o seu caráter hipócrita.[5]

O fato de as verdades serem limitadas, relativas e definidas socialmente por um regime que não apenas supõe, mas produz poder, chama a atenção para a natureza das relações e das estruturas de poder. Isso explica o porquê as pessoas se posicionam de modo diferente diante das mesmas verdades. Existe pluralidade na interpretação das verdades socialmente estabelecidas e, exatamente por isso, cada um procura afirmar a sua, movendo-

---

[4] FOUCAULT, Michel. *Microfísica do Poder*. Rio de Janeiro: Graal, 1981.
[5] SILVEIRA. Natureza do poder político, p. 157.

-se como pode no terreno do poder. Hoje, as redes sociais constituem o espaço em que cada um advoga para si o direito de dar voz às suas verdades, mesmo se socialmente rejeitadas, e às suas mentiras, muitas vezes revestidas de omissão, negação e dissimulação do que é tido como verdade. Em outras palavras, como afirma Robert Greene, cada um acredita no que quer acreditar, mesmo se, externamente, usa esta ou aquela máscara para exteriorizar um discurso que, conscientemente, vai na contramão das próprias verdades.[6] Discutir a partir do que se acredita ser verdade não vale mais a pena, pois, como afirma Silveira, "recursos da racionalização" que transformaram, maquiaram ou disfarçaram as próprias verdades permitem que elas mesmas "orientem efetivamente o sentido da ação e os seus resultados".[7] No jogo do poder, cada um lida com a verdade como quer e de acordo com os próprios interesses.

Por outro lado, admitir a não existência de verdades inquestionáveis não significa poder assumir o maquiavelismo como atitude diante da realidade e dos fatos, maquiavelismo entendido como procedimento dissimulado, ardiloso, traiçoeiro, mal intencionado. Mas, na realidade, é isso que acontece. O que importa é parecer e, ao mesmo tempo, não parecer. Uma mentira não pode ser reconhecida como mentira; ela tem de parecer verdade. A hipocrisia não pode ser percebida como hipocrisia; ela tem de parecer verdade. E, com isso, o sujeito se dá o direito de reduzir a visibilidade da sua mentira e da sua hipocrisia por meio "do controle e da obstrução de informações e da opacidade do poder".[8] Instaura-se, sem nenhum pudor, a

---

[6] GREENE, Robert. *As 48 leis do poder*. Rio de Janeiro: Rocco, 2000.
[7] SILVEIRA. Natureza do poder político, p. 158.
[8] SILVEIRA. Natureza do poder político, p. 158.

dissimulação, que visa assegurar o exercício do poder, poder que, nesse sentido, domestica, alicia, seduz, mesmo enganando, induzindo ao erro, mentindo, iludindo. A questão se torna ainda mais grave quando os produtores de mentiras acreditam veementemente nas próprias mentiras e criam realidades alienantes para mantê-las.

As *fake news* são, nessa perspectiva, entendidas como meios válidos para alcançar o que se deseja. Não importa se ferem a dignidade das pessoas, se atentam contra seus direitos, se dizimam ou condenam à exclusão, se acabam com a verdade e destroem a sociedade; o modo e a finalidade para os quais são usadas pouco importam. Vale a sua eficácia instrumental. No campo político, por exemplo, é o que Silveira denomina como "extermínio político", isto é, a arma de combate é a que serve para "desgastar a imagem dos adversários até provocar a completa eliminação da sua credibilidade".[9] Distorcer os fatos, forjar situações, acusar sem provas, levantar suspeitas são os recursos mais utilizados, mesmo tendo consciência de atentar contra a verdade objetiva dos fatos. A precisão da descrição feita por Silveira é impressionante, embora ao mesmo tempo chocante:

> A distância entre as intenções e a realidade da ação prática dos agentes políticos, entre os discursos e a atividade política é grande não por um problema pessoal relativo ao caráter dos políticos. Estes não agem livremente de acordo com as suas intenções e projetos, mas em um sistema político que possui regras e em condições que eles não determinam. Entre as regras do jogo político, há a necessidade de eficácia. Se um agente político não for eficaz ele será eliminado do jogo, será um profeta desar-

---

[9] SILVEIRA. Natureza do poder político, p. 160.

> mado, vencido, fracassado. Ele precisará agir, em determinadas circunstâncias, de forma dissimulada, deixando de cumprir certas promessas, modificando oportunamente o seu ponto de vista. Precisará agir de forma hipócrita, mas sem ser visto como tal. Necessitará parecer íntegro, sincero e totalmente ético. Mas se agir sempre conforme esta aparência isto causará a sua ruína. O que impossibilita a política ética não é a falta de intenção ou vontade, mas o problema da eficácia. O agente ético é totalmente previsível e facilmente será vencido no jogo político. O fato dos políticos defenderem uma política ética é compreensível: eles precisam ser vistos como éticos para manter e ampliar a sua credibilidade. (...) A hipocrisia, portanto, está visceralmente associada ao poder. Ela não é um vício eliminável, mas um instrumento eficaz que assegura poder. Sua existência deve-se a sua utilidade no jogo de poder. O agente que realiza a operação hipócrita de modo eficiente maximiza a sua ação neste jogo. A hipocrisia constitui uma forma de poder que produz poder, do mesmo modo que ela é necessária para o exercício do poder.[10]

Diante de um panorama como o descrito acima, podemos nos perguntar qual é o significado do apelo à ética na política e do apelo da ética à política. Se considerarmos que, no jogo do poder, é recompensado o sujeito que melhor conseguir tornar imperceptível a sua dissimulação; que a hipocrisia é justificada racionalmente como um mal necessário para se alcançar os fins desejados; que a lógica que preside as decisões é a de que os fins justificam os meios; que não há limites para a promoção narcísica, mesmo que ela implique na eliminação dos adversários; que princípios e valores são relativos diante das demandas do jogo do poder; que as leis e as normas jurídicas podem ser violadas quando se trata de defender certos interesses, resulta evidente que a razão política "torna-se serva do poder".[11] Nesse sentido,

---
[10] SILVEIRA. Natureza do poder político, p. 161-162.
[11] SILVEIRA. Natureza do poder político, p. 164.

a desejável ética na política não faz parte da natureza do poder político. Como valor socialmente aceito e utopia querida, faz parte das estratégias discursivas utilizadas pelos agentes políticos para conquistar simpatias e adesões. Mas, na política efetivamente praticada, as ações éticas não são dominantes e, muitas vezes, estão associadas aos insucessos ou à produção de fatos simbólicos relevantes para a construção, alteração ou reposicionamento da imagem dos agentes.[12]

2. Da hipocrisia ao poder da verdade

Eliane Brum nos apresenta uma chave de leitura muito interessante para enfrentarmos a hipocrisia que se instaurou na sociedade atual. Para ela, precisamos reconhecer a distinção entre o fenômeno da pós-verdade e o da autoverdade:

> no fenômeno da pós-verdade, as mentiras que falsificam a realidade passam elas mesmas a produzir realidades. (...) A autoverdade se articula com esse fenômeno, mas segue uma outra lógica. O valor da autoverdade está muito menos no que é dito e muito mais no fato de dizer. 'Dizer tudo' é o único fato que importa. Ou, pelo menos, é o fato que mais importa.[13]

É o deslocamento do conteúdo do que é dito para o ato de dizer que nos ajuda a compreender a hipocrisia como instrumento que assegura o poder. A verdade pessoal e autoproclamada, a verdade do sujeito, é absolutizada de forma tal que qualquer tentativa de argumentação racional se torna ineficaz.

Para Brum,

---

[12] SILVEIRA. Natureza do poder político, p. 167.
[13] BRUM, Eliane. Bolsonaro e a autoverdade. Como a valorização do ato de dizer, mais do que o conteúdo do que se diz, vai impactar a eleição no Brasil. In: *El País* (10.07.2018). Disponível em: https://brasil.elpais.com/brasil/2018/07/16/politica/1531751001_113905.html. Acesso em: 10 jul. 2019.

o valor dessa verdade não está na sua ligação com os fatos. Nem seu apagamento está na produção de mentiras ou notícias falsas ("*fake news*"). Essa é uma relação que já não opera no mundo da autoverdade. O valor da autoverdade está em outro lugar e obedece a uma lógica distinta. O valor não está na verdade em si, como não estaria na mentira em si. Não está no que é dito. Ou está muito menos no que é dito. Assim, a questão da autoverdade também não está na substituição de verdades ancoradas nos fatos por mentiras produzidas para falsificar a realidade.[14]

Se o que vale é o ato de dizer, o conteúdo do que é dito pouco importa. Em geral, os argumentos utilizados para justificar o "dizer tudo" referem-se ao exercício da liberdade de expressão, à importância de ser sincero, verdadeiro, autêntico, honesto e, até mesmo, politicamente incorreto. Para Brum, "a estética é decodificada como ética. Ou colocada no mesmo lugar. E este não é um dado qualquer".[15] A tentativa de desconstruir o conteúdo não produz efeito algum, pois ele pouco importa. O mesmo se dá em relação ao esforço para checar a veracidade das informações como instrumento para combater as *fake news*. Não interessa a verdade dos fatos, mas a verdade do sujeito, mesmo que ela seja a mais falsa, mentirosa e hipócrita possível. É a triste realidade da dramaturgia que substitui o conteúdo. Importam a retórica e a forma.[16] Num contexto como

---

[14] BRUM. Bolsonaro e a autoverdade.
[15] BRUM. Bolsonaro e a autoverdade.
[16] Valeria a pena repropor, aqui, o pensamento de Aristóteles e Platão sobre a verdade, os conflitos que tiveram com as tradições anteriores – eleática e sofística –, a crítica feita a eles pelas escolas cínica e céptica, ao menos para evidenciar o quanto os temas, que hoje permeiam a atividade política – verdade, mentira, conhecimento, retórica –, já eram debatidos desde a antiguidade. Na impossibilidade de fazê-lo, por uma questão de foco e espaço, remeto à síntese feita por SILVEIRA. Natureza do poder político, p. 148-153 e a alguns dos diálogos de Platão que fazem referência a eles – Teeteto, O Sofista, Política, Fedro, Protágoras, Górgias e Hípias menor.

esse, a criação de inimigos a serem combatidos se torna muito conveniente. A luta entre o bem e o mal, o fiel e o infiel, o perseguido e o perseguidor serve como palco de distração dos reais problemas e urgências. Com o tempo, vai se formatando um determinado olhar sobre a realidade: "não há mais interpretação, a decodificação passa a ser por reflexo".[17]

Como para o fenômeno da autoverdade o que vale é o que é dito, a pluralidade de saberes, o respeito às diferenças e o diálogo honesto cedem lugar a movimentos ideológicos que se travestem de combate às ideologias, às ações políticas que se fantasiam de antipolíticas, aos apoios partidários que se pretendem apartidários, à abdicação do pensamento em favor da fé e à adesão à política por causa da fé professada e, sobretudo, da religião seguida.[18] Resulta evidente que passar de tal dinâmica para a demonização, perseguição e eliminação dos adversários não custa muito. O fundamentalismo, com seu consequente fanatismo, é elevado ao pedestal da mais sagrada adoração, com isso, dá-se o que Brum chama de 'religiosização' da política, que provoca efeitos devastadores, como o de endeusar um sujeito que se proclama como o enviado de Deus, por isso, reivindica a absolvição de todos os seus pecados e crimes.[19]

Para Brum, só será possível passar da hipocrisia à verdade, se a verdade for devolvida à verdade:

> O desafio imposto tanto pela pós-verdade quanto pela autoverdade é como devolver a verdade à verdade. Não faremos isso sem tomar partido por escola de qualidade para todos, apoiando aqueles que lutam por isso de maneira muito mais contundente do que fazemos hoje, assim

---

[17] BRUM. Bolsonaro e a autoverdade.
[18] BRUM. Bolsonaro e a autoverdade.
[19] BRUM. Bolsonaro e a autoverdade.

como pressionando por políticas públicas e investimento, e questionando fortemente os candidatos para além da retórica fácil. Nem faremos isso sem a recuperação do sentido de comunidade, o que implica a reapropriação do espaço público para a convivência entre os diferentes, assim como a retomada da cidade. Temos que voltar a conviver com o corpo presente, compartilhando os espaços mesmo e – principalmente – quando as opiniões divergem. Temos que resgatar o hábito tão humano de conversar. E conversar em todas as oportunidades possíveis. E isso não amanhã. Ontem. A verdade do momento é que estamos ferrados. Outra verdade é que, ainda assim, precisamos nos mover. Juntos. Não por esperança, um luxo que já não temos. Mas por imperativo ético.[20]

3. A verdade de um poder que se faz serviço

Brum não poderia ser mais honesta diante da realidade na qual nos encontramos. Se, por um lado, o panorama é desolador, e a esperança, um luxo para poucos; por outro, precisamos acreditar que, como cristãos, podemos anunciar uma novidade capaz de ressignificar o exercício do poder e as bases para a edificação de uma sociedade mais justa, inclusiva e solidária.

A novidade a ser anunciada é a verdade *de Deus* e, portanto, uma verdade diferente das outras. A verdade *de Deus* é que, em Jesus, Deus assumiu a humanidade e a tornou participante da sua divindade. Trata-se de uma novidade que não pode ser comunicada totalmente por meio de uma doutrina e que, se não comunicada como verdade *de Deus*, degenera facilmente em ideologias distantes dos interesses do próprio Deus.

A constante busca e acolhida da verdade *de Deus* concretiza-se por meio do seguimento a Jesus. Seguimento que conduz à

---

[20] BRUM. Bolsonaro e a autoverdade.

progressiva conformação aos seus sentimentos e às opções feitas por Ele. É a prática do conteúdo da boa nova, da verdade *de Deus,* que dá credibilidade ao seguimento. No seguimento a Jesus, o cristão se confronta com suas palavras (pregação) e suas ações (práticas de cura) e descobre o significado da verdade *de Deus* revelada por Ele: o amor de Deus pela humanidade tinha de se expressar por meio de gestos históricos desse amor, isto é, era impossível revelar Deus como Pai misericordioso sem que as pessoas "tocassem com as mãos" a presença do Deus-Pai-Misericordioso no meio delas.[21]

Tanto a pregação quanto as práticas de cura de Jesus manifestam a verdade do amor de Deus pela humanidade: trata-se de um amor inclusivo e salvífico. Vistas à luz do que Jesus ensinou, as suas práticas de cura revelam um Deus que fez opção por aqueles que tinham sido "feitos" pobres e, por isso, "postos" à margem da sociedade e do templo. Por meio das práticas de cura, Jesus reintegra os marginalizados à sociedade e anuncia a vontade *de Deus* de que a sociedade se distinguisse pela inclusão, compaixão e solidariedade.

Jesus, a verdade *de Deus,* é o paradigma para aqueles que querem responder ao chamado de Deus. Consequentemente, a solidariedade com os oprimidos – a radical inclusão que está no âmago da fé cristã – exigirá a cruz daqueles que O seguem, exatamente como a prática do Seu ministério provocou a Sua morte. Como bem afirma William Spohn, "o "indicativo" da história de Jesus funda o "imperativo" do que os cristãos são chamados a ser e a fazer".[22]

---

[21] SOBRINO, Jon. *Espiritualidade da libertação.* Estrutura e conteúdos. São Paulo: Loyola, 1992, p. 158-162.
[22] SPOHN, William C. *Go and Do Likewise.* Jesus and Ethics. New York/London: The Continnuum International Publishing Group Ltd, 1999, p. 25.

Jon Sobrino, de forma magistral, sintetiza as consequências da verdade *de Deus* na vida dos seguidores de Jesus. De acordo com ele, os seguidores de Jesus devem "refazer a encarnação de Jesus e concebê-la como um processo de encarnação que gera sua própria dinâmica".[23] A profunda misericórdia para com os mais oprimidos deve transformar-se em ativa defesa da sua dignidade e dos seus direitos, o que leva – como aconteceu com Jesus – à controvérsia, à denúncia e ao desmascaramento daqueles que os oprimem e empobrecem. A ativa misericórdia leva ao conflito, à perseguição e à cruz. Para Sobrino, no anúncio da verdade *de Deus* o cristão "vai deixando sua própria vida".[24] Ou, como afirma Sebastião Gameleira, "a radicalidade do poder, de ser 'todo-poderoso', é poder 'renunciar' ao poder, ou seja, é a capacidade suprema de dispor de si a ponto de entregar-se, não 'necessitar' mais de si, já não ser mais 'carente', como Deus se revela em Cristo".[25]

Outro aspecto importante manifestado pela pregação e pelas práticas de cura de Jesus refere-se à natureza do poder. Também esta não pode ser evangelicamente compreendida senão à luz da *kenosis* de Jesus. Como bem afirma Sallie McFague, ao anunciarmos que a Palavra se fez carne, não podemos menosprezar "a forma particular tomada pela carne" ao se fazer palavra.[26] Isto é, a verdade *de Deus* exige que entremos numa nova lógica, na lógica de Jesus, o qual transformou sua existência em dom para os outros, inclinou-se para lavar os pés dos discípulos, foi capaz de um amor tão grande a ponto de dar a sua vida. A lógica de Jesus

---
[23] SOBRINO. *Espiritualidade da libertação*, p. 163.
[24] SOBRINO. *Espiritualidade da libertação*, p. 163.
[25] GAMELEIRA. Somos poder, p. 10-11.
[26] McFAGUE, Sallie. *The Body of God: An Ecological Theology*. Minneapolis: Fortress Press, 1993, p. 167.

é *kenótica*: é grande quem se faz pequeno; o último é o primeiro; o maior é aquele que serve; salva a própria vida quem a perde; ama aquele que dá a própria vida; renasce aquele que morre; ressuscita quem se esvazia de si para encher-se de Deus. Por isso, na última ceia com seus discípulos, ele lhes dá um "novo" mandamento: que amem como "Ele" os amou (Jo 13,34). A verdade *de Deus* é que Jesus é "o caminho, a verdade e a vida" (Jo 14,6). Como afirma Omar César Albado, "num momento histórico em que a exclusão assume formas cada vez mais descaradas, o paradigma *kenótico* se converte em anúncio profético do qual a teologia não pode se esquivar. A desapropriação é considerada como a proposição de um outro modo de construir a história e como uma forma distinta de pensar o humano".[27]

Aplicada à atividade política, essa reflexão implicaria um novo modo de conceber o poder e de exercê-lo. Mais ainda, ela seria capaz de devolver a verdade à verdade e superar as tentações ligadas à pós-verdade e à autoverdade, pois "a" verdade é um fato concreto – "o Verbo se fez carne" –, uma boa nova capaz de transformar as pessoas e o mundo – "e habitou entre nós". Diante do Verbo feito carne é possível compreender que, além de a humanidade ser assumida a sério na sua integralidade, é uma questão de integridade pôr-se a seu serviço considerando-a sempre como fim e nunca como meio.[28] A verdade do Verbo que se fez carne e, portanto, "esvaziou-se e humi-

---

[27] ALBADO, Omar César. La evangelización bajo el paradigma de la kénosis de Jesús. Esbozo de una acción y relfexión desde el magistero de Francisco. In: GONZALO, Luis Aranguren; PALAZZI, Félix (Eds.). *Desafíos de una teologia iberoamericana inculturada en tiempos de globlización, interculturalidad y exclusión social.* Actas del Primer Encuentro Iberoamericano de Teología (Boston College, 6-10.02.2017), p. 501.
[28] Para Gameleira, só assim podemos compreender que "a atitude de serviço e de partilha é o exercício autêntico e humanizante do poder", a ponto de podermos afirmar que "a experiência antropológica do poder é, necessariamente, a experiência teologal". GAMELEIRA. Somos poder, p. 11.

lhou-se a si mesmo", "tomando a condição de servo e obedecendo até à morte" (Fl 2,7-8) é paradigmática e, ao mesmo tempo, imperativa para aqueles que exercem qualquer forma de poder.

O papa Francisco tem alertado a Igreja sobre o perigo de um novo paradigma que afeta a sua identidade: o paradigma da autorreferencialidade.[29] Para ele, quando a Igreja se volta para si mesma, ela acaba buscando sua segurança na doutrina e na disciplina, tornando-se, assim, narcisista e autoritária. A autorreferencialidade não está tanto em falar sobre si mesma, mas em acreditar poder ocupar o lugar de Deus, convertendo-se em intérprete autorizada da sua vontade. Quando isso acontece, Deus deixa de ser o centro e a verdade *de Deus* deixa de ser Aquele cujo caminho ela mesma deveria percorrer.[30] Ousaria dizer que, quando isso acontece, a Igreja se torna mais uma entre tantas instâncias de poder e converte-se, ela mesma, em serva do poder. Não podemos ignorar que o poder pode subir à cabeça, e isso se explica pelo simples fato de que ele, mesmo chamado ao serviço, não deixa de se inclinar à dominação. Como afirma Clodovis Boff, "a raiz disso é que a potência busca a onipotência".[31]

Considerações finais

A parábola do samaritano (Lc 10,25-37), se interpretada à luz da verdade *de Deus*, evidencia alguns aspectos centrais do anúncio da Boa-Nova, essenciais para ressignificarmos o poder

---

[29] FRANCISCO, Papa. *Evangelii Gaudium*. Exortação Apostólica sobre o anúncio do Evangelho no mundo atual. São Paulo: Paulus/Loyola, 2013, n. 94.
[30] ALBADO. La evangelización bajo el paradigma de la kénosis de Jesús, p. 499.
[31] BOFF, Clodovis. Teologia do poder. In: *Revista Inclusividade* 2/4 (2003), p. 4. Disponível em: http://www.centroestudosanglicanos.com.br/rev/4/teologia_poder_clodovis.pdf. Acesso em: 10 jul. 2019.

em nosso meio. Em primeiro lugar, a pergunta inicial – "quem é o meu próximo?" – é uma formulação que coloca no centro da indagação a própria pessoa. A resposta de Jesus, no final, é outra pergunta – "quem foi o próximo daquele que caiu nas mãos dos salteadores?" Jesus põe no centro a pessoa ferida, único personagem sobre o qual não sabemos coisa alguma, a não ser que tinha sido deixado no caminho meio-morto. O anônimo, nas palavras de Gustavo Gutiérrez, "aquele que não é ninguém, é o que move todo o relato".[32] Aquele que não é ninguém é privado de defesa e de palavra e se encontra na mais extrema pobreza. Aquele que não é ninguém precisa de ajuda. Sua sobrevivência depende da sensibilidade dos que se encontram com ele, da atitude de superar a indiferença e deixar-se interpelar pela realidade na qual se encontra.

Em segundo lugar, ao colocar no centro do debate a pessoa ferida, Jesus revela que, "estritamente falando, não temos próximos, mas nos fazemos próximos".[33] Fazer-se próximo significa deixar-se tocar pelo sofrimento do outro, sair do próprio mundo e pôr-se no caminho de quem mais precisa, ter a coragem de enlamear-se e ser ferido, romper os próprios esquemas e preconceitos, optar pela reciprocidade que caracteriza a relação de quem decide ser significativo na vida de alguém. Foi o que fez o samaritano. Ele pôde usar de misericórdia para com aquele que estava ferido porque decidiu, antes de tudo, colocar-se no seu caminho.

Em terceiro lugar, a parábola do samaritano foi resultado de uma maldosa provocação feita a Jesus por quem tinha pleno co-

---
[32] GUTIÉRREZ, Gustavo. El espíritu y la autoridad de los pobres. In: GONZALO, Luis Aranguren; PALAZZI, Félix (Eds.). *Desafios de una teologia iberoamericana inculturada en tiempos de globalización, interculturalidad y exclusión social*. Actas del Primer Encuentro Iberoamericano de Teología (Boston College, 6-10.02.2017), p. 133.
[33] GUTIÉRREZ. El espíritu y la autoridad de los pobres, p. 134.

nhecimento da lei e sabia o que era preciso fazer para se salvar. Em outras palavras, o doutor da lei intencionalmente agiu de modo dissimulado. Procurou esconder-se atrás da hipocrisia, mas foi "desmascarado" por Jesus enquanto teve ele mesmo de responder ao que não queria responder. De tão preconceituoso, ele não foi capaz de dizer que o samaritano tinha sido aquele que se fez próximo do necessitado. Revestiu sua resposta de roupagem religiosa para camuflar sua discriminação. E Jesus, ao dizer a ele que devia ir e fazer a mesma coisa, apresenta categoricamente o samaritano como modelo a ser seguido, rompendo com toda dissimulação da verdade e toda forma de discriminação e, portanto, de exclusão.

Voltemos, por fim, a atenção às afirmações propostas na introdução desta reflexão. Todas elas sugerem que o poder revela o caráter ou a falta de caráter da pessoa. Heleno Saña confirma isso ao afirmar: "os tiranos da humanidade não começaram a ser tiranos ao assumir o poder, mas já eram potencialmente tiranos, pois, caso contrário, nunca teriam conseguido sê-lo".[34] O poder tem, "em sua raiz, um caráter ontológico" e é "a expressão imediata do ser".[35] No entanto, tem razão Boff quando afirma: "é no nível do uso e não do ser que se pode falar na ambiguidade do poder. (...) Não é, pois, no nível de sua natureza, mas de sua função que o poder pode ser mal, injusto ou opressor. (...) Mas essa qualificação é de caráter ético e não ontológico. É a pessoa, só ou associada, que imprime ao poder esse sentido negativo. No fundo, não é o poder que é mau, mas sim o poderoso, que sendo mau, faz mau uso do poder".[36]

---

[34] SAÑA, Heleno. *La ideologia del éxito*. Uma lectura de la crisis de nuestro tiempo. Boadilla del Monte (Madrid): PPC, 2016, p. 214-215; Ratzinger, Joseph. *Gesù di Nazaret*. Dal battesimo alla trasfigurazione. Milano: Bur Saggi, 2012, p. 235-236.
[35] BOFF. Teologia do poder, p. 1.
[36] BOFF. Teologia do poder, p. 3.

Ora, reconhecer que o poder é expressão imediata do ser não nos permite apelar simplesmente para a imperfeição moral para justificar os recursos antiéticos usados por muitos agentes políticos. Tais recursos fazem parte de jogos políticos – e, socialmente, o poder é um jogo de influências mútuas na ordem da convivência social –, produzidos por um sistema que supõe e produz poder. Graças a esse sistema o poder é assegurado e ampliado. Se, por um lado, o poder revela o caráter ou a falta de caráter da pessoa, por outro, ele também expressa a ausência de moralidade de sistemas para os quais o ser humano é apenas um meio para que eles funcionem e alcancem suas metas.

Para Achille Mbembe, estamos vivendo num período histórico que nos permite testemunhar um jogo longo e mortal:

> O choque entre a democracia liberal e o capitalismo neoliberal, entre o governo das finanças e o governo do povo, entre o humanismo e o niilismo. (...) Em seu núcleo, a democracia liberal não é compatível com a lógica interna do capitalismo financeiro. No entanto, sob as condições do capitalismo neoliberal, a política se converterá em uma guerra mal sublimada. Esta será uma guerra de classe que nega sua própria natureza: uma guerra contra os pobres, uma guerra racial contra as minorias, uma guerra de gênero contra as mulheres, uma guerra religiosa contra os muçulmanos, uma guerra contra os deficientes. (...) Em um mundo centrado na objetivação de todos e de todo ser vivo em nome do lucro, a eliminação da política pelo capital é a ameaça real. A transformação da política em negócio coloca o risco da eliminação da própria possibilidade da política. (...) Neste contexto, os empreendedores políticos de maior sucesso serão aqueles que falarem de maneira convincente aos perdedores, aos homens e mulheres destruídos pela globalização e pelas suas identidades arruinadas.[37]

---

[37] MBEMBE, Achille. A era do humanismo está terminando. In: *Instituto Humanitas Unisinos* (IHU – 24.01.2017). Disponível em: http://www.ihu.unisinos.br/186-noticias/noticias-2017/564255-achille-mbembe-a-era-do-humanismo-esta-terminando. Acesso em: 25 jun. 2019.

Não é à toa que o artigo de Mbembe se intitula "A era do humanismo está terminando". O realismo é tão chocante que sugere, à primeira vista, um pessimismo insuperável. No entanto, ele mesmo sugere que terão sucesso os que se colocarem no caminho dos perdedores. Numa linguagem evangélica, poderíamos dizer que serão significativos aqueles que se fizerem samaritanos. Aqui abre-se a oportunidade para que a fé sustente a luta, a esperança infunda coragem e a caridade anime o serviço. Se o que nos "sobrar" forem os perdedores da história, diante deles devemos nos ajoelhar para lavar seus pés, curar suas feridas, alimentar seus corpos, renovar suas mentes. Temos nas mãos um poder que pode ser, sim, libertador; um poder que pode, sim, ser profecia de "um novo céu e uma nova terra" (Ap 1,1).

Simples assim! Complexo demais!

Referências bibliográficas

ALBADO, Omar César. La evangelización bajo el paradigma de la kénosis de Jesús. Esbozo de una acción y relfexión desde el magistero de Francisco. In: GONZALO, Luis Aranguren; PALAZZI, Félix (Eds.). *Desafíos de una teologia iberoamericana inculturada en tiempos de globalización, interculturalidad y exclusión social.* Actas del Primer Encuentro Iberoamericano de Teología (Boston College, 6-10.02.2017), p. 496-502.
BOFF, Clodovis. Teologia do poder. In: *Revista Inclusividade* 2/4 (2003): 1-9. Disponível em: http://www.centroestudosanglicanos.com.br/rev/4/teologia_poder_clodovis.pdf. Acesso em: 10 jul. 2019.
BRUM, Eliane. Bolsonaro e a autoverdade. Como a valorização do ato de dizer, mais do que o conteúdo do que se diz, vai impactar a eleição no Brasil. In: *El País* (10.07.2018). Dis-

ponível em: https://brasil.elpais.com/brasil/2018/07/16/politica/1531751001_113905.html. Acesso em: 10 jul. 2019.

DIETRICH, Luiz José (Org.). *Ser e poder.* Porto Alegre/São Paulo: CEBI/Paulus, 2002.

FOUCAULT, Michel. *Microfísica do Poder*. Rio de Janeiro: Graal, 1981.

FRANCISCO, Papa. *Evangelii Gaudium*. Exortação Apostólica sobre o anúncio do Evangelho no mundo atual. São Paulo: Paulus/Loyola, 2013.

GAMELEIRA, Sebastião A. Somos poder. In: *Revista Inclusividade* 2/4 (2003): 1-13. Disponível em: http://www.centroestudosanglicanos.com.br/rev/4/somos_poder_sebastiao.pdf. Acesso em: 10 jul. 2019.

GREENE, Robert. *As 48 leis do poder*. Rio de Janeiro: Rocco, 2000.

GUTIÉRREZ, Gustavo. El espíritu y la autoridad de los pobres. In: GONZALO, Luis Aranguren; PALAZZI, Félix (Eds.). *Desafíos de una teología iberoamericana inculturada en tiempos de globalización, interculturalidad y exclusión social.* Actas del Primer Encuentro Iberoamericano de Teología (Boston College, 6-10.02.2017), p. 122-137.

MBEMBE, Achille. A era do humanismo está terminando. In: *Instituto Humanitas Unisinos* (IHU – 24.01.2017). Disponível em: http://www.ihu.unisinos.br/186-noticias/noticias-2017/564255-achille-mbembe-a-era-do-humanismo-esta-terminando. Acesso em: 25 jun. 2019.

McFAGUE, Sallie. *The Body of God: An Ecological Theology.* Minneapolis: Fortress Press, 1993.

Ratzinger, Joseph. *Gesù di Nazaret*. Dal battesimo alla trasfigurazione. Milano: Bur Saggi, 2012.

SAÑA, Heleno. *La ideologia del* éxito. Uma lectura de la crisis de nuestro tiempo. Boadilla del Monte (Madrid): PPC, 2016.

SILVEIRA, Flávio Eduardo. Natureza do poder político: o problema da hipocrisia. In: *Civitas – Revista de Ciências Sociais* 1/1 (2001), p. 147-168.

SOBRINO, Jon. *Espiritualidade da libertação*. Estrutura e conteúdos. São Paulo: Loyola, 1992.

SPOHN, William C. *Go and Do Likewise.* Jesus and Ethics. New York/London: The Continnuum International Publising Group Ltda, 1999.

6

Interesses religiosos da política e interesses políticos da religião

Márcio Fabri dos Anjos[1]

Introdução

A mistura entre interesses políticos e religiosos em nossos tempos é considerada com certa suspeita. O exercício da Política representa poder, teoricamente diferente do poder religioso, e assim, em geral, se nega, disfarça ou se pretende uma isenção em relação aos interesses mútuos que por vezes se evidenciam. O assunto está, por isso, cercado de conotações emocionais subjacentes a fatos e situações em que tais experiências se desenvolvem. No presente estudo, buscamos uma aproximação de cunho analítico, visando compreender o nexo teórico entre política e religião. Após um breve aceno ao quadro de experiências vigentes, passamos a considerar alguns pontos conceituais que nos parecem contribuir para uma agenda ética nesse tema

---

[1] Márcio Fabri dos Anjos é Doutor em Teologia Moral (Pontifícia Universidade Gregoriana), Professor no Instituto São Paulo de Estudos Superiores (ITESP) e no Centro Universitário São Camilo.

aparentemente simples mas, de fato, bastante complexo. Reconhecemos que, diante das muitas interfaces aqui implicadas e de muitos estudos relacionados já feitos até hoje, o presente estudo é uma pequena introdução. Fazemos ao final uma abreviada menção a alguns tópicos da agenda em práticas de conjugação de interesses políticos e religiosos.

1. Interesses em encontros e desencontros socioculturais

Antes de entrar em um tipo de cenário específico, é importante notar a complexidade das variações com que as dimensões políticas e religiosas se mesclam por interesses. *Mesclar* aqui pode ser por encontro ou desencontro, porque o desinteresse, com frequência, significa proteção aos próprios interesses. Considerada, por exemplo, a diversidade cultural de um contexto como o latino-americano, encontramos apreciável variedade de tradições em que a conjugação de interesses já se encontra assimilada. Um exemplo dessa conjugação foi a impressionante tomada de posse do presidente mexicano López Obrador, em 1° de dezembro de 2018, incluindo ritual cultural de cunho religioso em praça pública. Os estudos de antropologia cultural são abundantes em expor a riqueza de tradições a esse respeito. As culturas Guarani têm oferecido, desde os tempos coloniais,[2] claras expressões da estreita conjugação entre as crenças e os direcionamentos políticos de seus grupos sociais, repercutindo inclusive em comportamen-

---

[2] LUGON, Clovis. *A República Guarani*. São Paulo: Livraria Cultura, 2010; estudo sobre a experiência missionária jesuíta nos tempos coloniais; MELIÀ, Bartolomeu. A Terra sem Mal dos Guarani: Economia e profecia. In: *Revista de Antropologia* 33 (1990): 33-46; LITAIFF, Aldo. Os Filhos do Sol: Mitos e Práticas dos Índios Mbya-Guarani do Litoral Brasileiro. In: *Tellus* 4/6 (2004):15-30.

tos individuais; mas os desencontros com outras culturas, que interferem em tal conjugação, têm sido catastróficos para suas vidas. A esse respeito, na história latino-americana é antológico o relato incaico do séc. XVI, referindo-se às ações dos conquistadores. Em busca de uma interpretação para a incompreensível saga de destruição e morte, o conselho imperial chega à conclusão de que "o Deus dos conquistadores é o ouro, porque por causa do ouro eles matam as pessoas".[3]

No conjunto mundial, mesmo não entrando em sistemas teocráticos mais evidentes e declarados, pode-se notar nas diferentes culturas muitos sinais de convergência ou divergência com que os sistemas políticos se entrelaçam com religião. Às vezes aparentemente isto não se daria por se negar que determinado sistema seja religioso, como no caso do Budismo. Mas em uma análise mais acurada, como na obra *O Budismo e as Outras*,[4] verificam-se fortes características religiosas ali implicadas. De fato, os conflitos são extremamente reveladores das divergências de interesses políticos e religiosos, como é o caso do próprio Budismo, com suas mais de 30 variações, que vão de um budismo extremamente pacífico a outros menos pacíficos e/ ou de grandes exigências sociais.

2. Jogos de interesses entre grupos políticos e religiosos

Nesse contexto sociocultural mais amplo, situamos o cenário pequeno, mas não sem importância para nós, em que aparecem as manifestações religiosas de políticos na esfera pública.

---

[3] SUESS, Paulo. *A Conquista espiritual da América espanhola*. Petrópolis: Vozes, 1992.
[4] USARSKI, Frank. *O Budismo e as Outras*. São Paulo: Ideias e Letras, 2010.

Há mais tempo se viam políticos flertando com grupos religiosos (e vice-versa), marcando presença em cultos, sem práticas anteriores que pelo menos amenizassem a evidência de seus interesses políticos. Do outro lado, o interesse mais ou menos velado dos grupos religiosos em verem políticos lhes trazerem alguma esperança implícita de apoio religioso. Um jogo latente, mas certamente presente, com certo poder de pressão derivado dos interesses mútuos. Nas práticas cotidianas da vida política, a linguagem religiosa aparece em trocadilhos capciosos como o uso da oração de São Francisco – "é dando que se recebe" –, para subsidiar o *toma lá, dá cá* nos bastidores da troca de favores. Outras linguagens mais direcionadas ocorrem com a manifestação ostensiva de símbolos religiosos em lugares de trabalho ou espaços em que a mídia possa captar as vinculações religiosas do agente político. Uma pesquisa passada, mas com sinais de atualidade,[5] mostra propostas de práticas profissionais de executivos, através de conceitos bem relacionados com dimensões religiosas, como deixar em segundo plano as relações familiares, dispor-se a *morrer* e *ressuscitar* com outra mentalidade de dedicação ao trabalho; e semelhantes. Aparentemente, tal fato indicaria simples presença, mas não convergência de interesses; entretanto, as tendências atuais de aconselhamento em gestão de pessoas permitem notar o interesse em recomendar posturas espirituais ou religiosas que sejam favoráveis ao que se propõem.

Em tempos mais recentes, o aumento do pluralismo religioso trouxe ingredientes de disputa entre os grupos religiosos e agentes políticos, de modo a tornar, em certos casos, mais clara

---

[5] BARTOLI, Jean. *Ser executivo, um ideal? Uma religião?* São Paulo: Ideias e Letras, 2005.

a seleção mútua entre grupos religiosos e grupos políticos. No início dos anos 1980, isso teve uma ocorrência digna de nota e de repercussões até hoje. No embate entre capitalismo e socialismo, ganhou destaque a importância que tomavam as religiões e, especificamente, a Teologia da Libertação, nesse jogo de interesse. Na ocasião, Michael Novak[6] conseguiu influenciar o programa de governo do presidente Ronald Reagan, nos Estados Unidos, contra essa teologia, criando inclusive o "Instituto para a Religião e a Democracia".[7] Esse primeiro programa, de 1981, foi conhecido como *Documento Santa Fé I*, e foi seguido, em 1986, pelo *Documento Santa Fé II,* selando uma política para relações com a América Latina, incluindo o papel da religião na Política.[8]

Na atualidade, as polarizações se mostram mais acirradas a ponto de se constituir uma *bancada evangélica* no Congresso Brasileiro; e um presidente que se associa ostensivamente a um grupo religioso e lança públicas depreciações sobre outros grupos. Na Itália também há um ministro de Estado ostentando um claro símbolo religioso, com fartos sinais de querer associar tendência religiosa com tendência política. Essas abreviadas referências, sem preocupação avaliativa, servem aqui apenas para deixar entrever como os interesses que conjugam religiões e políticas atravessam os mais diferentes sistemas culturais e manifestam-se de formas mais ou menos explícitas, com conotações as mais variáveis.

---

[6] NOWAK, Michael. *O espírito do capitalismo democrático.* Rio de Janeiro: Nórdica, 1982; *Será a liberdade?* Questionamento da Teologia da Libertação. Rio de Janeiro: Nórdica, 1988.
[7] TONIAL, Marcos Paulo. *A Política externa de Reagan e a Redemocratização da América Latina (1981-1988).* Dissertação de Mestrado. Porto Alegre: UFRG, 2003.
[8] DOCUMENTO SANTA FÉ II. In: SUÁREZ, Carlos O.; LABORDE, Julio; CORBIERE, Emilio; BRUNATI, Luis. *La estrategia neocolonial del Império para los anos '90.* Buenos Aires: Gentesur, 1990.

3. Interesses políticos vistos pelo lado religioso

Talvez pela suspeita moral que pesa sobre os interesses, seja mais raro o reconhecimento de interesses de grupos religiosos em estabelecer alianças políticas. Em função disso, as linguagens religiosas buscam com frequência expressões de isenção quanto a interesses políticos. Uma hipótese para esclarecer o foco de tais suspeitas parece estar quando se distinguem na Política as disputas partidárias em torno de interesses pontuais e mais facilmente suscetíveis a escolhas subjetivas e, por isso, suspeitáveis; enquanto se colocam por outro lado interesses relacionados com questões de fundo que regem a convivência e destinos do coletivo social. Embora nas práticas históricas isto não se distinga à primeira vista com tanta clareza, uma vez que o entrelaçamento de interesses seja bastante complexo, pode-se, com mais tranquilidade emocional, reconhecer interesses políticos por parte dos grupos religiosos dentro de uma ambivalência moral e, então, avaliar a qualidade moral desses interesses.

Neste sentido, um rápido repasse sobre a experiência judaico-cristã e o cristianismo, em grande parte hegemônico no Ocidente, pode ajudar a perceber aspectos e funções da mescla entre interesses religiosos e políticos. Embora a história social antiga de Israel seja composta por inúmeras injunções, como toda história de um povo, e seja particularmente centrada em relações de parentesco,[9] o lugar da fé e sua importância na construção política de sua história são inegáveis. A história de Israel que se desencadeia com o êxodo do Egito é emblemática para

---

[9] KESSLER, Rainer. *Historia social del antiguo Israel*. Salamanca: Sígueme, 2013.

se perceber como as convicções da fé incidem em interesses de cunho político. As raízes da escravidão a que está submetido o povo de Israel são postas em crise exatamente pela figura de Deus, como uma sarça ardente que não se apaga na mente e no coração de Moisés. O conflito de interesses religiosos com a política faraônica é patente e de aberta oposição libertadora.

Ao mesmo tempo, essa força religiosa se dá de forma associada a um povo, cuja identidade ela vem fortalecer na busca de seus próprios caminhos de organização político-social. Parece, então, lógico reconhecer seus interesses políticos quanto aos fundamentos da convivência e destinos desse povo. A história mostra em seguida como as opções religiosas do povo entram em crise com as dificuldades de organização social da sobrevivência. As propostas de retorno aos antigos deuses ou ídolos de conveniências são sucedidas ou mesmo se somam para a organização social em sistemas piramidais, em contraposição a formas de relações sociocomunitárias. A figura de um Messias político é pensada como grande esperança de que viria um dia para colocar o povo de Israel no domínio acima sobre os outros povos. E, do outro lado, os profetas descrevem a figura do Messias como servidor que abre caminhos de superação dos egoísmos e injustiças; e se faz defensor da reciprocidade e igualdade entre as pessoas. De um lado, uma representação de um Deus todo-poderoso que cria privilégios e, do outro, a figura de um Deus encarnado, Emanuel, "Deus conosco", na expressão de Isaías. A literatura profética é abundante em explicitar esses embates.[10] Com essa pálida e incompleta referência visamos apenas ressaltar como concepções religiosas transitam também em interesses políticos.

---

[10] SICRE DÍAZ, José Luis. *Introdução ao profetismo bíblico*. Petrópolis: Vozes, 2016.

A experiência de vida e morte de Jesus não se compreenderia sem esse contexto. Nem teria ocorrido e tampouco teria sido tramada por chefes do povo se suas práticas e ensinamentos não tivessem sido considerados conflitantes com interesses sociopolíticos vigentes.[11] Suas práticas e ensinamentos podem ser vistos, em termos modernos, como agenda de radical transformação em políticas públicas, como a superação das desigualdades sociais, da discriminação dos doentes e dos prisioneiros. A polêmica nas interpretações a esse respeito não deveria, em boa lógica, descartar o interesse de Jesus em uma Política social, mesmo porque sua pregação e suas práticas convergem para a Paz.

A história subsequente do cristianismo está mais reconhecidamente marcada pela conjugação de interesses políticos e religiosos, particularmente a partir da era constantiniana. Mas, mesmo antes disso, é preciso notar como desde sua origem o cristianismo representou uma crítica radical às bases do Império Romano, pelo que foi duramente perseguido nos primeiros séculos. Representou também crise sociocultural nas relações homem-mulher, escravo-livre, judeu-cristão, cristão-pagão.[12] Nessas crises, a ênfase dada pela apologética às perseguições dos cristãos precisaria, segundo Roque Frangiotti,[13] ser complementada pela visão do outro lado, isto é, do quanto de complicações o cristianismo provocou nas formas de convivência. Outros estudos já apontaram o impacto político da representação mono-

---

[11] FERRARO, Benedito. *A significação política e teológica da morte de Jesus*. Petrópolis: Vozes, 1977.
[12] COMBLIN, José. Teologia da Reconciliação na América Latina. In: *Revista Eclesiástica Brasileira* 46/182 (1986): 272-314.
[13] FRANGIOTTI, Roque. *Cristãos, Judeus e Pagãos*. Acusações, críticas e conflitos no cristianismo antigo. São Paulo: Ideias e Letras, 2006.

teísta da divindade diante de culturas politeístas.¹⁴ A partir da chamada era constantiniana, a mescla de interesses da Política do Império com os interesses cristãos pela liberdade e autonomia, é suficientemente analisada por historiadores desse período, inclusive na decadência do Império.

Nesses complexos entrelaçamentos, é digna de nota a grande união chamada de Sacro Império Romano Germânico, um império de mil anos, a partir do início do século IX. Marcou a concepção teocrática, por muito tempo hegemônica no Ocidente. Essa noção, derivada de uma combinação da concepção sobre a origem divina do poder imperial, conta numa fase romana com a mediação dos papas na transmissão desse poder; e numa fase germânica, se entende que "provém diretamente de Deus" e não de uma concessão dos papas, pois "é Deus quem inspira os romanos, e assim, estes são o instrumento de Deus quando escolhem o Imperador tornando-o *vicarius Christi*".¹⁵ Por esta referência sintética se percebe o quanto os interesses políticos e religiosos formam uma amálgama durante muitos séculos.

A conjugação de interesses religiosos e políticos começa a entrar em uma longa crise de profundo estremecimento com a chegada de formas de conhecimento caracterizadas por Guilherme de Ockham (séc. XIV) como *ciência moderna*. Centrado na busca de explicação dos fenômenos, Ockham aprofunda a linha de conhecimento das dimensões *acidentais* dos seres em desfavor do conhecimento pelas essências e pela revelação religiosa, sistematizadas pela Filosofia e Teologia. Coloca-se sob suspeita a

---

[14] MAIER, Hans."Totalitarismus" und „politische Religionen": Konzepte des Diktaturvergleichs. In: *Vierteljahrshefte für Zeitgeschichte*, Jahgang 43/H3 (1995): 387-405.
[15] TORRES, M. Ramanazzi. O sentido religioso da noção germânica de Império. In: *Brathair* 4/1 (2004): 80-95.

validade de conceitos universais que, por seu grau de abstração, não gerariam conhecimento consistente. Entraram em pauta as crises de interpretação bíblica sobre fenômenos naturais que já não condiziam com dados levantados pela ciência moderna.

Obviamente, estava em jogo mais do que uma nova forma de conhecimento, pelo fato de surgirem novos agentes na interpretação, e isto significava um fato de dimensão política com repercussão religiosa. Galileu, para trazer paz às tensões crescentes, a esse respeito "tende a instaurar uma divisão que de fato se instituirá no decorrer da modernidade": que a ciência e os cientistas tenham a última palavra sobre as *questões de fato*, ou seja, formas de ser e de a natureza funcionar; cabendo à Igreja e aos teólogos "a última palavra no que se refere à *moral*, aos valores e aos fins da existência humana".[16] O iluminismo e a secularização se encarregam de aprofundar a radicalidade desta separação.

Sem perder o foco de nosso tema, a crise trazida pela ciência moderna e o conhecimento científico parecia estabelecer um irreconciliável divórcio entre interesses políticos e religiosos. Paolo Prodi observa que a Igreja católica, no Concílio de Trento (1545-1563), reconhecendo a perda de influxo direto na esfera política e social, opta por se centrar no "controle sobre o comportamento das pessoas, não mais no campo do direito, mas agora no campo da ética", por meio do sistema penitencial, e da Teologia Moral a cargo do clero.[17] Entretanto, se verá como os interesses religiosos persistem de outras formas na modernida-

---

[16] HOTTOIS, Gilbert. *Do renascimento à pós-modernidade*. Uma história da filosofia moderna e contemporânea. São Paulo: Ideias e Letras, 2008, p. 70.
[17] PRODI, Paolo. Fourteen Theses on the Legacy of Trent. In: KEENAN, James F. (Ed.) *Catholic Theological Ethics, past, present and future*. Maryknoll-NY: Orbis Books, 2011, p. 41.

de. E também como a própria Igreja católica assume um grande processo de renovação da Teologia Moral em direção à interação com as ciências modernas e com o protagonismo laical em sua reflexão e elaboração.

4. O que são interesses? Aspectos antropossociológicos

Uma definição de interesse ajuda pouco porque seu conceito é tão polivalente que sua identificação se dá na variedade dos seus agentes e dos focos pelos quais estão interessados. Esse fato indica que *ser interessado* resulta de uma condição humana como ser histórico, de algum modo incompleto, em busca de realização, de *poder* ser mais. Desejo, motivação, estímulo, atrativo, esperança são conceitos muitas vezes afins. De fato, ser e estar interessado é uma necessidade humana. A etimologia latina do termo *inter--esse* expressa o conceito de "estar empenhado, envolvido em" algo. É expressão do ser vivo, em movimento por mais vida. Em uma instigante reflexão, centrada na filosofia da Religião, Georges Bataille[18] contribui para uma melhor compreensão dessa condição humana, embora sem focar a questão de interesses. Situa a luta pela vida em torno a três eixos interativos, que me têm sido sugestivos para compreender não apenas o lugar e alcance da Religião nas diferenças e nas transformações socioculturais, mas agora também para situar o lugar antropológico dos interesses.

Pela condição de necessidade, segundo os três eixos apontados, em outros termos, os seres humanos devem estar interessados em: a) elaborar meios e instrumentos de defesa e pro-

---

[18] BATAILLE, Georges. *Teoria da Religião*. Belo Horizonte: Autêntica, 2015 (original: *Une Théorie de la Religion*. Paris: Gallimard, 1974).

moção de vida em seu contexto ambiental; b) cultivar relações socioambientais favoráveis e evitar as adversas; c) elaborar e cultivar valores e sentidos favoráveis ao bem-viver. Por aqui se pode entender como, por condição humana, e não por conjunturas, a Política, centrada nas relações, e a Religião, nos sentidos e valores, estão entrelaçadas pela necessidade de buscar a sobrevivência nos três eixos dos meios – relações – sentidos/valores. Política e Religião são aqui conceitos referentes à condição de ser, e não diretamente à diversidade de formas que tal condição assume em diferentes tempos e contextos.

Esse modo de ver poderia seguramente ser complementado por outros aspectos, entre os quais um aprofundamento da razão emocional, e não apenas artesanal e prática, implicada no eixo que impele a produção de meios e instrumentos. Esse lado da razão emocional, lido por René Descartes em *Paixões da alma*,[19] – embora as paixões não sejam o mesmo que interesses[20] –, suas conexões são inegáveis, como mostra um clássico estudo de Albert Hirschman[21] em que, em uma forma interdisciplinar, associa as paixões e os interesses em torno de ideias e interpretações da vida em sociedade, de modo a transcenderem as modalidades históricas de políticas e economias.

Sob o ponto de vista de causas conjunturais e imediatas dos interesses, há três fatores, entre outros, que merecem realce: a) *fisioneurais*, que correspondem a processos e estímulos orgânicos; as necessidades que nos são conaturais, como alimentar-se, reproduzir, defender-se, despertam interesses correspondentes,

---

[19] DESCARTES, René. *Passiones animae*. Lecce: Conte Editore, 1997.
[20] FIORIN, J. Luiz. Paixões, Afetos, Emoções e Sentimentos. In: *Cadernos de Semiótica Aplicada* 5/2 (2007): 1-15.
[21] HIRSCHMAN, Albert O. *As paixões e os interesses*: argumentos políticos para o capitalismo antes de seu triunfo. Rio de Janeiro: Paz e Terra, 1979.

muitos deles sendo inconscientes; b) *psicoambientais*, que se elaboram nas interações dos sujeitos com seu ambiente social; c) *autônomos/espirituais*, enquanto resultam de escolhas e opções elaboradas por seus sujeitos agentes. Isso significa que, do ponto de vista moral, os interesses são: a) em parte inconscientes, resultando de impulsos e/ou de *alianças inconscientes*[22] com que se constroem seguranças e defesas; b) em parte fruto de reações emocionais e reações percebidas, mas não refletidas; c) e em parte conscientes, frutos de escolhas calculadas e cultivadas segundo valores ou sentidos de vida assumidos pelos sujeitos morais.

Os interesses exercem uma importante função na construção e sustentação das *identidades de seus sujeitos*. É conhecido o provérbio *"dize-me com quem andas e dir-te-ei quem és"*. Os seres humanos se fazem, fazendo; e os interesses em grande parte estão subjacentes às ações e empreendimentos. No jogo de interesses religiosos e políticos, a identidade grupal, como fator de sustentação das pessoas na rede de relações, estimula alianças ou dissociações. Para isso, as dimensões religiosas e políticas representam forças atrativas como campo de ação, onde se veem grupos religiosos empenhados em terem aliança ou manterem distância de grupos políticos, e vice-versa. A ética dos interesses tem um grande desafio na moderação ética com que os sujeitos morais são capazes de pautar as alianças.

A ética dos interesses merece uma dupla distinção: a) enquanto vivência ética dos sujeitos, individuais ou grupais, em seus interesses que se particularizam em inumeráveis variações de focos e circunstâncias; b) enquanto elaboração teórica de

---

[22] KAËS, René. *As alianças inconscientes*. São Paulo: Ideias e Letras, 2014.

critérios para avaliar e propor moralidade nos interesses. De fato, os interesses não são *a priori* bons ou maus do ponto de vista ético. Em teoria, um primeiro passo ético para a vivência dos interesses é ter um mínimo de consciência psicológica sobre eles, para se proceder com consciência ética no discernimento e decisão sobre os seus direcionamentos.

5. Religiões políticas e políticas religiosas

Após descrever cenários do entrelaçamento entre Religiões e Políticas e traçar alguns conceitos teóricos sobre os interesses humanos, cabe agora analisar mais de perto tal entrelaçamento em tempos recentes.

5.1. Política

Esclareçamos inicialmente alguns conceitos. *Política*, segundo seu significado etimológico, é tudo o que se refere à vida na *pólis*, a cidade, ou espaço de convivência plural. Desde Platão e Aristóteles, a Política é um saber moral excelente sobre como viver em sociedade. Essa convivência naturalmente toma inúmeras formas de ser em: a) atores/sujeitos (em *associações, organizações*); b) áreas ou setores em que se organizam; c) escolhas/ processos para conviver. As práticas dessa convivência são também acompanhadas por reflexões sistemáticas sobre seus diversos aspectos, constituindo a Ciência Política, que há muito nutre a "vontade de ser *científica*".[23] Daí se compreende que, ao dizer '*Política*', se acrescentam quase que necessariamente adjetivos

---

[23] SCHMITTER, Philippe C. Reflexões sobre o Conceito de "Política". In: *Revista de Direito Público e Ciência Política*, Rio de Janeiro VIII/2 (1965): 46.

ou genitivos, como *políticas econômicas, educacionais, de trânsito, de Estado*. Mas há que se perceber se tais acompanhantes se referem aos atores/sujeitos, às áreas, ou aos processos na ação. Em português, o termo '*político*' é polissêmico, inclusive podendo ser substantivo ou adjetivo, enquanto que em outras línguas, como no inglês, há termos específicos como 'politics, politician, political'; e em alemão, com precisão ainda maior.

Acrescente-se ainda, ao que já foi mencionado, que todo ser humano, por sua condição relacional, é também um *ser político*, o que significa que não temos escolha de não sermos *políticos*; e todos temos uma *política de ação* ao entrar em relações. A sabedoria popular sabe disso há muito tempo ao trazer para o cotidiano expressões como *política de boa vizinhança*. O que hoje chama a atenção pelos escândalos públicos é o domínio dos interesses chamados *econômicos* sobre a Política; mas veremos como a *economia* abriga uma realidade bem maior que esse interesse financeiro para a acumulação de bens.[24] Com essas breves anotações conceituais, vale notar que a Religião está presente na Política na medida em que seus sujeitos e autores, individuais e/ou associados em Igrejas ou comunidades forem religiosos. Resta esclarecer minimamente o que entender por *Religião*.

5.2. Religião

O conceito de Religião, embora aparentemente claro por ser entendido por meio de grupos religiosos existentes, é bastante complexo quando se busca entender os fundamentos de

---

[24] BRENNAN, Geoffrey. Homo economicus and homo politicus: an introduction. In: *Public Choice* 137 (2008): 429-438.

sua própria razão de ser. Por isso comporta várias teorias.[25] Mas um parâmetro entre outros,[26] que parece indispensável como ponto de partida praticamente consensuado, é a impulsividade e capacidade de o ser humano ir além do que ele não é; o que o coloca na condição de estabelecer *pontes* (re-ligações) com o que supera seu conhecimento por percepções sensíveis. As religiões que se apresentam através dos tempos, com diferentes formas, inclusive com ou sem referência a um Ser Supremo, são expressões dessa condição religiosa humana. Rubem Alves sintetizou bem isso dizendo que nesses tempos secularizados os rituais e sacerdotes do sagrado continuam bem presentes e atuantes, apenas com outras formas e roupagens.[27] Uma crítica teórica consistente que ampara essa observação já foi levantada no século passado por vários pensadores, como Rudolf Otto e Mircea Eliade entre outros;[28] e persiste como válida na atualidade, cuja explicitação dispensamos neste breve relato.

Tomamos então a Religião como uma condição humana presente nas práticas da Política, e da Política nas práticas da Religião, como já mostramos anteriormente. Em termos de "inter-esse" há, portanto, um encontro necessário; a questão é a forma e a direção que tomam esses interesses.

---

[25] PALS, Daniel L. *Eight theories of Religion*. 2 ed. Oxford: Oxford University Press, 2006; STAUSBERG, Michael (Ed.). *Contemporary Theories of Religion*. A critical companion. Routledge: Routledge Library Editions, 2009.
[26] PAINE, Scott Randal. Filosofia da Religião. In: PASSOS, João D; USARSKI, Frank (Orgs.). *Compêndio de Ciência da Religião*. São Paulo: Paulinas/Paulus, 2013, p. 101-113.
[27] ALVES, Rubem. *O que é Religião*. São Paulo: Brasiliense, 1991.
[28] OTTO, Rudolf. *Das Heilige*. Breslau: Trewendt und Granie, 1917; ELIADE, Mircea. *Images et Symboles*. Paris: Gallimard, 1952; ELIADE, Mircea. *Mythes, Rêves et Mystères*. Paris: Payot, 1956; HEILER, Friedrich. *Erscheinungsformen und Wesen der Religion*. Stuttgart: W. Kohlhammer Verlag, 1961; CAILLOIS, Roger. *L'homme et le sacré*. Paris: Presses Universitaires de France, 1939.

5.3. Religiões Políticas

O encontro seletivo de interesses entre Política e Religião tem sido estudado a fundo por Hans Maier em sua obra "Religiões Políticas", com primeira edição em 1970, e uma segunda em 2007.[29] Nessa obra, ele começa por uma leitura crítica sobre *teologias políticas* dos anos 1970; na segunda parte, aprofunda as dimensões políticas da Religião com releituras históricas, pondo ênfase nos totalitarismos; e considera os tempos contemporâneos em que se pergunta se os fundamentalismos seriam sucessores alternativos aos totalitarismos;[30] e discute o sentido político atual dos martírios.[31]

O estudo de Maier se desenvolve em obras posteriores em que faz análise sobre a presença da Religião nos totalitarismos políticos.[32] Nesse precioso e denso artigo, o autor faz uma meticulosa revisão bibliográfica referindo importantes autores que se dedicaram ao assunto e à expressão "religiões políticas",[33] entre os quais destaca Eric Voegelin.[34] Divergindo da base antropológica cristã então vigente, por parte de Raymond Aron,[35] Voegelin desdobra

---

[29] MAIER, Hans. *Politische Religionen*. München: C.H.Beck, 1970 (segunda edição: 2007).
[30] MAIER. *Politische Religionen*, p. 213-221.
[31] MAIER. *Politische Religionen*, p. 232-250.
[32] MAIER, Hans. "Totalitarismus" und "politische Religionen": Konzepte des Diktaturvergleichs. In: *Vierteljahrshefte für Zeitgeschichte*, Jahrgang 43/H3 (1995): 387-405.
[33] MAIER. "Totalitarismus" und "politische Religionen", p. 397.
[34] VOEGELIN, Eric. *As religiões políticas*. Lisboa: Vega, 2002 (original: Erich Voegelin. *Die politischen Religionen*. Wien: Bermann-Fischer Verlag, 1938); VOEGELIN, Eric. *Ordem e História*. vol. 1: Israel e a revelação. 3 ed. São Paulo: Loyola, 2014 (original: *Order and History*. Baton Rouge: Louisiana State University Press 1956, 1957, 1974, 1987); VOEGELIN, Eric. *The New Science of Politics*. Chicago: University of Chicago Press, 1952; VOEGELIN, Eric. *A nova ciência política*. 2 ed. Brasília: Universidade de Brasília, 1982.
[35] ARON, Raymond, L'ère des Tyrannies d'Elie Halévy. In: *Revue de Métaphysique et de Morale* 46/2 (1939): 283-307.

conceitos bem pertinentes ao tema em questão. Maier recolhe aspectos de sua visão, que considera a reviravolta antropológica trazida pela ilustração moderna: "os sistemas totalitários são 'religiosos' na medida em que procuram desfazer o moderno (e cristão!) divórcio dos dois poderes da religião e da política. Hoje em dia, as ideologias são 'onipresentes' nas modernas sociedades 'totalitárias'. Mesmo a ação política não é mais governada pelo estado de direito, mas justifica-se apelando para *valores absolutos*".[36]

Anota, nesse sentido, que emerge outra comunhão entre Política e Religião, que se mostra clara entre totalitarismo e religião, pela assimilação dos rituais religiosos e uso seletivo de seus significados, que a fenomenologia das religiões pode exemplificar com abundância: "O totalitarismo ama o ritual".[37] Maier lembra a análise de Hannah Arendt, segundo a qual "é precisamente o papel do ritual que torna clara a afinidade dos movimentos totalitários com sociedades secretas"; e que o *pacto de sangue* (lenços e bandeiras vermelhas) em movimentos políticos de formas mais ou menos explícitas "é a experiência de um ato misterioso" e, portanto, bem mais que o simples compromisso jurado de compartilhar segredos ou causas.[38]

De sua obra sobre religiões políticas, Voegelin aprofunda a percepção de como o aparente divórcio entre Religião e Política, trazido pela ilustração moderna, de fato traz algo bem mais profundo ao pretender estabelecer uma *nova ordem de salvação,*[39] de tal modo que as *religiões políticas* se transformam em *religiões de substituição*, nas quais os símbolos polí-

---

[36] MAIER."Totalitarismus" und „politische Religionen", p. 397.
[37] MAIER."Totalitarismus" und „politische Religionen", p. 398.
[38] ARENDT, Hannah. *The Origins of Totalitarianism*. New York: Schocken Books, 1951, p. 714, apud MAIER."Totalitarismus" und „politische Religionen", p. 398.
[39] VOEGELIN. *Ordem e História.*

ticos carregam os nexos "do domínio humano e político com o domínio divino".[40] Walter Benjamin faz esta leitura em termos de política econômica: "O capitalismo deve ser visto como uma religião, isto é, o capitalismo está essencialmente a serviço da resolução das mesmas preocupações, aflições e inquietações a que outrora as assim chamadas religiões quiseram oferecer resposta".[41] Na atualidade, Michel Löwy se adentra nessa configuração da Política a partir de Benjamin.[42]

5.4. Religião e Política entre *Reino* e *Reinado*

O termo "reino de Deus" é bem conhecido pelos Evangelhos cristãos e está claramente presente na pregação de Jesus. Trata-se de um termo que por si só remete à esfera política. Por isso mesmo é um lugar indispensável para se ver a confluência do *interesse* entre Política e Religião. Entretanto, os nexos dessa confluência supõem muitos aspectos, cuja explicitação supera o âmbito da presente apresentação. No tópico anterior, vimos o passo da ilustração moderna em se propor como nova ordem de salvação, o que corresponde bem à ideia de *reino de salvação*. Em diálogo com Michel Foucault,[43] em nossos dias, Giorgio Agamben[44] ana-

---

[40] VOEGELIN, Eric. *As religiões políticas*, p. 43; PIMENTA, Adelaide F. *Gnosticismo e Modernidade no pensamento de Eric Voegelin (1901-1985)*. Dissertação de Mestrado. Belo Horizonte: PUC-MG, 2018.
[41] BENJAMIN, Walter. *O capitalismo como religião*. São Paulo: Boitempo, 2013 (Organizado por Michel Lowy), p. 21.
[42] LOWY, Michael. *Walter Benjamin: aviso de incêndio*. Uma leitura das teses "sobre o conceito de história". São Paulo: Boitempo, 2005.
[43] FOUCAULT, Michel. *Microfísica do Poder*. 14 ed. Rio de Janeiro: Graal, 2004; *Em defesa da sociedade*: curso no Collège de France. São Paulo: Martins Fontes, 1999.
[44] AGAMBEN, Giorgio. *Homo Sacer*, vol. 1: O poder soberano e a vida nua. 2 ed. Belo Horizonte: UFMG, 2010; AGAMBEN, Giorgio. *La chiesa e il regno*. Roma: Nottetempo, 2009; *Signatura rerum*: sobre el metodo. Barcelona: Anagrama, 2010; *O reino e a glória*: uma genealogia teológica da economia e do governo. São Paulo: Boitempo, 2011.

lisa diversas interfaces desse denso assunto, dentre as quais tomamos, em linguagem simplificada e adaptada, apenas um ponto de fácil compreensão em contextos da linguagem teológica, em que o *reino de Deus* se verifica como *economia de salvação*.

A esse respeito, Agamben aproxima teologia cristã trinitária de Deus e economia *política*. Distingue dois âmbitos fundamentais das relações humanas: *oikós* (casa, relações familiares) e *pólis* (cidade, relações em sociedade plural), e sugere que, pelas *normas da casa (oikonomia)*, em uma visão plasmada na Trindade de Deus, as relações são criativas, marcadas por gratuidade, respeito, profunda reciprocidade. Pois bem, esta *oikonomia* é a chave do segredo de salvação também para a *pólis*, em que se fazem necessários os ambientes de segurança decorrentes da reciprocidade e do respeito.

Aqui, a meu ver, parece estar a encruzilhada de duas concepções de "reino" de Deus. Para isso ajuda a trilogia apontada na crítica de Foucault ao cristianismo, ao resumir o (reino de Deus como) governo político em três elementos básicos: a) pastoreio (que supõe poder divino, autoridade para governar); b) leis, normas, disciplinas (que expressam a vontade de Deus e supõem obediência, submissão, renúncia de si mesmo); c) verdade (que se impõe internamente à consciência subjetiva, contra a autonomia do pensar e decidir humano). A figura do *Messias* cristão é a de expiador da *desordem* e restaurador da *ordem*. Essa configuração, que pode ser vista em regimes políticos autoritários e totalitários, mesmo em versões aparentemente laicas, como vimos, corresponde a uma concepção de *reino de Deus* que se implanta na terra pelo poder divino transmitido (*autorizado*) a intermediários humanos encarregados da missão de *salvar*, cuidando e zelando para que se cumpra a vontade de

Deus na terra. Segundo Agamben, o poder político, para se impor, necessita de uma *liturgia de aclamação* por parte de massas populares e da opinião pública, sendo essa função *litúrgica* desempenhada em nossos contextos atuais pelas mídias "que cumprem o papel da liturgia do poder nas nossas sociedades".[45]

O termo *reinado de Deus* carrega outra concepção (não contemplada na crítica de Foucault), e significa essencialmente o *Espírito* com que os seres humanos possam se organizar (*Política*) na civil (*pólis*), segundo o Ser Divino figurado em relações criativas e amorosas. Nesse sentido, trata-se de espírito que inspira o governar sem determinar a priori suas formas de o fazer. A trilogia referida anteriormente recebe outra compreensão bem diferente: a) o pastoreio é missão do cuidar mútuo, responsabilidade de uns pelos outros, decorrente da reciprocidade profunda em que estão plasmados os seres humanos no seu ambiente; b) as leis se espelham na Lei ou estatuto fundamental do Ser divino, que é Amor, para que as relações na *pólis* sejam guiadas pela misericórdia diante das recíprocas fragilidades físicas e morais; não inibe a autonomia, mas incentiva a criatividade diante das surpresas da vida em vista de iniciativas em prol da defesa de quem é vulnerado, e do bem viver de todos; c) a verdade é absolutamente relacional, enquanto se propõe que a salvação emerge do Amor criativo que convoca a própria razão humana a ser razão amorosa; supõe diversidade de percepções (diversidade de grupos/partidos religiosos/políticos) e, por isso, postula o respeito e também o diálogo nas experiências e ideias em vista do bom discernimento sobre o bem comum. Nessa concepção, a figura do *Messias* cristão é antes de tudo a de Mes-

---

[45] RUIZ, Castor M. M. Bartolomé. Giorgio Agamben, liturgia (e) política: por que o poder necessita da glória? In: *Revista Brasileira de Estudos Políticos*, Belo Horizonte 108 (2014): 185-213.

tre que ensina e transmite o espírito com que viver a radicalidade do Amor. Note-se como a pesada crítica de Jesus ao familismo do seu tempo não o impede de propor a figura de Deus plasmada na relação familiar de Pai-Filho-Espírito, uma proposta carregada de sentido político segundo a qual a figura de Deus como Pai projeta as relações entre os seres humanos todos como "irmãos e irmãs".

A diferença entre as duas concepções de *reino-reinado* pode ser ressaltada em um mote político recente segundo o estilo de *reino*: "a nação acima de todos; e Deus acima de tudo"; supõe naturalmente mediadores que executem ou tornem efetiva essa *ordem*. Em estilo de *reinado* se diria: "o Espírito de reciprocidade/bem querer no íntimo de todos; e a nação de todos e para todos"; supondo naturalmente organizações e serviços nessa orientação. Mas essas diferentes concepções podem ser identificadas também dentro das Igrejas, onde as concepções impositivas se contrapõem às formas participativas.

Em poucas palavras, enquanto a concepção de *reino* tende a estar presente através de formas impositivas de governo político, a de *reinado* inspira e estimula a Política e sua governança em direção à reciprocidade, sem impor formas com que isso se possa fazer. Já em 1929, Hermann Heller dizia que em um ambiente cristão "só pode haver Estado totalitário quando Estado e Igreja (Religião) se unem, mas isto só é possível através de uma perversão do cristianismo originário".[46]

6. Considerações finais: tópicos de uma agenda

Ao final dessa abreviada leitura, resta pensar sobre aspectos de interesse das próprias pessoas de fé ao agir na sociedade plu-

---
[46] HELLER, Hermann. *Europa und der Fascismus* Berlin/Leipzig: de Gruyter, 1929.

ral. Esse assunto remete a uma ingente gama de experiências e de produção bibliográfica, cujas referências aqui dispensamos, para nos atermos somente à indicação de alguns tópicos:

- ✓ Cumpre notar inicialmente que os interesses perceptíveis em atos sociais e posturas de agentes religiosos e políticos são manifestações de um núcleo fundamental que enlaça Política e Religião em questões existenciais mais profundas da própria condição humana, necessitada de conceber e organizar os rumos de sua sobrevivência através de suas inter-relações.
- ✓ A história da Humanidade mostra como o entrelaçamento religioso-político toma diferentes formas através dos tempos e persiste com grandes variações nas diferentes culturas do presente. Chamam a atenção regimes políticos que, em nossos dias, se organizam por meio de Estados teocráticos. No recorte neste estudo, ao considerar particularmente a cultura cristã ocidental, além das variações históricas de sua incidência em regimes políticos, percebe-se que tais variações decorrem de concepções de Deus pelas quais se organiza o viver na *pólis*, como sociedade plural.
- ✓ Dentro desse quadro, na experiência latino-americana, e particularmente na brasileira, podem-se identificar variações históricas de modelos com maior ou menor estreitamento de laços entre regimes políticos e grupos religiosos, inclusive em tempos de secularização moderna em que as costumeiras representações de Deus apenas parecem abolidas. As duas fases da *Ação Católica* são um exemplo de como o modelo de atuação política de pessoas guiadas pela fé religiosa varia conforme as concepções de *salvação* que vêm de Deus ou valores supremos que se acredi-

ta darem rumo seguro à organização pelo bem viver em sociedade. A densa elaboração da Teologia da Libertação, os movimentos de Fé e Política, as militâncias setorizadas na defesa de grupos vulnerados nas relações sociais, são igualmente exemplos contundentes. De outra parte, estudos sobre grupos e movimentos como *Opus Dei* mostram interesses em associar-se a sistemas políticos vigentes.

✓ O lastro emocional por parte dos sujeitos individuais e coletivos deve ser sempre levado em conta na compreensão dos interesses que entrelaçam Religião e Política, inclusive em suas concepções sobre Deus ou valores-guias, uma vez que dizem respeito a questões existenciais relacionadas à sobrevivência e segurança. Eis por que não é emocionalmente fácil assumir concepções de Deus ou de valores-guias que postulem a reciprocidade com exigência de superação de desigualdades sociais, implicando abertura dos santuários das seguranças pessoais. E compreende-se assim que seja mais fácil acomodar as concepções de Deus às justificativas para a acumulação e defesa das garantias de si mesmo (individual/grupal). Ambos os lados desenvolvem uma correspondente *mística* ou *espiritualidade*, fortalecendo convicções que só podem ser abaladas por meio do encontro com experiências existenciais diferentes.

✓ Entre os pontos relevantes da atual agenda associativa entre Religião e Política não há como omitir a atuação contundente do papa Francisco, por suas práticas e por suas expressões teóricas por meio das quais apresenta e sugere atitudes cristãs na sociedade plural, com consequentes propostas para gestões políticas. Sua encíclica *Laudato Si'* é um marco consistente neste sentido.[47] Suas iniciativas

---

[47] FRANCISCO, Papa. *Laudato Si'*. Carta Encíclica sobre o cuidado da casa comum. São Paulo: Paulo/Loyola, 2015.

em alavancar mudanças no interno da Igreja e apresentar críticas contundentes a sistemas políticos internacionais fazem dele um mestre na arte de associar os interesses que unem Religião e Política por meio da contribuição de um espírito de reciprocidade e equidade, de *reinado* e não de *reino*. Não é, pois, de se estranhar que tenha fortes oposições, explícitas e veladas, da parte de grupos religiosos que se veem ameaçados em seus interesses, e da parte de grupos políticos que perdem a parceria de apoio para regimes políticos desinteressados em reciprocidade. Por outro lado, é saudado como respiro de alívio e esperança por quem sonha com o *reinado* da paz no mundo, fundada na reciprocidade e equidade.

Referências bibliográficas

AGAMBEN, Giorgio. *Homo Sacer*, vol. 1: O poder soberano e a vida nua. 2 ed. Belo Horizonte: UFMG, 2010.

AGAMBEN, Giorgio. *La chiesa e il regno*. Roma: Nottetempo, 2009.

AGAMBEN, Giorgio. *O reino e a glória*: uma genealogia teológica da economia e do governo. São Paulo: Boitempo, 2011.

AGAMBEN, Giorgio. *Signatura rerum*: sobre el metodo. Barcelona: Anagrama, 2010.

ALVES, Rubem. *O que é Religião*. São Paulo: Brasiliense, 1991.

ARENDT, Hannah. *The Origins of Totalitarianism*. New York: Schocken Books, 1951.

ARON, Raymond, L'ère des Tyrannies d'Elie Halévy. In: *Revue de Métaphysique et de Morale* 46/2 (1939): 283-307.

BARTOLI, Jean. *Ser executivo, um ideal? Uma religião?* São Paulo: Ideias e Letras 2005.

BATAILLE, Georges. *Teoria da Religião*. Belo Horizonte: Autêntica, 2015 (original: *Une Théorie de la Religion*. Paris: Gallimard, 1974).

BENJAMIN, Walter. *O capitalismo como religião*. São Paulo: Boitempo, 2013 (Organizado por Michel Löwy).

BRENNAN, Geoffrey. Homo economicus and homo politicus: an introduction. In: *Public Choice* 137 (2008): 429-438.

CAILLOIS, Roger. *L'homme et le sacré*. Paris: Presses Universitaires de France, 1939.

COMBLIN, José. Teologia da Reconciliação na América Latina. In: *Revista Eclesiástica Brasileira* 46/182 (1986): 272-314.

DESCARTES, René. *Passiones animae*. Lecce: Conte Editore, 1997.

DOCUMENTO SANTA FÉ II. In: SUÁREZ, Carlos O.; LABORDE, Julio; CORBIERE, Emilio; BRUNATI, Luis. *La estrategia neocolonial del Império para los anos '90*. Buenos Aires: Gentesur, 1990.

ELIADE, Mircea. *Images et Symboles*. Paris: Gallimard, 1952.

ELIADE, Mircea. *Mythes, Rêves et Mystères*. Paris: Payot, 1956.

FERRARO, Benedito. *A significação política e teológica da morte de Jesus*. Petrópolis: Vozes, 1977.

FIORIN, J. Luiz. Paixões, Afetos, Emoções e Sentimentos. In: *Cadernos de Semiótica Aplicada* 5/2 (2007): 1-15.

FOUCAULT, Michel. *Em defesa da sociedade*: curso no Collège de France. São Paulo: Martins Fontes, 1999.

FOUCAULT, Michel. *Microfísica do Poder*. 14 ed. Rio de Janeiro: Graal, 2004.

FRANCISCO, Papa. *Laudato Si'*. Carta Encíclica sobre o cuidado da casa comum. São Paulo: Paulo/Loyola, 2015.

FRANGIOTTI, Roque. *Cristãos, Judeus e Pagãos*. Acusações, críticas e conflitos no cristianismo antigo. São Paulo: Ideias e Letras, 2006.

HEILER, Friedrich. *Erscheinungsformen und Wesen der Religion*. Stuttgart: W. Kohlhammer Verlag, 1961.

HELLER, Hermann. *Europa und der Fascismus* Berlin/Leipzig: de Gruyter, 1929.

HIRSCHMAN, Albert O. *As paixões e os interesses*: argumentos políticos para o capitalismo antes de seu triunfo. Rio de Janeiro: Paz e Terra, 1979.

HOTTOIS, Gilbert. *Do renascimento à pós-modernidade*. Uma história da filosofia moderna e contemporânea. São Paulo: Ideias e Letras, 2008.

KAËS, René. *As alianças inconscientes*. São Paulo: Ideias e Letras, 2014.

KESSLER, Rainer. *Historia social del antiguo Israel*. Salamanca: Sígueme, 2013.

LITAIFF, Aldo. Os Filhos do Sol: Mitos e Práticas dos Índios Mbya- Guarani do Litoral Brasileiro. In: *Tellus* 4/6 (2004): 15-30.

LOWY, Michael. *Walter Benjamin: aviso de incêndio*. Uma leitura das teses "sobre o conceito de história". São Paulo: Boitempo, 2005.

LUGON, Clovis. *A República Guarani*. São Paulo: Livraria Cultura, 2010.

MAIER, Hans. "Totalitarismus" und „politische Religionen": Konzepte des Diktaturvergleichs. In: *Vierteljahrshefte für Zeitgeschichte*, Jahgang 43/H3 (1995): 387-405.

MAIER, Hans. *Politische Religionen*. München: C.H.Beck, 1970 (segunda edição: 2007).

MELIÀ, Bartolomeu. A Terra sem Mal dos Guarani: Economia e profecia. In: *Revista de Antropologia* 33 (1990): 33-46.

NOWAK, Michael. *O espírito do capitalismo democrático*. Rio de Janeiro: Nórdica, 1982.

NOWAK, Michael. *Será a liberdade?* Questionamento da Teologia da Libertação. Rio de Janeiro: Nórdica, 1988.

OTTO, Rudolf. *Das Heilige*. Breslau: Trewendt und Granie, 1917.

PAINE, Scott Randal. Filosofia da Religião. In: PASSOS, João D; USARSKI, Frank (Orgs.). *Compêndio de Ciência da Religião*. São Paulo: Paulinas/Paulus, 2013, p. 101-113.

PALS, Daniel L. *Eight theories of Religion*. 2 ed. Oxford: Oxford University Press, 2006.

PIMENTA, Adelaide F. *Gnosticismo e Modernidade no pensamento de Eric Voegelin (1901-1985)*. Dissertação de Mestrado. Belo Horizonte: PUC-MG, 2018.

PRODI, Paolo. Fourteen Theses on the Legacy of Trent. In: KEENAN, James F. (Ed.) *Catholic Theological Ethics, past, present and future*. Maryknoll-NY: Orbis Books, 2011, p. 40-47.

RUIZ, Castor M. M. Bartolomé. Giorgio Agamben, liturgia (e) política: por que o poder necessita da glória? In: *Revista Brasileira de Estudos Políticos*, Belo Horizonte 108 (2014): 185-213.

SCHMITTER, Philippe C. Reflexões sobre o Conceito de "Política". In: *Revista de Direito* Público e Ciência Política, Rio de Janeiro VIII/2 (1965): 46-60.

SICRE DÍAZ, José L. *Introdução ao profetismo bíblico*. Petrópolis: Vozes, 2016.

STAUSBERG, Michael (Ed.). *Contemporary Theories of Religion*. A critical companion. Routledge: Routledge Library Editions, 2009.

SUESS, Paulo. *A Conquista espiritual da América espanhola*. Petrópolis: Vozes, 1992.

TONIAL, Marcos P. *A Política externa de Reagan e a Redemocratização da América Latina (1981-1988)*. Dissertação de Mestrado: Porto Alegre: UFRG, 2003.

TORRES, M. Ramanazzi. O sentido religioso da noção germânica de Império. In: *Brathair* 4/1 (2004): 80-95.

USARSKI, Frank. *O Budismo e as Outras*. São Paulo: Ideias e Letras, 2010.

VOEGELIN, Eric. *As religiões políticas*. Lisboa: Vega, 2002 (original: Erich Voegelin. *Die politischen Religionen*. Wien: Bermann-Fischer Verlag, 1938).

VOEGELIN, Eric. *Ordem e História*. vol. 1: Israel e a revelação. 3 ed. São Paulo: Loyola, 2014 (original: *Order and History*. Baton Rouge: Louisiana State University Press 1956, 1957, 1974, 1987).

VOEGELIN, Eric. *The New Science of Politics*. Chicago: University of Chicago Press, 1952.

VOEGELIN, Eric. *A nova ciência política*. 2 ed. Brasília: Universidade de Brasília, 1982.

Sujeitos digitais: entre poderes e fragilidades

Pedrinho A. Guareschi[1]

Introdução

Uma das dificuldades ao escrever um texto é decidir o que escolher e delimitar o que se pretende trazer à reflexão e à discussão. Toda opção implica sempre uma limitação. Para o presente caso, após várias idas e vindas, decidi concentrar-me especificamente nos termos propostos pelo tema, sem nenhuma presunção de esgotá-lo. Acredito que as reflexões que poderá despertar suprirão as possíveis lacunas que, porventura, forem notadas.

Dividirei a reflexão em duas partes, abordando uma e outra dessas duas variáveis – poder e fragilidades –, substanciando-as por meio da reflexão.

---

[1] Pedrinho Arcides Guareschi é Doutor em Psicologia Social (University of Wisconsin-Madison (Madison-WI – USA) e Professor da Universidade Federal do Rio Grande do Sul (Porto Alegre).

1. Poder: uma variável complexa e *escorregadia*

Deparei-me com essa expressão, pela primeira vez, num livro do pesquisador Leonard Berkowitz, de sua coleção sobre Psicologia Social, na Universidade de Wisconsin, em Madison. Poder é, na verdade, uma realidade que perpassa tanto nosso ser corporal como as esferas do cotidiano. Ele está presente em todas as relações que se dão entre grupos, comunidades, pessoas. Ele, inclusive, materializa-se nas ações e pode ser constatado em todo movimento que realizamos. Difícil, muitas vezes, de ser identificado, mas sempre presente. Após ser identificado, é difícil de ser *domado*; dele pode-se dizer o que se atribui à Esfinge, que prevenia todos os que a encontravam: "Decifra-me, ou te devoro". De maneira um tanto breve, discuto algumas de suas facetas, tarefa necessária para melhor compreensão e aprofundamento.

1.1. Poder como capacidade e recurso individual

Nessa acepção, poder é entendido em seu sentido etimológico e denotativo: ele é uma capacidade, um recurso, uma qualidade, que nos capacita a *poder* fazer algo, a realizar algo. Desse modo, eu tenho o poder de dirigir um carro, de trabalhar e materializar diversos projetos. Nesse sentido, ele é uma característica individual, particular. E, quando somado a capacidades ou recursos de outras pessoas, torna-se uma força *poderosa*, capaz de produzir façanhas extraordinárias, algo que é muitas vezes até propositadamente ocultado.

1.2. Poder institucional

Numa segunda acepção, poder é entendido como algo conferido a uma instituição, a uma instância constituída dum grupo ou da sociedade. É conferido por uma lei, tradição ou mesmo usurpação, a determinada entidade, organização. Essa distinção torna-se crucial no momento em que são discutidos, por exemplo, os meios de comunicação numa sociedade em que a comunicação, que é sempre uma relação social, passa a ser propriedade de apenas alguns indivíduos particulares. Já adiantando, esse é o caso de alguns países, como o Brasil, onde se constituíram algumas poucas corporações que foram adquirindo um poder que, muitas vezes, contraria a própria constituição do país. Isso impossibilita o estabelecimento de uma comunicação verdadeiramente democrática.[2] Os meios de comunicação se tornam, assim, um quarto poder que, na prática, subordina todos os outros poderes.[3] A concentração dos meios de comunicação nas mãos de apenas alguns representa a expropriação e o roubo de um direito fundamental do ser humano, que é o direito à comunicação, isto é, o direito que cada pessoa deve ter de poder dizer sua palavra, manifestar seu pensamento, expressar sua opinião. Uma sociedade verdadeiramente democrática deve garantir, de um modo ou outro, esse direito.

Há uma postura, muitas vezes hipócrita, manifestada por parte de alguns que detêm esses meios, quando criticam os que reivindicam esse direito de se comunicar e exigir uma regulamentação

---

[2] GUARESCHI, Pedrinho A. *Mídia, Educação e Cidadania* – para uma leitura crítica da mídia. 3 ed. Porto Alegre: Evangraf, 2018.
[3] Não vamos aprofundar essa questão neste momento. São inúmeros os estudos que podem ajudar a aprofundá-la. Ver: GUARESCHI, Pedrinho A. *O direito humano à comunicação* – pela democratização da mídia. 2 reimp. Petrópolis: Vozes, 2013.

democrática dos meios, acusando-os de estar promovendo uma censura, quando, na verdade, é a imensa maioria da população que é censurada e roubada de seu direito de exercer esse poder.

É importante sempre ressaltar e lembrar que os meios de comunicação não precisam ser – como de fato se apresentam em nossa sociedade –, propriedade privada de alguém, como qualquer outra empresa. Eles assim se estabeleceram devido a uma história de apropriação indevida e ilegal que se materializou e tornou-se dominante e inquestionável, sem que pudesse ser contestada. E, se chegamos a esse ponto, foi devido exatamente a essas mesmas corporações midiáticas, que nunca permitiram um debate amplo e democrático para que fosse possível a democratização desses meios, à semelhança do que existe na maioria das democracias ocidentais.[4]

1.3. Poder como *relação*

O poder pode ser visto como uma *relação*. É nesse sentido que, em geral, ele é entendido quando não são feitas as distinções acima. Ele é visto, então, como um *poder dominação* ou mesmo um *poder serviço*.[5] Ele está sempre relacionado a algo, não existe por si só. Assim, falamos muitas vezes que determinadas pessoas exercem um poder quando dominam, ou mesmo quando respeitadas e estimadas pelas outras pessoas. O que acontece em tais casos?

Eis o ponto crucial: num exame mais acurado, vamos descobrir que, no caso do poder *dominação,* o que sucede é que

---

[4] LEAL FILHO, L. *BBC: a melhor televisão do mundo.* São Paulo: Summus, 1997.
[5] LUKES, Steven. *Power: a radical view.* Londres: McMillan, 1974;THOMPSON, John B. *Ideologia e Cultura Moderna* – teoria social crítica na era dos meios de comunicação de massa. Petrópolis: Vozes, 1990.

alguns se apoderam, expropriam, ou mesmo roubam *capacidades, recursos individuais* de outros em proveito próprio. E isso tanto na dimensão econômica, como política, religiosa, cultural etc.[6] No caso do poder *serviço*, que não discutiremos aqui, a relação se estabelece no momento em que as capacidades e os recursos individuais das pessoas e grupos são colocados a serviço de outras pessoas e grupos.

Mas o que é expropriado das pessoas no caso do poder *dominação* dos meios de comunicação? Começa-se a identificar aqui uma primeira fragilidade dos usuários de toda forma de comunicação em nossas sociedades: tanto nos meios de comunicação tradicionais, como na TV, no rádio etc., como nesse novo e surpreendente fenômeno das mídias sociais, há sempre um poder que é expropriado e um direito que não é respeitado, que se manifestam de maneira diferente: em alguns poucos casos ele é exercido pela dominação, ou mesmo pela força, quando as pessoas são impedidas de exercê-los por meio da manifestação de seu pensamento, de poder dizer sua palavra e expressar suas opiniões; mas, na maioria das vezes, esse poder e esse direito são aparentemente permitidos, mas de fato controlados e usurpados por novas práticas que vão revelar *fragilidades* pessoais, e até mesmo grupais, pois não lhes garantem liberdade e qualidade de vida que seja digna e realizadora, numa sociedade verdadeiramente democrática.[7]

O mais surpreendente, contudo, no momento presente, é o mito que se criou nos últimos anos de que os usuários das mídias sociais passaram a possuir certo poder e recursos pes-

---

[6] GUARESCHI, Pedrinho A. *Psicologia Social Crítica como prática de libertação*. 5 ed. Porto Alegre: EDIPUCRS, 2012.
[7] GUARESCHI. *Mídia, Educação e Cidadania*.

soais que poderiam contrabalançar os poderes institucionais da mídia dominante, controlada e a serviço das elites dominantes. É especificamente esse ponto que iremos desenvolver na segunda parte desta reflexão. Tentaremos ali mostrar a fragilidade desses usuários e como eles passam a ser vítimas de uma expropriação mais profunda e complexa, uma expropriação que atinge sua própria subjetividade. Algo de novo surgiu com o desenvolvimento das novas tecnologias. Mas o que surpreende e assusta é que essas novas tecnologias tiveram um poder de difusão que nunca se imaginava. E ainda mais: essas tecnologias se tornaram acessíveis a milhões e milhões de pessoas. Desse modo, esses milhões de pessoas adquiriram um poder, isto é, a capacidade de, até certo ponto, exercê-lo e colocar em prática ações de mil tipos diferentes.

No entanto, a pergunta que precisa ser feita é: até que ponto esses usuários detêm verdadeiramente poder sobre os instrumentos que estão manipulando e que tipo de poder seria este? Esse é o tema que abordaremos a seguir.

2. Fragilidades inerentes aos sujeitos digitais

Iniciamos esta segunda parte com uma rápida notícia de um estudo exploratório que julgamos ilustrativo para poder comparar seus achados com as investigações encontradas na já agora vasta literatura sobre as práticas mais comuns dos usuários das novas mídias sociais. A partir daí, abordaremos algumas questões que poderão ser consideradas como características que mais revelariam poderes e fragilidades de tais usuários.

2.1. Um estudo exploratório

Sempre tive interesse e cuidado ao investigar temas relacionados à comunicação, em geral, e às novas mídias, em particular, para poder perscrutar o que se passa por detrás dos usuários dessas mídias. É cada vez mais comum constatar esse fenômeno surpreendente em grande parte da população que, em qualquer situação ou momento, não consegue desligar-se do celular. Constatamos isso no trânsito, nas aglomerações de pessoas, mesmo dentro de casa, onde é cada vez mais raro vermos pessoas sem essa maquininha atraente e envolvente. O papel que, ao menos para alguns, era desempenhado pelos livros e revistas, é agora desempenhado pelo celular. Mesmo os assíduos praticantes têm certa dificuldade em explicar a si mesmos esses novos costumes. Essa é uma das razões por que, ao pensar em analisar esse fenômeno dentro de um contexto de *pós-verdade,* decidi realizar uma pequena investigação com os usuários que supunha mais assíduos dessas práticas para que ajudasse na aproximação mais concreta desse fenômeno.

Por ser uma pesquisa qualitativa, ela não tem pretensão de responder às exigências de uma amostragem científica. Os critérios de representatividade e suficiência obedecem ao critério metodológico do que se chama, em pesquisas qualitativas, de *saturação teórica*, isto é, à medida que as respostas vão se repetindo e poucas informações novas são produzidas, a investigação vai sendo concluída.[8] Foram 50 as entrevistas feitas. A pesquisa foi restrita a uma parcela de população, com idade entre 16 e 24 anos, segmentada proporcionalmente entre

---

[8] BAUER, Martin W.; GASKELL, George (Eds.). *Pesquisa qualitativa com texto, imagem e som.* 9 ed. Petrópolis: Vozes, 2014.

rapazes e moças. Foi realizada numa cidade de relativamente grande porte (1,5 milhões de habitantes). A maioria (70%) dos entrevistados era estudante de ensino médio e ensino superior; os outros eram pessoas que exerciam alguma atividade remunerada ou semirremunerada. Só eram entrevistados os que se consideravam usuários assíduos das redes sociais e que diziam empenhar-se nessa atividade mais de duas horas diárias. A média de uso de todos os entrevistados foi de quatro horas.

O objetivo central da investigação foi conhecer e tentar compreender como se dava a prática cotidiana desses jovens no consumo das redes sociais. O instrumento se constituía de uma entrevista semiestruturada, registrada num diário de campo, realizada na presença desses usuários. A entrevista durava de 15 a 25 minutos. As perguntas principais estavam relacionadas à primeira atividade ao acordar (ou ao ser acordado). Se a resposta fosse que costumava ligar o celular, perguntava-se o que costumava ver e por que se detinha nessas informações. A seguir, perguntava-se quanto tempo era empregado nessa prática. Se a resposta era de que ultrapassava duas horas diárias, prosseguia-se com a entrevista, procurando mapear os principais momentos em que se detinha nessa prática durante o dia e as razões principais dessa prática.

As entrevistas foram agrupadas a partir de referenciais semânticos, formando categorias de sentido relativamente homogêneas. Sua interpretação tinha como base o referencial da Hermenêutica de Profundidade, conforme discutido por Thompson.[9] Esses achados foram incorporados nas discussões a seguir.

---

[9] THOMPSON. *Ideologia e Cultura Moderna*, capítulo 6.

2.2. Poderes e fragilidades de usuários das mídias sociais

A maior parte dos pontos que são discutidos a seguir foi construída a partir da leitura e releitura das respostas dos entrevistados, sempre contrastadas, ampliadas e aprofundadas com a contribuição da literatura já existente sobre o tema. Damos ênfase, a seguir, a algumas das principais características referentes a esses novos sujeitos digitais.

2.2.1. O interesse pelo *novo* e pelo *lúdico*

As respostas mais imediatas e mais constantes dos entrevistados eram de que eles queriam saber das últimas novidades, das últimas notícias, do que estava acontecendo pelo mundo. Queriam estar a par do que tinha acontecido, o que estava acontecendo ou o que ainda estava por acontecer. Essa constatação é perfeitamente compreensível. Mas, uma interpretação mais cuidadosa, leva-nos a perceber que o avanço das novas tecnologias, principalmente no campo da mídia, vem sempre ressaltando a importância do *presente*, do *agora*, que vai incorporando sempre mais uma característica e um valor de *realidade* e de *verdade*. Explicamos: para grande parte da população, diante da rapidez, da avalanche e do bombardeio incessante de notícias a todo o momento, a *realidade* passa a ser cada vez mais o *agora*; o que *existe* é o momento presente. Isso já vinha sendo assinalado na literatura sobre o tema ao se identificar que o interesse dos assessores de imprensa de governantes de todo escalão não se restringia mais em desmentir as notícias que surgem contra eles, mas apenas em *substituí-las*, tendo intuído que a realidade passa a ser o que está sendo dito nesse específico momento. E, nesse cenário, há algo surpreendente e de ainda maior seriedade: o que existe neste momento, o que é dito agora, para muitos que vivem à caça das novidades do último momento, passa a assumir igualmente o *status* de *verdade*. Existem hoje diversos grupos de pesquisa que passaram a investigar as consequências, principalmente políticas, desse fenômeno – denominado *presentificação* –: *o aqui* e o *agora* passam a ser os novos critérios, não apenas de *realidade*, mas também de *verdade*.

Em parte relacionada com essa procura e dimensão de *novo*, outra característica relevante, trazida à tona pelo consumo avassalador das novas mídias, é o interesse e a procura da parte dos usuários por algo leve, rápido, que passou a ser chamado, por muitos analistas, de *lúdico*. Aquilo que é engraçado, divertido, passa a ser procurado e consumido. É a busca de piadinhas, pegadinhas, principalmente quando transmitidas não tanto de forma escrita, mas por figuras e imagens. Somam-se a isso a fragmentação das mensagens e o desconhecimento das fontes noticiosas. Vai-se criando um mundo atomizado, em que mentiras, rumores e fofocas se espalham com velocidade alarmante. Nada é apresentado de modo coercitivo. A sedução é conduzida pela dimensão lúdica, que não força a nada. Cria-se um sentimento de autoevidência.

2.2.2. O *sequestro* do tempo

Emprestamos essa expressão de um artigo que escrevemos sobre as inúmeras estratégias empregadas pelas mídias sociais para se apoderarem, de maneira às vezes violenta, do que temos de mais pessoal e precioso: nosso tempo.[10] Essa expressão pro-

---

[10] KUJAVA, Israel; GUARESCHI, Pedrinho A.; SOBROSA, Gênesis M. R. O sequestro do Tempo. In: *Revista de Psicologia da IMED* 7/2 (2017): 110-119.

cura dar vidência aos comportamentos que verificamos a todo momento em locais públicos, nas ruas, no trânsito, em locais de espera etc. Cada vez menos vemos pessoas apreciando o movimento, conversando com vizinhos, ou mesmo em silêncio. O tempo, que antes era relacionado a essas práticas, é consumido agora num relacionamento quase que obsessivo por um instrumento que mantém as pessoas atentas e quase absortas.

O ponto que merece reflexão aqui não seria tanto o fato de essas pessoas passarem a se entreter com outras coisas, mas o fato de elas terem mais dificuldades em poder realizar o que necessitam, ou mesmo o que gostariam de fazer: esse tempo – que na própria verbalização delas, deveria ser empregado em outras tarefas – lhes é *sequestrado*, roubado. Nas conversas mantidas com os jovens e, principalmente, com suas famílias, as queixas eram constantes. Muitas vezes era quase impossível *arrancar* os jovens do celular para que pudessem se alimentar e não perdessem o ônibus escolar, ou para que não se atrasassem para o trabalho. Até mesmo na hora de se alimentar permaneciam fixos e absortos num outro mundo, o mundo que realmente importava para eles.

Esses novos comportamentos começaram a chamar atenção de pesquisadores e analistas,[11] e de outros que o estudaram sob o nome de *adicção midiática*. É criada uma relação sempre mais frequente e intensa, que vai cercando e aprisionando as pessoas, aprofundando a dependência da máquina. Um cerco midiático, juntamente com uma ansiedade crescente, leva as pessoas, principalmente os jovens, a se tornarem prisioneiras de necessidades criadas e constantemente alimentadas. Sadin comenta esse processo silencioso e corrosivo estabelecido principalmente pelas mídias sociais:

---

[11] GUERRESCHI, C. *New Addictions:* as novas dependências. São Paulo: Paulus, 2007.

> Pois nós somos colocados sob um regime de sedução induzido pela ergonomia fluida das interfaces da dimensão lúdica, tanto das aplicações, quanto da "intuição algorítmica", capaz de nos sugerir recomendações personalizadas. A incitação algorítmica não nos força a nada, ela cria um sentimento de evidência. Ela surge quase que de uma ordem *epifânica* para nos revelar continuamente aquilo de que supostamente estaríamos necessitando.[12]

É difícil resistir a esses processos de violência quase simbólica.

2.2.3. Perfis dos novos usuários de redes sociais

São bem raros os estudos sobre perfis de usuários de redes sociais. Um dos que mais se arriscam nessa complexa investigação foi Miguel Lago[13] que há alguns anos se dedica à análise dos perfis desses usuários que costumam postar ou disseminar notícias e mensagens nas redes. Entre outros achados de sua investigação, constata que as redes sociais se mostram como uma clara e forte expressão de *hiperindividualismo*: é a expressão individual, como se o ator estivesse falando duma grande tribu-

---

[12] SADIN, Éric. Le techno-capitalisme cherce à exploiter chaque séquence de l'éxistence. In: *Sociétés* 3/129 (2015): 74.
[13] LAGO, Miguel. Procura-se um Presidente. Dependência virtual e extremismo de Bolsonaro precipitam corrida política no campo da direita. In: *Revista Piauí* 152 (2019). Disponível em: https://piaui.folha.uol.com.br/materia/procura-se-um--presidente/. Acesso em: 20 jun. 2019; Bolsonaro fala outra língua. O ex-capitão é o único presidenciável da era da conectividade. In: *Piauí* (13.08.2018). Disponível em: https://piaui.folha.uol.com.br/bolsonaro-fala-outra-lingua/. Acesso em: 20 jan. 2019; O que Bolsonaro revela sobre o voto. O ex-capitão pode ser o primeiro youtuber a virar presidente. In: *Piauí* (01.10.2018). Disponível em: https://piaui.folha.uol.com.br/o-que-bolsonaro-revela-sobre-o-voto/. Acesso em: 20 jan. 2019; O Facebook gestou o MBL. As redes sociais legitimaram barbaridades e agora tentam reparar o estrago. In: *Piauí* (20.07.2018). Disponível em: https://piaui.folha. uol.com.br/o-facebook-gestou-o-mbl/. Acesso em: 20 jan. 2019.

na. E, com isso, essa *suposta audiência* o faz sentir-se menos isolado. Ele se imagina falando para o *mundo*. Essas pessoas são afetadas pela atomização do individualismo e pelo esgarçamento dos laços sociais: o sujeito é sozinho, individualizado e se imagina um grande ator e articulador.

A celebridade do *Instagram* ou do *Youtube* fazem dele uma espécie de líder populista carismático. Mas as mensagens são extremamente superficiais; mais destroem que constroem. Estimulam o sensacionalismo, os boatos, as notícias falsas, as frases de efeito, as teorias da conspiração. Essas mensagens crescem em momentos específicos, como em campanhas de rejeição ou defesa de candidatos, debates etc. Como essas mensagens, principalmente notícias falsas, são impossibilitadas no *Facebook* e no *Twitter* devido às checagens, o recurso foi migrar para a caixa-preta do *WhatsApp* onde resultam protegidas por criptogafia. Essa foi a estratégia empregada pela maioria dos atores, em geral desconhecidos, que se dedicaram a divulgar e a participar das campanhas midiáticas nas últimas eleições para presidente no Brasil.

Certamente, uma reflexão e uma análise séria sobre tais comportamentos, ou hábitos, principalmente para os aficionados e obsessivos/compulsivos do *Face* e do *WhatsApp*, iriam contribuir em grande escala para a melhoria do clima de insegurança, invasão e criação de sentimentos às vezes inconscientes, como paixão e ódio, nas redes sociais.

É oportuna, nesse contexto, uma reflexão de Umberto Eco, feita durante uma palestra na Universidade de Turim, na qual ele comenta a prática dos usuários de mídias sociais. Entre outras afirmações, sugere: "As mídias sociais deram direito à fala a legiões de imbecis que, anteriormente, falavam só no bar, depois de um copo de vinho, sem causar dano à coletividade. Diziam, imediatamente, a eles para calar a boca, enquanto agora têm o mesmo direito à fala que um ganhador do Prêmio Nobel".[14]

2.2.4. Um novo sujeito? Uma nova subjetividade?

Arriscamos a esta altura uma reflexão mais aprofundada, de cunho psicossocial, com o intuito de poder compreender a influência que o uso indiscriminado de redes sociais pode exercer na subjetividade das pessoas. É necessário deixar claro, logo de início, o que vamos entender por *sujeito* e *subjetividade*. São inúmeras as tentativas de aproximação do *mistério* que constitui o Ser Humano e, portanto, inúmeras, consequentemente, as concepções que dele podemos ter. Na tentativa de poder falar sobre ele (sobre nós mesmos), fui privilegiando uma maneira que, de modo simples e didático, pudesse-nos conduzir nessa arriscada tarefa.

Distingo, de início, entre indivíduo e pessoa: indivíduo é alguém que passou a ser entendido como algo uno, indivisível, mas único, compreensível em si mesmo, que pode prescindir de qualquer *outro*. Esse é o entendimento do Ser Humano dominante na modernidade que se estabeleceu a partir dos pressupostos da filosofia liberal, que se materializou nos modos de produção capitalista.[15] Pessoa seria alguém que é também singular, único, mas incompreensível em si mesmo: para seu entendimento com-

---
[14] O MARTELO DE NIETZSCHE. Umberto Eco:"As redes sociais deram voz a uma legião de imbecis" (palestra proferida na Universidade de Milão, em 11.06.2015). Disponível em: https://omartelodenietzsche.com/2018/10/18/umberto-eco-as-redes-sociais-deram-voz-a-uma-legiao-de-imbecis-y/. Acesso em: 15 jul. 2019.
[15] GUARESCHI. *Psicologia Social Crítica como prática de libertação*, capítulo 5.

pleto e global necessita sempre de *outro*, que passa a ser parte constituinte dele mesmo. Pessoa passa a ser então sinônimo de *relação*: alguém que para ser, necessita de outro.[16]

Por subjetividade, entendo aquilo que num sujeito se constitui como a soma total das inumeráveis relações que ele estabelece. Compreendo e assumo o Ser Humano como alguém em contínua construção, que vai se modificando e modificando sua subjetividade à medida que vai estabelecendo relações – consigo mesmo, com os outros, com o mundo. Ele é sempre singular, pois na construção dessa colcha de retalhos que constitui sua subjetividade, ele recorta, diferentemente e singularmente, retalhos específicos das relações que estabelece, formando o tecido singular de sua subjetividade.

Partimos, portanto, da suposição de que a subjetividade é constituída pelo incalculável número de relações que estabelecemos dia a dia, momento a momento. Nesse tempo em que vivemos, novas relações vão se apresentando num ambiente perpassado por uma quase onipresença das mídias. Há, na contemporaneidade, a partir das últimas décadas, um novo personagem dentro de casa, com o qual estabelecemos momento a momento novas relações. Nossa subjetividade vai continuamente se modificando, sem nos darmos conta. A dificuldade em refletir e o tempo que nos é roubado influenciam a construção de uma subjetividade que escapa ao nosso controle consciente.

Os algoritmos desempenham aqui um papel importante. Se tradicionalmente eles eram entendidos como uma regulamentação específica, intrinsecamente neles inserida, para que executassem tarefas pré-assinaladas sobre determinados dados, em geral numé-

---

[16] GUARESCHI. *Psicologia Social Crítica como prática de libertação*, capítulos 7 e 8.

ricos, em função de determinado fim, eles são agora empregados para outros fins, como *interpretar* determinadas situações e, até mesmo, *sugerir* determinadas soluções para se alcançar resultados desejados. Há quem sugira que eles podem ir ainda mais além e serem capazes de tomar decisões quase que de maneira autônoma.[17]

Segundo Sadin, esse processo algorítmico "se constitui num acontecimento tecnológico e *epistemológico* de grande importância, pois esse tipo de algoritmo não se contenta apenas em executar comandos, mas tende a influenciar nossas decisões, a nos encorajar a agir de tal modo e não de outro, em função de interesses não imediatamente manifestos".[18] Entrevemos nesse momento uma causa que julgamos importante para a compreensão de uma fragilidade séria e dificilmente controlável e superável, ocasionada por nosso mundo midiático. Para Sadin, na conquista dos sentidos está a guerra industrial presente e futura.[19] Há uma visualização cada vez mais profunda do comportamento humano nos perfis digitais e essa informação é o que se busca vender, em plataformas, a companhias de todo o mundo. Chegamos a um estado superior do capitalismo, o tecnoliberalismo. O *Google* ocupa o primeiro lugar.

Há um ataque cada vez mais penetrante e agressivo de mensagens que tomam conta da vida humana. Uma nova lava-

---

[17] O filósofo e ensaísta francês Éric Sadin, a quem devemos a criação do termo *subjetividade digital*, discute esse processo em várias publicações recentes: SADIN, Éric. *Surveillance globale: Enquête sur lês nouvelles formes de contrôle*. Paris: Climats-Flammarion, 2009; *La société de l'anticipation: le web précognitif ou la rupture anthropologique*. Paris: Inculte, 2011; *La vie algorithmique: critique de La raison numérique*. Paris: L'Échappée, 2015; *La silicolonisation du monde:* l'irrésistible expansion du libéralisme numérique. Paris: L'Échappée, 2016.
[18] SADIN. Le techno-capitalisme cherce à exploiter chaque séquence de l'éxistence, p. 74.
[19] SADIN, Éric. Eric Sadin e a Era do Anti-Humanismo radical. In: *Instituto Humanitas Unisinos* (28.06.2017). Disponível em: http://www.ihu.unisinos.br/78-noticias/569082--eric-sadin-e-a-era-do-anti-humanismo-radical. Acesso em: 10 jul. 2019.

gem cerebral que, além de cerebral, é viral, vital, motivacional: a influência é agora sobre a vontade, os desejos, as motivações que levam a comprar, votar, divertir-se, consumir, amar e odiar. É estranho observar que o fenômeno mais notável é sistematicamente ocultado, a saber: a figura humana deve se submeter às equações de seus próprios artefatos, e isso principalmente para responder a interesses privados e estabelecer uma administração supostamente infalível das coisas, comenta Sadin, numa entrevista ao Jornal Página 12.[20]

Paralelo à construção e ao controle da subjetividade caminha também um processo de vigilância global. Apenas sete minutos foi o tempo necessário para detectar uma pessoa numa cidade de três milhões. É o que conta o jornalista do *The Guardian*, John Sudworth, ao se oferecer como cobaia para o experimento e apresentar a foto de seu passaporte à polícia da cidade chinesa de Guiyang, capital da Província de Guizhou. Antes mesmo de pisar a vereda da estação de trem e ser rodeado por vários policiais, o jornalista já tinha sido detectado várias vezes em seu carro, quando parou nos semáforos. É o sistema mais amplo e sofisticado de vigilância e identificação facial do mundo, como comentou a BBC. Estabelece-se um cerco onde os possíveis parceiros são demarcados, formando um cerco fechado. O *Facebook* era, até há pouco, um bom exemplo desse controle. Agora já existem programas bem mais rápidos e atraentes, instantâneos, como o *Instagram*, do mesmo dono do *Facebook*, entre outros programas que estão por vir.

---

[20] FEBBRO, EDUARDO. Las tecnologías digitales debilitan la capacidad de decidir. Entrevista al ensayista frances Éric Sadin. In: PÁGINA 12 (19.11.2013). Disponível em: https://www.pagina12.com.ar/diario/sociedad/3-233880-2013-11-19.html. Acesso em: 20 jan. 2019.

O resultado é a digitalização da nossa existência, por meio da qual nos é sugerido continuamente aquilo de que supostamente estaríamos necessitando, ou que gostaríamos de ver, ou mesmo que desejássemos que acontecesse.

2.2.5. Algumas consequências em nível mundial do fenômeno

Esse processo, somado ao sequestro do tempo e à recusa de pensar, pode ajudar a explicar acontecimentos que se produziram nos últimos anos sob nossos olhares surpresos e atônitos, que trazemos aqui como acontecimentos mundiais de grande importância:

Como explicar, por exemplo, o fenômeno do *Brexit*, quando toda uma população foi, até certo ponto, induzida a votar e a tomar uma decisão da qual a maioria, após algum processo de discussão e reflexão mais aprofundada, está agora arrependida?[21] Os estudos que ainda estão sendo realizados mostram que as mídias sociais foram, se não o principal fator desse processo, ao menos um dos mais importantes.

Como explicar, por exemplo, a repentina mudança de decisão operada com respeito ao acordo de paz na Colômbia, um acordo costurado durante dez anos entre as diferentes facções da guerrilha e o governo, subitamente frustrado, contra todas as expectativas, em questão de poucos meses?[22] As análises mais

---
[21] VISENTINI, A.; PAIVA, M.R.G. O Movimento 'Leave' – o Brexit na Pós-Verdade. In: GUARESCHI, Pedrinho A.; AMON, Denise; GUERRA, André. 2 ed. *Psicologia, Comunicação e Pós-Verdade*. Porto Alegre: Evangraf, 2018, p. 249-273.
[22] ROSSATO, Jean Felipe; LEOBETH, Thaís. 'Não' ao acordo de paz: a Colômbia no contexto da Pós-Verdade. In: GUARESCHI, Pedrinho A.; AMON, Denise; GUERRA, André. 2 ed. *Psicologia, Comunicação e Pós-Verdade*. Porto Alegre: Evangraf, 2018, p. 275-296.

sérias do fenômeno mostram que o emprego das novas mídias sociais, com a produção de notícias falsas e boatos, foram de importância crucial para o entendimento do fenômeno.

Como explicar, por exemplo, a eleição do presidente Trump nos Estados Unidos, quando até a última hora as pesquisas davam a vitória segura à candidata democrata Hillary Clinton?[23] É sobre a eleição de Trump que temos hoje os estudos mais pormenorizados e mais críticos do emprego das mídias sociais na política. Um dos segredos foi o emprego dos *Big Data*, com a possibilidade de segmentação das mensagens dirigidas a públicos específicos. Com o auxílio da Inteligência Artificial foi possível medir a influência positiva ou negativa das mensagens sobre diferentes grupos previamente selecionados. Com o uso de algoritmos foram construídos modelos de mensagens aos segmentos da população constituídos por milhões de pessoas com perfis psicológicos semelhantes. Chegava-se ao ponto de verificar a eficiência, ou não, das mensagens para cada perfil e simular sua influência com simulações quase instantâneas. Halpern afirma que

---

[23] BLAICHERIS, M. W. Trump e a política da Pós-Verdade. In: GUARESCHI, Pedrinho A.; AMON, Denise; GUERRA, André (Orgs.). *Psicologia, Comunicação e Pós-Verdade*. 2 ed. Porto Alegre: Evangraf, 2018, p. 321-334; ARKONADA, Katu. Comunicação e Política em tempos de 'Big Data'. In: *Carta Maior* (03.05.2019). Disponível em: https://www.cartamaior.com.br/?/Editoria/Midia-e-Redes-Sociais/Comunicacao-e-politica-em-tempos-de-Big-Data-/12/44020. Acesso em: 15 jul. 2019. Arkonada escreve que, em maio de 2018, duas reportagens publicadas pelo *The Guardian* e pelo *The New York Times*, ambas baseadas nos testemunhos de Christopher Wylie (analista de dados e ex-empregado da Cambridge Analytica), revelaram o escândalo: foram coletados dados pessoais de ao menos 87 milhões de usuários e usuárias do *Facebook*, dados que permitiram criar perfis (políticos e psicológicos) dos eleitores, aos quais foram teledirigidas mensagens, especialmente desenhadas para cada tipo de perfil, após um minucioso trabalho de microssegmentação. Essas mensagens especiais, segundo as reportagens, podem ter sido decisivas na eleição vencida por Donald Trump, em 2016.

a vitória de Trump pode ser atribuída em grande parte à sua eficiente manipulação das mídias sociais: Trump é o primeiro Presidente *Facebook*. Sua equipe conseguiu usar todas as ferramentas de marketing do *Facebook*, como também do *Google*, as duas maiores plataformas de propaganda do mundo, para vender com sucesso um candidato que a maioria dos americanos não queria. Eles perceberam que alguns números são mais importantes que outros – nesse caso o número de ressentidos, principalmente da área rural – e o *Facebook* oferece métodos eficazes para identificá-los e capturá-los. A campanha veiculava até 50 mil variantes de propaganda, dependendo do desempenho, com/sem subtítulos, anúncios estáticos ou em vídeo. No último dia foram 175 mil variações, para audiências segmentadas.[24]

Não há ainda estudos mais sérios e detalhados sobre as eleições para presidente do Brasil, realizadas ao final do ano de 2018. O que se sabe é que o responsável pela campanha de Trump, Steve Bannon, foi buscado para orientar a campanha do candidato brasileiro. E o que se soube é que também foi usado um expediente de apropriação indevida de perfis, ao redor de 50 milhões, dessa vez do *WhatsApp*.[25] Eu mesmo recebi aviso no *Facebook*.[26]

---

[24] HALPERN, Sue. How He used Facebook to win. In: *The New York Review of Books* (June 8, 2017). Disponível em: http://www.nybooks.com/articles/2017/06/08/how-trump-used-facebook-to-win/ Acesso em: 22 mar. 2019. Após a revelação do escândalo da venda dos 87 milhões de perfis à Cambridge Analytica, essa empresa declarou falência depois de ter pago mais de 210 bilhões de dólares em apenas três dias. Ver: Cambridge Analytica vai fechar após escândalo do Facebook. In: *Veja* (02.05.2018). Disponível em: https://veja.abril.com.br/mundo/cambridge-analytica-vai-fechar-apos-escandalo-do-facebook/. Acesso em: 15 jul. 2019.
[25] REUTERS (Londres). Falha no WhatsApp permite invasão de hackers a contas por chamada de vídeo, diz site. In: *Folha de São Paulo* (10.10.2018). Disponível em: https://www1.folha.uol.com.br/tec/2018/10/falha-no-whatsapp-permite-invasao-de-hackers-a-contas-por-chamada-de-video-diz-site.shtml. Acesso em: 20 jun. 2019.
[26] Mensagem do *Facebook*: "*Atualização sobre o incidente de segurança*. Temos mais informações sobre o incidente de segurança que descobrimos em 25 de setembro de 2018. Algumas das suas informações foram acessadas por um terceiro não autorizado, incluindo o seu nome, endereço de e-mail, número de telefone e outras informações como sua data de nascimento e localizações recentes onde você fez check-in ou foi marcado. Agimos rapidamente para proteger o site e a

Muitas questões permanecem obscuras – ou não há interesse em que sejam investigadas –, no que se refere às últimas eleições presidenciais no Brasil, em 2018. As informações estão sendo apresentadas aos poucos e, com certa timidez, como, por exemplo, a participação ilegal de empresários na compra de impulsos,[27] e a apropriação de CPF de pessoas idosas para ampliar o envio de impulsos de mensagens.

Considerações finais

Retorno ao tema dessa reflexão: *entre poderes e fragilidades*. Permito-me supor que são poucos os que estejam satisfeitos com o que aqui expressei. Alguns certamente – e desses encontrei inúmeros – ficam bastante incrédulos, um tanto perplexos e indecisos diante de considerações como as apresentadas acima. Muito melhor seria, para esses, se tudo isso não fosse verdadeiro, que os fenômenos trazidos pelas novas mídias sociais não passassem de insinuações, boatos, ou aquilo que chamam hoje de *fake news*. Da minha parte procurei ser cuidadoso e documentar tudo o que trouxe à consideração. O que vemos, hoje, é que se torna cada vez mais difícil negar certos

---

sua conta, e estamos trabalhando em estreita colaboração com as autoridades para lidar com o incidente. Saiba mais sobre como a sua conta foi afetada e o que você pode fazer na Central de Ajuda". Várias pessoas com as quais conversei sobre esse comunicado do *Facebook* lembravam vagamente que o tinham recebido, mas ninguém o tinha documentado. No meu caso, ao recebê-lo, imediatamente o copiei, mas 12 horas depois ele já tinha desaparecido do meu endereço. Esse deve ser um exemplo dos 50 milhões de apropriações realizadas por alguém na plataforma WhatsApp, certamente sem sua permissão.

[27] MELLO, Patrícia Campos. Empresários bancam campanha conta o PT pelo WhatsApp. In: *Folha de São Paulo*, 18.10.2018. Disponível em: https://www1.folha.uol.com.br/poder/2018/10/empresarios-bancam-campanha-contra-o-pt-pelo-whatsapp.shtml. Acesso em: 10 jul.2019.

acontecimentos, como eleições de presidentes ou plebiscitos que afetam de modo decisivo a história de nações, que acontecem debaixo de nossos olhos sem que a variável *mídias sociais* seja levada em consideração.

Creio que o mínimo que se pode esperar é que não podem deixar de ser considerados por estudiosos e pensadores que se propõem pensar a ética no momento presente. Talvez seja oportuno relembrar um comentário do papa Francisco, que chega a incluir, ao se referir ao papel da mídia, inclusive golpes de Estado:

> "Criam-se condições obscuras" para condenar a pessoa, explicou o Papa, e depois a unidade se desfaz. Um método com o qual perseguiram Jesus, Paulo, Estevão e todos os mártires é muito usado ainda hoje. E Francisco citou como exemplo "a vida civil, a vida política, quando se quer fazer um golpe de Estado": "a mídia começa a falar mal das pessoas, dos dirigentes, e com a calúnia e a difamação essas pessoas ficam manchadas". Depois chega a justiça, "as condena e, no final, se faz um golpe de Estado".[28]

É imprescindível tomar consciência de que tudo o que fizermos com o emprego das mídias sociais, todas elas praticamente do mesmo dono, será usado nem sempre em nosso favor. Além da apropriação da privacidade do que escrevemos, falamos, partilhamos ou postamos, nossa própria imagem é examinada, tanto nas mídias, como na nossa apresentação diária. Nosso banco de dados se multiplicou e vai se multiplicando exponencialmente. Os processos de mineração e de manipulação de nossos dados estão fora do nosso controle. A utilização

---

[28] DONNINI, Debora. Papa: evitar a intriga para caminhar na verdadeira unidade (Cidade de Vaticano, 17.05.2018). Disponível em: https://www.vaticannews.va/pt/papa-francisco/missa-santa-marta/2018-05/papa-francisco-missa-santa-marta-unidade.html. Acesso em: 18 jul. 2019.

de nossos dados passou a ser uma moeda de troca com dezenas de empresas das quais não temos conhecimento. Nossos dados produzem padrões muito valiosos para as empresas que querem nos vender algo.

As plataformas digitais podem ser também responsáveis pela sensação de insegurança e de que estamos sendo vigiados, o que resulta, na maioria das vezes, em vultosos lucros para empresas que buscam informações de clientes com determinadas características. Como resistir a milhões de informações com conotações de prazer, gozo, satisfação de desejos, sedução, ameaça e medo 24 horas por dia?

Desta forma, e graças à geolocalização, tanto as empresas que fazem mineração de dados quanto os *data brokers* (que traficam com ela), sabem onde vivemos, onde estudamos, o que gostamos de comer, que ginásio frequentamos, onde passamos nossas férias, e claro, quais são nossas simpatias, nossas preferências, nossos gostos políticos. O *Instagram*, do qual o *Facebook* é dono, é a rede social que mais cresce atualmente e representa mais de 60% dos novos lucros da companhia – portanto, é a joia da coroa, caso o *Facebook* afunde. Por sua vez, o *WhatsApp* é a rede social com maior potencial para uso em campanhas políticas, como se viu na disseminação das *fake news* que ajudaram no triunfo de candidatos a presidentes e governadores.[29] Tudo isso está sustentado no avanço cada vez mais veloz da Inteligência Artificial, campo onde China alcança 48% dos novos investimentos, contra 38% dos Estados Unidos.

---

[29] BRANT, Danielle. Congresso cria CPI para investigar *fake news* nas eleições de 2018. In: *Folha de São Paulo* (03.07.2019). Disponível em: https://www1.folha.uol.com.br/poder/2019/07/congresso-cria-cpi-para-investigar-fake-news-nas--eleicoes-de-2018.shtml. Acesso em: 12 jul. 2019.

Os novos campos de batalha se baseiam na análise preditiva por meio dos *Big Data*.

Nosso mundo está sendo dominado por novos *patrões*, que são os que mais estão enriquecendo. É o que se chama de *Capitalismo Digital ou Tecnocaplismo*,[30] alimentado pela nossa oferta voluntária e ingênua de milhões de informações e mensagens. Ele se apropria do nosso tempo e nos coloca a serviço de novos patrões que, sorrateiramente, nos conduzem e orientam nossas ações. O conhecimento refinado dos comportamentos individuais, em escala global, "é celebrado por toda sociedade quando, na realidade, seu efeito maior está em reduzir a vida e o ser humano a um objeto, eternamente mercantil e condenado eternamente a oferecer o testemunho de sua vida".[31]

Empresto de Arkonada um desafio do qual dificilmente podemos fugir:

> Se o futuro está se transformando em passado na medida em que entregamos nossas vidas em forma de dados, aumentando a mercantilização das nossas vidas e o controle em tempo real não só do que consumimos como também do que pensamos e desejamos, abrindo uma nova dimensão para as campanhas políticas. A combinação de *big data*, microssegmentação, *fake news* e os famosos exércitos de *trolls*, que impulsionam correntes de opinião, são os novos campos de batalha. As batalhas no deserto da realidade.[32]

---

[30] SADIN, Éric. *La silicolonisation du monde*: l'irrésistible expansion du libéralisme numérique. Paris: L'Échappée, 2016; O tecnoliberalismo lança-se à conquista integral da vida. In: *Instituto Humanitas Unisinos* (26.06.2017). Disponível em: http://www.ihu.unisinos.br/186-noticias/noticias-2017/568991-o-tecnoliberalismo-lanca-se-a--conquista-integral-da-vida-entrevista-com-eric-sadin. Acesso em: 10 jul. 2019.
[31] SADIN, Éric. Eric Sadin e a Era do Anti-Humanismo radical. In: *Instituto Humanitas Unisinos* (28.06.2017). Disponível em: http://www.ihu.unisinos.br/78-noticias/569082--eric-sadin-e-a-era-do-anti-humanismo-radical. Acesso em: 10 jul. 2019.
[32] ARKONADA. Comunicação e Política em tempos de 'Big Data'.

Concluo fazendo uma confissão: imaginava poder mostrar *luzes no fim do túnel*.[33] Mas preferi ater-me apenas à análise dos poderes e fragilidades dos usuários. No entanto, vale a pena afirmar que, no meu entender, uma das possibilidades de resistência e de manutenção de certo grau de liberdade e de certo nível de qualidade de vida está na intuição de Paulo Freire, de que é o processo de *conscienciação*, isto é, de permanecer sem esmorecer "fazendo a pergunta que liberta", que pode nos auxiliar a garantir sobrevivência digna diante de todos os obstáculos que surgem na caminhada.[34]

Referências bibliográficas

ARKONADA, Katu. Comunicação e Política em tempos de 'Big Data'. In: *Carta Maior* (03.05.2019). Disponível em: https://www.cartamaior.com.br/?/Editoria/Midia-e-Redes-Sociais/Comunicacao-e-politica-em-tempos-de-Big-Data-/12/44020. Acesso em: 15 jul. 2019.

BAUER, Martin W.; GASKELL, George (Eds.). *Pesquisa qualitativa com texto, imagem e som.* 9 ed. Petrópolis: Vozes, 2014.

BLAICHERIS, M. W. Trump e a política da Pós-Verdade. In: GUARESCHI, Pedrinho A.; AMON, Denise; GUERRA, André (Orgs.). *Psicologia, Comunicação e Pós-Verdade.* 2 ed. Porto Alegre: Evangraf, 2018, p. 321-334.

---

[33] GUARESCHI. *O direito humano à comunicação.*
[34] FREIRE, Paulo; FAUNDEZ, Antonio. *Por uma pedagogia da pergunta.* Rio de Janeiro: Paz e Terra, 1985; *Pedagogia do Oprimido.* 24 ed. Rio de Janeiro: Paz e Terra, 1997; *Pedagogia da indignação*: cartas pedagógicas a outros escritos. São Paulo: UNESP, 2000; *Conscientização*: Teoria e prática da libertação: Uma introdução ao pensamento de Paulo Freire. 3 ed. São Paulo: Centauro, 2006; *Pedagogia da Autonomia*: saberes necessários à prática educativa. 35 ed. São Paulo: Paz e Terra, 2007.

BRANT, Danielle. Congresso cria CPI para investigar *fake news* nas eleições de 2018. In: *Folha de São Paulo* (03.07.2019). Disponível em: https://www1.folha.uol.com.br/poder/2019/07/congresso-cria-cpi-para-investigar-fake-news-nas-eleicoes--de-2018.shtml. Acesso em: 12 jul. 2019.

DONNINI, Debora. Papa: evitar a intriga para caminhar na verdadeira unidade (Cidade de Vaticano, 17.05.2018). Disponível em: https://www.vaticannews.va/pt/papa-francisco/missa-santa-marta/2018-05/papa-francisco-missa-santa-marta-unidade.html. Acesso em: 18 jul. 2019.

FEBBRO, EDUARDO. Las tecnologías digitales debilitan la capacidad de decidir. Entrevista al ensayista frances Éric Sadin. In: PÁGINA 12 (19.11.2013). Disponível em: https://www.pagina12.com.ar/diario/sociedad/3-233880-2013-11-19.htmlAcesso em: 20 jan. 2019.

FREIRE, Paulo. *Pedagogia do Oprimido*. 24 ed. Rio de Janeiro: Paz e Terra, 1997.

FREIRE, Paulo. *Pedagogia da indignação*: cartas pedagógicas a outros escritos. São Paulo: UNESP, 2000.

FREIRE, Paulo. *Conscientização*: Teoria e prática da libertação: Uma introdução ao pensamento de Paulo Freire. 3 ed. São Paulo: Centauro, 2006.

FREIRE, Paulo. *Pedagogia da Autonomia*: saberes necessários à prática educativa. 35 ed. São Paulo: Paz e Terra, 2007.

FREIRE, Paulo; FAUNDEZ, Antonio. *Por uma pedagogia da pergunta*. Rio de Janeiro: Paz e Terra, 1985.

GUARESCHI, Pedrinho A. *Psicologia Social Crítica como prática de libertação*. 5 ed. Porto Alegre: EDIPUCRS, 2012.

GUARESCHI, Pedrinho A. *O direito humano à comunicação* – pela democratização da mídia. 2 reimp. Petrópolis: Vozes, 2013.

GUARESCHI, Pedrinho A. *Mídia, Educação e Cidadania* – para uma leitura crítica da mídia. 3 ed. Porto Alegre: Evangraf, 2018.

GUARESCHI, Pedrinho A.; AMON, Denise; GUERRA, André. 2 ed. *Psicologia, Comunicação e Pós-Verdade.* Porto Alegre: Evangraf, 2018.

GUERRESCHI, C. *New Addictions:* as novas dependências. São Paulo: Paulus, 2007.

HALPERN, Sue. How He used Facebook to win. In: *The New York Review of Books* (June 8, 2017). Disponível em: http://www.nybooks.com/articles/2017/06/08/how-trump-used-facebook-to-win/ Acesso em: 22 mar. 2019.

KUJAVA, Israel; GUARESCHI, Pedrinho A.; SOBROSA, Gênesis M. R. O sequestro do Tempo. In: *Revista de Psicologia da IMED* 7/2 (2017): 110-119.

LAGO, Miguel. Procura-se um Presidente. Dependência virtual e extremismo de Bolsonaro precipitam corrida política no campo da direita. In: *Revista Piauí* 152 (2019). Disponível em: https://piaui.folha.uol.com.br/materia/procura-se-um-presidente/. Acesso em: 20 jun. 2019.

LAGO, Miguel. Bolsonaro fala outra língua. O ex-capitão é o único presidenciável da era da conectividade. In: *Piauí* (13.08.2018). Disponível em: https://piaui.folha.uol.com.br/bolsonaro-fala-outra-lingua/. Acesso em: 20 jan. 2019.

LAGO, Miguel. O que Bolsonaro revela sobre o voto. O ex-capitão pode ser o primeiro youtuber a virar presidente. In: *Piauí* (01.10.2018). Disponível em: https://piaui.folha.uol.com.br/o-que-bolsonaro-revela-sobre-o-voto/. Acesso em: 20 jan. 2019.

LAGO, Miguel. O Facebook gestou o MBL. As redes sociais legitimaram barbaridades e agora tentam reparar o estrago. In: *Piauí* (20.07.2018). Disponível em: https://piaui.folha.uol.com.br/o-facebook-gestou-o-mbl/. Acesso em: 20 jan. 2019.

LEAL FILHO, L. *BBC: a melhor televisão do mundo.* São Paulo: Summus, 1997.

LUKES, Steven. *Power: a radical view.* Londres: McMillan, 1974.

MELLO, Patrícia Campos. Empresários bancam campanha conta o PT pelo WhatsApp. In: *Folha de São Paulo,* 18.10.2018. Disponível em: https://www1.folha.uol.com.br/poder/2018/10/empresarios-bancam-campanha-contra-o-pt-pelo-whatsapp.shtml. Acesso em: 10 jul.2019.

O MARTELO DE NIETZSCHE. Umberto Eco: "As redes sociais deram voz a uma legião de imbecis" (palestra proferida na Universidade de Milão, em 11.06.2015). Disponível em: https://omartelodenietzsche.com/2018/10/18/umberto-eco-as-redes-sociais-deram-voz-a-uma-legiao-de-imbecis-y/. Acesso em: 15 jul. 2019.

REUTERS (Londres). Falha no WhatsApp permite invasão de hackers a contas por chamada de vídeo, diz site. In: *Folha de São Paulo* (10.10.2018). Disponível em: https://www1.folha.uol.com.br/tec/2018/10/falha-no-whatsapp-permite-invasao-de-hackers-a-contas-por-chamada-de-video-diz-site.shtml. Acesso em: 20 jun. 2019.

ROSSATO, Jean Felipe; LEOBETH, Thaís. 'Não' ao acordo de paz: a Colômbia no contexto da Pós-Verdade. In: GUARESCHI, Pedrinho A.; AMON, Denise; GUERRA, André. 2 ed. *Psicologia, Comunicação e Pós-Verdade.* Porto Alegre: Evangraf, 2018, p. 275-296.

SADIN, Éric. Le techno-capitalisme cherce à exploiter chaque séquence de l'éxistence. In: *Sociétés* 3/129 (2015): 73-77.

SADIN, Éric. *Surveillance globale: Enquête sur lês nouvelles formes de contrôle.* Paris: Climats-Flammarion, 2009.

SADIN, Éric. *La société de l'anticipation:* le web précognitif ou la rupture anthropologique. Paris: Inculte, 2011.

SADIN, Éric. *La vie algorithmique:* critique de La raison numérique. Paris: L'Échappée, 2015.

SADIN, Éric. *La silicolonisation du monde:* l'irrésistible expansion du libéralisme numérique. Paris: L'Échappée, 2016.

SADIN, Éric. O tecnoliberalismo lança-se à conquista integral da vida. In: *Instituto Humanitas Unisinos* (26.06.2017). Disponível em: http://www.ihu.unisinos.br/186-noticias/noticias-2017/568991-o-tecnoliberalismo-lanca-se-a-conquista-integral-da-vida-entrevista-com-eric-sadin. Acesso em: 10 jul. 2019.

SADIN, Éric. Eric Sadin e a Era do Anti-Humanismo radical. In: *Instituto Humanitas Unisinos* (28.06.2017). Disponível em: http://www.ihu.unisinos.br/78-noticias/569082-eric-sadin-e-a-era-do-anti-humanismo-radical. Acesso em: 10 jul. 2019.

THOMPSON, John B. *Ideologia e Cultura Moderna* – teoria social crítica na era dos meios de comunicação de massa. Petrópolis: Vozes, 1990.

VISENTINI, A.; PAIVA, M.R.G. O Movimento 'Leave' – o Brexit na Pós-Verdade. In: GUARESCHI, Pedrinho A.; AMON, Denise; GUERRA, André. 2 ed. *Psicologia, Comunicação e Pós-Verdade.* Porto Alegre: Evangraf, 2018, p. 249-273.

8

Sujeitos éticos e poder nas diferenças

Moésio Pereira de Souza[1]

Introdução

O sábio bíblico, contemplando a obra da criação, já se perguntava: "que é o ser humano, para dele te lembrares, o filho do homem, para que o visites?" (Sl 8,4). A revelação de Deus nos coloca diante do grande mistério da nossa existência. Dessa pergunta, além da Teologia, ocupam-se a Filosofia e tantas outras ciências. Cada uma colaborando para uma maior compreensão do que é o ser humano.

Muitas compreensões acerca do ser humano acabam por reduzir sua grandeza ao nível biológico, psíquico, econômico ou social. A Igreja, perita em humanidade, procura assegurar uma visão integral sobre o ser humano, capaz de conduzi-lo à sua vocação última, a configuração a Cristo. Vocação é processo, caminho a percorrer, por isso implica aprendizagem.

Nossa reflexão parte da nova compreensão do ser humano como sujeito do conhecimento e da própria história. Destaca-

---

[1] Moésio Pereira de Souza é Doutor em Teologia Moral (Academia Afonsiana – Roma), Coordenador da Pós-Graduação, Pesquisa e Extensão e Professor da Faculdade Católica de Fortaleza.

remos que essa condição de sujeito não se realiza a não ser na e a partir das relações que ele estabelece no encontro com o outro, com o diferente, e do intrincado jogo de poder subjacente a elas. Por fim, refletiremos sobre a missão da Ética Teológica neste novo cenário, marcado por diferentes sujeitos éticos.

1. O emergir do sujeito a partir da modernidade

A compreensão moderna do ser humano se configura como mais uma das muitas transformações do período moderno. Temos uma nova compreensão do cosmo, da ciência, do homem.[2]

1.1. Da condição de indivíduo à condição de sujeito: uma passagem necessária

Nosso ponto de partida não pode ser outro a não ser a cultura, na qual nos encontramos e a partir da qual o humano vive suas experiências, encontra ou não seus significados, realiza-se ou vagueia no vazio do não-sentido, entende-se ou não como sujeito da própria história.

Parece que ainda hoje sentimos o impacto da chamada "revolução copernicana" do pensar. As mudanças que hoje sentimos tão aceleradas têm suas raízes, cremos nós, nessa mudança fundamental. A transformação epocal operada pela modernidade colocou o ser humano no centro do pensar e do agir, produzindo uma espécie de "divinização do sujeito". O iluminismo sonhou com a "civilização da razão", defendendo que a razão conduziria o ser humano ao tão desejado progresso, libertando-

---

[2] HOTTOIS, Gilbert. *Do Renascimento à Pós-modernidade*. Uma história da filosofia moderna e contemporânea. Aparecida: Ideias & Letras, 2008, p. 53-79.

-o das ilusões da religião. Inclusive a ética será entendida como ética secular.³

A realidade, porém, acabou por demonstrar que o sonho da razão moderna não se concretizou. Passados alguns séculos, assistimos ao ser humano cada vez mais perplexo, diante de um grande avanço técnico-científico, e incapaz de encontrar um sentido para seu viver. Segundo Manfredo Araújo de Oliveira:

> A razão, que na origem de nossa cultura ocidental emergira para combater o mito e promover a emancipação, reduzir-se-ia hoje ao controle técnico da natureza e dos homens, trazendo à tona o horror, a estupidez da vida humana, inserida em relações de trabalho e dominação que reduzem o homem a acessório da máquina produtiva e do aparelho de dominação".⁴

A ética teológica tem, pois, um grande serviço a prestar à humanidade enquanto for capaz de denunciar a falácia de qualquer proposta que faz do sujeito voltado para si mesmo seu único e decisivo critério. Em um mundo onde o ser humano vive o não-sentido, a ética teológica precisa desempenhar o papel daquele pedagogo que conduz o humano para além dele mesmo; ajudá-lo a descobrir que, para sua real realização, ele precisa cuidar de suas relações fundamentais: com o mundo, com outro e com o Transcendente.⁵

A dimensão social não é um apêndice, mas um constitutivo do ser humano. Por isso mesmo, a subjetividade só se efetiva na sociabilidade.⁶ Portanto, há de se acrescentar que a passagem

---

³ CHIODI, Maurizio. *Teologia Morale Fondamentale*. Bologna: Queriniana, 2014.
⁴ OLIVEIRA, Manfredo Araújo de. *Ética e Racionalidade Moderna*. São Paulo: Loyola, 1993, p. 68.
⁵ LIMA VAZ, Henrique Cláudio de. *Antropologia Filosófica* II. São Paulo: Loyola, 1992.
⁶ OLIVEIRA, Manfredo Araújo de. *Ética e Sociabilidade*. São Paulo: Loyola, 1993.

do indivíduo para uma condição de sujeito não se faz sem levar em conta as circunstâncias concretas nas quais ele se encontra e se desenvolve.[7] Dito de outra forma, passa-se da condição de simples indivíduo para a de sujeito no entranhado jogo das relações (sociais, políticas, econômicas, ecológicas, religiosas etc).

Tal passagem, portanto, não se efetiva sem a busca, defesa e conquista de direitos, ao mesmo tempo em que se acrescenta a necessidade da observância de deveres que possibilitam a vida em comunidade. Ora, se é assim, a ética da subjetividade se abre à ética da intersubjetividade, a uma ética das relações. Muitas vezes, porém, nossas relações não são humanizadoras; mas, presas ao jogo do poder, tornam-se relações de dominação e de controle de uns sobre outros. Por isso mesmo precisamos nos deter um pouco na compreensão do poder e no seu papel na efetivação do indivíduo como sujeito.

1.2. As relações de poder como mediação para a efetivação do sujeito

Com a modernidade, não temos somente mudanças de costumes e comportamentos, mas transformações no pensar, na própria autocompreensão do ser humano enquanto tal. A modernidade trará consigo, por exemplo, as reflexões acerca da autonomia, do agir autônomo e a crítica a toda moral compreendida como heterônoma.[8] A partir da modernidade, cada

---

[7] Para maior aprofundamento do conceito de circunstância e sua importância para a compreensão do sujeito moral, ver: RUBIO Miguel. La 'circunstancialidad' del sujeto moral. In: RUBIO, Miguel; GARCÍA, Vicente; MIER, Vicente Gómez (Eds.). *La Ética Cristiana Hoy*: horizontes de sentido. Homenaje a Marciano Vidal. Madrid: PS Editorial, 2003, p. 267-286.

[8] Sobre o tema da autonomia, ver: BASTIANEL, S. Autonomia e Teonomia. In: COMPAGNONI, Francisco; PIANA, Giannino; PRIVITERA, Salvatore (Orgs.). *Dicionário de Teologia Moral*. São Paulo: Paulus, 1997, p. 66-76.

vez mais sentimos resistência a que outros nos digam o que *deve* ser feito. Nesse sentido, não haverá mais o monopólio do saber (e, consequentemente, do poder dele derivado). Não serão somente os religiosos que dirão o que é certo e o que é errado, o que é bom e o que é mau.

Dessa forma, a nova cultura moderna assiste ao surgimento de diferentes discursos éticos e de diferentes sujeitos éticos, fazendo eclodir relações de poder. Mas o poder não pode ser compreendido somente em uma macrodimensão, como quando tendemos a identificá-lo como a força de uma superestrutura, como o Estado e seus mecanismos de repressão. É o que ensina o filósofo Michel Foucault:

> A questão do poder fica empobrecida quando é colocada unicamente em termos de legislação, de Constituição, ou somente em termos de Estado. O poder é mais complicado, muito mais denso e difuso que um conjunto de leis ou um aparelho de Estado.[9]

Muito mais que uma realidade em si, o poder, na compreensão de Foucault, seria uma prática social. Portanto, é no interior das nossas relações que ele se realiza. Se hoje presenciamos tantos sujeitos éticos que ousam levantar sua voz, é porque ousaram romper com uma lógica de relações de poder que os controlava, que os punia.[10] Para esses sujeitos éticos, a passagem da condição de indivíduo para a de sujeito implica luta por seu reconhecimento.[11]

---

[9] FOUCAULT, Michel. *Microfísica do Poder.* 11 ed. Rio de Janeiro: Graal, 1979, p. 221.
[10] FOUCAULT. *Microfísica do Poder*, p. 78.
[11] O tema do reconhecimento foi conduzido ao centro do pensamento moderno com Hegel. Mais recentemente ele ressurge, sobretudo em pensadores como Paul Ricoeur e Charles Taylor. RICOEUR, Paul. *Caminos del reconocimiento*. Tres estúdios. Estructuras y processos. Madrid: Trotta, 2005; TAYLOR, Charles. *Multiculturalismo: examinando a política de reconhecimento*. Lisboa: Instituto Piaget, 1998.

Longe de querer uma tipologia exaustiva dos diversos sujeitos éticos que hoje buscam ser reconhecidos e precisam ser considerados pela ética teológica, limitamo-nos a citar alguns mais relevantes, a fim de, num momento posterior, darmos outro passo em nossa reflexão. Dentre outros podemos lembrar as mulheres, aqueles que vivem em situação irregular no matrimônio, os LGBTI etc.[12]

Importa para a ética teológica reconhecer que cada vez mais a *diversidade* vai se tornando uma realidade. A ética cristã precisa conviver com outras propostas éticas, muitas vezes contrárias à sua visão de mundo. No mundo marcado pela *diferença*, aprender a conviver com o diferente torna-se uma necessidade.

A título de exemplo da emergência de um desses sujeitos éticos e da presença das relações de poder que perpassam sua história, consideraremos a assim chamada comunidade LGBTI.

1.3. Da (in)visibilidade dos sujeitos LGBTI

Ainda que de forma muito sucinta, tentaremos mostrar que se deu uma passagem – não sem muita luta e muito sofrimento – muito importante na vida dos sujeitos LGBTI: a da invisibilidade para a visibilidade, hoje presenciada em nossa sociedade, embora nem sempre sem estranheza e preconceito.

Ernesto Meccia sustenta uma tese intrigante. Para esse sociólogo, houve uma passagem da homossexualidade para a

---

[12] Para outros sujeitos éticos ou "atores históricos emergentes", ver: SOUZA, Luiz Alberto Gomes de. Uma realidade em mutação: a força transformadora dos sujeitos históricos emergentes. In: MILLEN, Maria Inês de Castro; ZACHARIAS, Ronaldo (Orgs.). Ética Teológica e Transformações Sociais. Aparecida/São Paulo: Santuário/Sociedade Brasileira de Teologia Moral, 2014, p. 26-34.

"gaycidade". Na primeira fase, os homossexuais viviam escondidos e frequentavam guetos. Agora, no período da "gaycidade", as conquistas no campo jurídico, político e cultural permitiram mais visibilidade a esses sujeitos. Segundo Meccia, nossas sociedades assistem a uma nova forma de vivência da experiência da homossexualidade.

Sua tese é a de que existe um grupo denominado por ele de "últimos homossexuais". Esses seriam

> as pessoas homossexuais que na atualidade têm mais de quarenta anos (...). Escrevo 'homossexuais' porque as gerações posteriores tiveram à mão a palavra 'gay' para nomear-se, e 'últimos' porque, diferentemente das gerações anteriores e posteriores, esses têm vivido tanto a era da homossexualidade clandestina como a era *gay* caracterizada por algum grau de reconhecimento social. Assim, os últimos homossexuais representariam uma espécie de subjetividade bizarra que poderíamos chamar "homo-gay".[13]

Muita gente fica perplexa e se admira com a quantidade de homens e mulheres que hoje já não escondem sua orientação sexual.

> A progressiva incorporação dos sexualmente diferentes a uma sociedade inclusiva é vivida e concebida por muitos como uma sequência de 'avanços' ou 'vitórias'. Para outros, no entanto, representa a mistura insuportável de um mapa social e moral que orientava seus passos através de um mundo no qual, a duras penas, haviam aprendido a se mover.[14]

Mas, para chegar a uma maior visibilidade, muita coisa foi acontecendo paulatinamente. Segundo Trevisan, o "boom guei"

---

[13] MECCIA, Ernesto. *Los últimos homosexuales*. Sociología de la homosexualidad y la gaycidad. Buenos Aires: Gran Aldea, 2011, p. 35.
[14] CARRARA, Sérgio. Prólogo. In: MECCIA, Ernesto. *Los últimos homosexuales*. Sociología de la homosexualidad y la gaycidad. Buenos Aires: Gran Aldea, 2011, p. 19.

teve início na década de 1970. Naquele período, uma revista de circulação nacional trouxe em sua capa duas mãos masculinas fazendo alusão a uma matéria sobre a homossexualidade. Naquela mesma década, campanhas publicitárias de perfumes e creme de leite também começaram a circular.[15]

No primeiro semestre do referido período, em São Paulo, das vinte e cinco peças teatrais em cartaz, onze referiam-se a temáticas homossexuais. Tais temáticas também começaram a surgir no cinema brasileiro. Foi a partir dos anos 1980, no entanto, que a televisão brasileira começou a mostrar personagens homossexuais. No início, a repercussão foi tão negativa que, no caso da novela Torre de Babel, o autor acabou por ter de matar as duas personagens lésbicas para tirá-las de cena.

Na década de 1990, dois ícones da música brasileira eram homossexuais de sucesso: Cazuza e Renato Russo. Essa década começou a ver alguns homossexuais que passaram a mostrar a cara para além dos guetos.

Mas, segundo João Silvério Trevisan, essa maior visibilidade não gerou necessariamente maior libertação. Houve, sim, maior exploração mercadológica.

> Nesse contexto de valorizar sobretudo as aparências, a caricatura de liberação sexual vivida nas últimas décadas do século XX resultou frequentemente num mero reforço das defesas e não em real crescimento das consciências, à beira do novo milênio.[16]

---

[15] Não nos ocuparemos aqui de toda uma reconstrução da história dessa passagem. Para o que apresentamos, servimo-nos do grandioso trabalho de TREVISAN, João Silvério. *Devassos no Paraíso*. A homossexualidade no Brasil, da colônia à atualidade. 3 ed. Rio de Janeiro: Record, 2000.
[16] TREVISAN. *Devassos no Paraíso*, p. 325.

Uma mudança será operada com o surgimento de grupos organizados em defesa dos direitos homossexuais. A eclosão do Movimento de Liberação Homossexual se deu graças ao retorno dos intelectuais exilados pela Ditadura Militar. Esses exilados tiveram contato com "as inquietações ecológicas, feministas e antirracistas" presentes em países capitalistas avançados".[17]

Em 1978, alguns grupos de mulheres passaram a refletir sobre temas ligados à sexualidade. Negros passaram a discutir o racismo e a cultura negra, e outros se ocuparam de certos ativismos ecológicos. Seguindo essa tendência, surgiram também grupos que discutiam a "liberação homossexual". Pouco a pouco essa experiência foi se dando conta da dinâmica de poder inerente às suas experiências vitais. Foi criticada a forma como a esquerda política olhava para a realidade homossexual. O ativismo político também foi entendido como uma luta por poder que ignorava as demandas próprias dos sujeitos homossexuais.

Ainda que não houvesse tanta clareza, segundo Trevisan,

> o então incipiente grupo buscava contestar a própria questão do poder, ciente de que nossa sexualidade (nossa terra de ninguém) estava sofrendo um controle social inerente a qualquer forma de poder disputado e conquistado (...). Queríamos ser plenamente responsáveis por nossa sexualidade, sem ninguém falando em nosso nome.[18]

Foi preciso ir ampliando a questão da homossexualidade para além da luta de classes ou filiação política. Isso, aliás, resultou numa constatação interessante: a perseguição aos que viviam de modo diferente sua sexualidade não tinha partido. Era preciso ir descobrindo sua própria realidade.

---

[17] TREVISAN. *Devassos no Paraíso*, p. 336.
[18] TREVISAN. *Devassos no Paraíso*, p. 341.

As mulheres que começaram a se unir nas reuniões com os homens logo perceberam que as discussões teriam que ser distintas. A homossexualidade feminina tinha suas próprias demandas, por isso as mulheres precisavam criar seus próprios grupos. A distinção entre *gays* e lésbicas abriu espaço, para que outras expressões da sexualidade humana começassem a ganhar visibilidade, e possibilitou discutir a realidade de travestis, transexuais e intersexuais, por exemplo. Nossa sociedade, ainda hoje, junta esses sujeitos éticos sem distinção, usando termos genéricos como "luta das minorias", "comunidade LGBTI", como se as experiências fossem indiferenciadas.

É precisamente esse giro que se fortaleceu em nossos dias. O sujeito homossexual ousa reclamar o direito de ser compreendido a partir da sua própria realidade e não a partir da realidade heterossexual. O mesmo acontece com quem é travesti ou transexual.

Aos poucos, pequenos avanços vão se estabelecendo no tecido social. No âmbito do direito, convém lembrar o processo movido contra o jornalista Celso Cury, colunista do Jornal Última Hora, de São Paulo, acusado de promover "encontros entre anormais", por tentar fazer dos homossexuais um grupo organizado na sociedade. A absolvição do jornalista – pelo fato de o juiz entender que não há crime algum em tentar organizar-se como grupo –, segundo Trevisan, criou "um importante precedente jurídico para a defesa dos direitos homossexuais no país".[19] Recentemente, o Supremo Tribunal Federal enquadrou a homofobia e a transfobia como crimes.[20]

---

[19] TREVISAN. *Devassos no Paraíso*, p. 347.
[20] SUPREMO TRIBUNAL FEDERAL. *STF enquadra homofobia e transfobia como crimes de racismo ao reconhecer omissão legislativa* (13.06.2019). Disponível em: http://www.stf.jus.br/portal/cms/verNoticiaDetalhe.asp?idConteudo=414010. Acesso em: 21 jul. 2019.

Concluindo, poderíamos afirmar que a maior visibilidade dos sujeitos LGBTI é ainda uma realidade complexa. Mas, para que ela se torne, efetivamente, uma passagem da condição de indivíduo para a de sujeito de suas próprias experiências, há de se estar atento às dinâmicas de poder que se configuram em dois âmbitos.

Primeiro, na luta pelo reconhecimento social diante de forças de poder que tendem a discriminar e a invisibilizar sua existência; preferem e defendem um mundo sem a presença incômoda das diferenças. Sem cair no vitimismo, os sujeitos homossexuais precisam conquistar seu espaço em nossas sociedades pluralistas. Mas essa luta não pode ser levada individualmente, como defende Foucault:

> O poder deve ser analisado como algo que só funciona em cadeia. Nunca está localizado aqui ou ali, nunca está nas mãos de alguns, nunca é apropriado como uma riqueza ou um bem. O poder funciona e se exerce em rede. Nas suas malhas os indivíduos não só circulam, mas estão sempre em posição de exercer este poder e de sofrer sua ação; nunca são o alvo inerte ou consentido do poder, são sempre centros de transmissão. Em outros termos, o poder não se aplica aos indivíduos, passa por eles.[21]

Segundo, há de se rever as relações entre os diferentes grupos identitários da chamada comunidade LGBTI, porque aí também se exercem relações de poder. É possível que homossexuais sem traços afeminados desenvolvam preconceitos e resistências contra travestis e transexuais. Por isso mesmo, a humanização das relações também é um imperativo ético para quem é LGBTI. A solidariedade com os mais fracos e vulneráveis que não fazem parte da comunidade não pode ser ignorada.

---

[21] FOUCAULT. *Microfísica do Poder*, p. 183.

A seguir, tentaremos situar a ética teológica católica nesse horizonte plural de surgimento de sujeitos éticos e de discursos éticos diversos.

2. A missão da ética teológica em um mundo marcado pela diferença e a busca de poder

2.1. A missão da ética teológica hoje

Nesse cenário de profundas transformações, a Ética Teológica Católica busca seu espaço, convicta de sua missão a serviço do ser humano. O mundo plural passa a ser o *locus teologicus* a partir do qual a Boa Nova deve ser anunciada e vivenciada. A realidade, marcada pelos diferentes discursos e sujeitos éticos, exige que a missão da Ética Teológica seja sempre revista.

Nas sociedades marcadas pelo justo pluralismo, a teologia ocupa um lugar legítimo em meio a diferentes visões do ser humano. Seria um erro considerar o homem meramente a partir do ponto de vista religioso; mas não se configura um erro menor negar essa dimensão humana. Em nossos dias, a teologia esforça-se por evidenciar a relevância da proposta cristã para uma compreensão mais abrangente do ser humano.[22]

Enquanto a ética cristã é teológica, o que ela apresenta sobre o ser humano tem suas raízes no próprio *Mysterium Salutis*. O ser humano, portanto, deve ser compreendido a partir dos mistérios da criação, da encarnação e da ressurreição; em uma palavra, a partir do amor de Deus. Com isso não se nega a contribuição da Filosofia

---

[22] CONCÍLIO VATICANO II. *Gaudium et Spes*. Constituição Pastoral sobre a Igreja no mundo de hoje. In: COMPÊNDIO DO VATICANO II. Constituições, Decretos, Declarações. 31 ed. Petrópolis: Vozes, 2015, n. 41.

e de outras ciências, mas se reafirma algo que é parte da missão da teologia: só no mistério de Cristo conhecemos o homem em sua plenitude. Não basta saber o que o ser humano diz sobre si mesmo. É preciso saber o que Deus revelou a seu respeito.[23]

O que nos foi revelado sobre o ser humano precisa ser visto como algo realmente valioso, sem o qual o ser humano fica empobrecido. O que nos vem dado pela revelação não pode ser compreendido como um suplemento, mas como algo que faz parte da realidade humana. Segundo Bernhard Häring, a

> palavra de Deus não nos é dirigida como um simples acréscimo ao nosso ser, uma determinação suplementar e adicional: tudo que somos e temos deve ser compreendido a partir da Palavra de Deus, criadora e recriadora. Na sua própria natureza, nas suas potências, na sua situação, nas suas virtudes infusas e adquiridas, "o homem chamado a seguir a Cristo" é uma Palavra pronunciada pelo Amor de Deus e que chega a compreender-se a si mesma cada vez mais profundamente.[24]

Acontece que essa missão também acontece no âmbito das nossas relações, uma vez que a Igreja está situada no mundo. O papa Francisco afirmou que a "graça pressupõe a cultura".[25] Por isso mesmo a ética teológica tem de ser capaz de fazer-se compreendida também a partir da cultura do diferente que marca nossas sociedades.

---

[23] SESBOÜE, Bernard (Dir.). *O homem e sua salvação* (séculos V – XVII). História dos dogmas II. 2 ed. São Paulo: Loyola, 2010, p. 19.
[24] HÄRING, Bernhard. *A Lei de Cristo. Teologia moral para sacerdotes e leigos* I. São Paulo: Herder, 1960, p. 93. Para Ladaria, a salvação que Cristo nos oferece não pode ser vista como algo exterior que vem acrescentado ao ser humano já constituído, mas se mostra como a plenitude humana em seu nível mais elevado. LADARIA, Luis F. *Antropologia teológica*. Madrid/Roma: UPCM/PUG, 1983, p. 4.
[25] FRANCISCO, Papa. *Evangelii Gaudium*. Exortação Apostólica sobre o anúncio do Evangelho no mundo atual. São Paulo: Paulus/Loyola, 2013, n. 115.

Disso emerge a necessidade do diálogo como pressuposto indispensável para a realização da missão. Aqui nos ocuparemos unicamente com o desafio do diálogo *intra ecclesia*. Ao interno da fé cristã, dialogar significa estreitar os laços entre a ética teológica e a eclesiologia. A ética teológica tem de saber motivar o fiel à pertença a uma comunidade de fé com a qual se identificar. A pertença à comunidade de fé será sempre uma ajuda para que o ser humano não caia escravo de seus próprios desejos, de suas necessidades e emoções; é auxílio contra o subjetivismo, o que tem sido uma constante nas considerações da ética em nossos dias. Do ponto de vista teológico, o *sujeito ético* sempre será um *sujeito eclesial*.

2.2. Os sujeitos éticos eclesiais

Por outro lado, resta sempre o desafio para a comunidade cristã de ser capaz de criar identidade sem fechar-se num fundamentalismo doentio; romper com a lógica da exclusão e assumir a lógica da inclusão.[26] Há de sempre surgir a antiga pergunta pelo lugar dos pecadores na Igreja. Tentada a se autocompreender como santa e imaculada (realidade à qual é chamada), muitas vezes a Igreja, por meio de suas estruturas, buscou silenciar as vozes dos novos sujeitos éticos e eclesiais como as mulheres, pessoas em situação irregular no matrimônio, LGBTI etc.

Mas cada vez mais esses sujeitos éticos eclesiais levantam sua voz e se tornam visíveis. Exigem uma postura evangélica

---

[26] "Duas lógicas percorrem toda a história da Igreja: marginalizar e reintegrar. (...) O caminho da Igreja, desde o Concílio de Jerusalém em diante, é sempre o de Jesus: o caminho da misericórdia e da integração". FRANCISCO, Papa. *Amoris Laetitia*. Exortação Apostólica Pós-Sinodal sobre o amor na família. São Paulo: Loyola, 2016, n. 296. Daqui em diante = AL.

da parte de seus irmãos de fé. Como sentir a Igreja como casa quando tantos discursos religiosos são carregados de ódio e de preconceito? Apesar das muitas dificuldades, as mulheres já conquistaram mais espaço na comunidade eclesial. Colaboram em muitos ministérios, inclusive em vários que eram reservados só a homens. Mas ainda há insatisfação quanto à pequena presença das mulheres nas instâncias de decisão na Igreja.

João Paulo II, ao escrever a *Familiaris Consortio*, ampliou o lugar dos católicos que vivem em "situação irregular" no matrimônio, sobretudo dos divorciados recasados. Alertou a Igreja para que esses irmãos fossem acolhidos.[27] Com o papa Francisco, esse caminho de integração continua a crescer, e os divorciados recasados escutam a Boa Nova de que eles "podem viver e amadurecer como *membros vivos da Igreja*, sentindo-a como uma mãe que os recebe sempre, que cuida deles com carinho e que os anima no caminho da vida e do Evangelho".[28]

Diferentemente se mostra ainda a experiência com os sujeitos éticos eclesiais que se reconhecem LGBTI. Embora alguns documentos da Igreja tragam um discurso contra todo tipo de discriminação "injusta", muitos sentem dificuldade em manter sua experiência de fé no seio da comunidade eclesial. Como aconteceu no âmbito social, conforme mostrado no item anterior, também no âmbito eclesial alguns desses sujeitos começam a se reunir e partilhar a sua experiência de fé e como precisamente a fé em Deus e em seu filho Jesus Cristo os tem ajudado na luta contra a discriminação e o sofrimento dos quais são vítimas.

---

[27] JOÃO PAULO II, Papa. *Familiaris Consortio*. Exortação Apostólica sobre a função da família cristã no mundo de hoje. 24 ed. São Paulo: Paulinas, 1981, n. 84.
[28] AL 299 (o itálico é nosso).

Contudo, eles prosseguem não se rendendo ao vitimismo nem se curvando aos que se acreditam detentores da Graça de Deus. Insistem em se autoafirmar cristãos LGBTI. Sabem que o caminho é longo e cansativo, mas sabem que não lutam sozinhos e que Deus alimenta suas esperanças (1Rs 19). Reconhecem que precisam de conversão, de renúncia e da Graça de Deus. À semelhança do publicano, ousam entrar no templo e rezar de forma diferente dos fariseus (Lc 18, 9-14). Como na parábola de Lucas, pode ser que haja surpresa quando depois ficar claro qual das duas orações foi mais agradável a Deus.

Por fim, não podemos negar que, também no seio da comunidade de fé e no exercício de sua missão, o tema do exercício do poder ressurge novamente. O poder na Igreja deveria ser sempre como o de Jesus: o *poder-serviço*. Servir ao ser humano, eis como a Igreja exerce seu poder, não se deixando levar pela sedução do *poder-dominação*. Também no âmbito da fé precisamos verificar se nossas relações de poder não simplesmente reproduzem a lógica do "mundo" onde reina o autoritarismo e a injustiça.

Considerações finais

As mudanças iniciadas com a modernidade fizeram de nosso mundo um mundo plural, profundamente marcado pela diferença (cultural, religiosa, ética etc). E, nessa complexidade, a modernidade situou o homem no centro. Ele desempenha um papel decisivo. Ele não é um mero observador nem está passivamente no mundo desempenhando um papel já estabelecido seja pelo destino, seja por uma divindade.

A cultura moderna conclamará o ser humano a ser sujeito de sua própria história assumindo a responsabilidade pela sua vida. No entanto, isso não se efetiva sem riscos e desafios. Será preciso vencer a tentação do solipsismo, do subjetivismo e da ilusão de uma autonomia absoluta. O sujeito tem que se dar conta da existência de outros sujeitos, e essa presença do diferente de si mesmo exige desenvolver a arte da convivência, da alteridade e do respeito.

A ética encontra seu lugar precisamente no âmbito das relações humanas, coloca-se a serviço, para que essas sejam capazes de conduzir o homem à efetivação de seu ser, e denuncia toda forma de poder que controla e domina o humano. Nesse sentido, a ética teológica desempenha um papel fundamental à medida que anuncia a Boa Nova do *amor*, da *solidariedade* e do *serviço* como central para as relações humanas. A missão da ética teológica hoje se configura como uma verdadeira diaconia ao humano. Aqui se revelará sua verdadeira autoridade e seu verdadeiro poder:

> Sabeis que os chefes das nações as dominam e os grandes impõem sua autoridade. Entre vós não seja assim. Quem quiser ser o maior, no meio de vós, seja aquele que vos serve, e quem quiser ser o primeiro, no meio de vós, seja vosso servo, da mesma forma que o Filho do Homem não veio para ser servido, mas para servir e dar sua vida em resgate por muitos (Mt 20,25-28).

Referências bibliográficas

BASTIANEL, S. Autonomia e Teonomia. In: COMPAGNONI, Francisco; PIANA, Giannino; PRIVITERA, Salvatore (Orgs.). *Dicionário de Teologia Moral*. São Paulo: Paulus, 1997, p. 66-76.

CARRARA, Sérgio. Prólogo. In: MECCIA, Ernesto. *Los últimos homosexuales*. Sociología de la homosexualidad y la gaycidad. Buenos Aires: Gran Aldea, 2011.
CONCÍLIO VATICANO II. *Gaudium et Spes*. Constituição Pastoral sobre a Igreja no mundo de hoje. In: COMPÊNDIO DO VATICANO II. Constituições, Decretos, Declarações. 31 ed. Petrópolis: Vozes, 2015.
FOUCAULT, Michel. *Microfísica do Poder*. 11 ed. Rio de Janeiro: Graal, 1979.
FRANCISCO, Papa. *Amoris Laetitia*. Exortação Apostólica Pós-Sinodal sobre o amor na família. São Paulo: Loyola, 2016.
FRANCISCO, Papa. *Evangelii Gaudium*. Exortação Apostólica sobre o anúncio do Evangelho no mundo atual. São Paulo: Paulus/Loyola, 2013.
HÄRING, Bernhard. *A Lei de Cristo. Teologia moral para sacerdotes e leigos* I. São Paulo: Herder, 1960.
HOTTOIS, Gilbert. *Do Renascimento à Pós-modernidade*. Uma história da filosofia moderna e contemporânea. Aparecida: Ideias & Letras, 2008.
JOÃO PAULO II, Papa. *Familiaris Consortio*. Exortação Apostólica sobre a função da família cristã no mundo de hoje. 24 ed. São Paulo: Paulinas, 1981.
LADARIA, Luis F. *Antropologia teológica*. Madrid/Roma: UPCM/PUG, 1983.
LIMA VAZ, Henrique Cláudio de. *Antropologia Filosófica* II. São Paulo: Loyola, 1992.
MECCIA, Ernesto. *Los últimos homosexuales*. Sociología de la homosexualidad y la gaycidad. Buenos Aires: Gran Aldea, 2011.
OLIVEIRA, Manfredo Araújo de. *Ética e Sociabilidade*. São Paulo: Loyola, 1993.

OLIVEIRA, Manfredo Araújo de. Ética e Racionalidade Moderna. São Paulo: Loyola, 1993.

RICOEUR, Paul. *Caminos del reconocimiento. Tres estúdios.* Madrid: Trotta, 2005.

RUBIO Miguel. La 'circunstancialidad' del sujeto moral. In: RUBIO, Miguel; GARCÍA, MIER, Vicente Gómez (Eds.). *La Ética Cristiana Hoy:* horizontes de sentido. Homenaje a Marciano Vidal. Madrid: PS Editorial, 2003, p. 267-286.

SESBOÜE, Bernard (Dir.). *O homem e sua salvação* (séculos V – XVII). História dos dogmas II. 2 ed. São Paulo: Loyola, 2010.

SOUZA, Luiz Alberto Gomes de. Uma realidade em mutação: a força transformadora dos sujeitos históricos emergentes. In: MILLEN, Maria Inês de Castro; ZACHARIAS, Ronaldo (Orgs.). Ética Teológica e Transformações Sociais. Aparecida/São Paulo: Santuário/Sociedade Brasileira de Teologia Moral, 2014, p. 26-34.

SUPREMO TRIBUNAL FEDERAL. *STF enquadra homofobia e transfobia como crimes de racismo ao reconhecer omissão legislativa* (13.06.2019). Disponível em: http://www.stf.jus.br/portal/cms/verNoticiaDetalhe.asp?idConteudo=414010. Acesso em: 21 jul. 2019.

TAYLOR, Charles. *Multiculturalismo:* examinando a política de reconhecimento. Lisboa: Instituto Piaget, 1998.

TREVISAN, João Silvério. *Devassos no Paraíso.* A homossexualidade no Brasil, da colônia à atualidade. 3 ed. Rio de Janeiro: Record, 2000.

Fundamentalismo e intolerância
na perspectiva da vida dos pobres, vulneráveis e excluídos

Luiz Augusto de Mattos[1]

Introdução

A atual civilização está permeada de uma onda de intolerância em algumas regiões e determinados países do planeta. Todos os dias, ouvem-se notícias sobre manifestações de homofobia, misoginia, xenofobia, racismo, violência sexual, violência contra imigrantes e minorias étnicas (contra os nordestinos, no caso do Brasil), assassinatos de pessoas em situação de rua, sem-teto e sem-terra etc. Uma situação de desrespeito e destruição do *outro*. O *outro* é a categoria dos marginalizados, inferiorizados, explorados, descartados, excluídos; daqueles que sofrem humilhação, perseguição, rejeição, discriminação; daqueles que são vítimas do ódio, da violência e injustiça social; daqueles que são responsabilizados, culpabilizados, criminalizados e desqualificados por serem

---
[1] Luiz Augusto de Mattos é Doutor em Teologia Moral (Faculdade de Teologia Nossa Senhora da Assunção) e professor do Instituto Teológico São Paulo (ITESP - São Paulo).

"os últimos da sociedade", como se fossem os responsáveis pela situação social de imoralidade, pelo caos e pela instabilidade em que vivemos; daqueles que são combatidos em nome da ordem e da paz, da tradição e da segurança, daqueles que são feitos um "absoluto estranho"[2] e um perigo a se evitar e/ou eliminar.

O traço marcante que favorece essa intolerância em alguns países, sobretudo nos neocolonizados e empobrecidos, constitui--se pelas práticas da violência, do cinismo, da corrupção, do neoindividualismo, da mercantilização e da exclusão. Tudo contribuindo para a desumanização e a barbárie, cada vez mais assustadoras em relação à vida humana, aos seres vivos e à Terra.

Para compreender a *razão de fundo* que norteia, legitima e promove a intolerância é preciso, entre outros fatores, perceber a correspondência entre fundamentalismo e intolerância. O fundamentalismo está alicerçado numa base ideológica e política, cuja irracionalidade não permite diálogo ou convivência harmoniosa entre os diferentes. A possibilidade de um processo democrático pela emancipação dos vulneráveis e excluídos resulta quase impossível, e o autoritarismo e a força da lei falam mais alto.

Na reflexão que segue percorreremos os seguintes passos: num primeiro momento, abordaremos como se estrutura o fundamentalismo em algumas vertentes (religiosa, política, econômica); num segundo momento, trataremos da manifestação desse fundamentalismo na experiência da intolerância, evidenciando algumas características humanas e/ou sociais que cultivam e ostentam a intolerância e, por fim, voltar-nos-emos aos desafios que derivam de uma tolerância ativa e uma intolerância aceitável em nome dos "últimos".

---

[2] KEHL, Maria Rita. *Sobre ética e psicanálise*. São Paulo: Companhia das Letras, 2002.

1. A base estrutural do fundamentalismo

De início é importante esclarecer que não se pode confundir o que é o fundamentalismo com as suas consequências. Nesse sentido, os conceitos, por exemplo, de autoritarismo, fascismo, tradicionalismo, racismo, intolerância, sectarismo não são sinônimos de fundamentalismo. Esses conceitos são *consequências* advindas de atitudes e práticas (políticas, religiosas, econômicas, morais) que refletem uma perspectiva fundamentalista. Ou seja, o fundamentalismo dá vida a tais conceitos ao não estabelecer o diálogo e a convergência entre as várias visões de mundo, as diferentes dimensões culturais, a pluralidade de práticas políticas, religiosas e sociais e as diversidades de modelos de vida no âmbito pessoal, familiar e grupal.

Procurando dar um significado objetivo ao fundamentalismo, é possível dizer, na esteira de Anthony Giddens, que ele "é tradição sitiada", isto é, "tradição defendida da maneira tradicional... num mundo globalizante que exige razões. O fundamentalismo, portanto, nada tem a ver com o contexto das crenças, religiosas ou outras. O que importa é o modo como a verdade das crenças é defendida ou sustentada. O fundamentalismo não diz respeito àquilo em que as pessoas acreditam, mas, como a tradição de maneira mais geral, ao modo como acreditam e ao modo como justificam sua crença. Não está limitado à religião. (...) O fundamentalismo pode se desenvolver no solo de tradições de todos os tipos. Não tem tempo para a ambiguidade, a múltipla interpretação ou a múltipla identidade – é uma recusa do diálogo num mundo, cujo ritmo e cuja continuidade dependem dele".[3] Em outras palavras, o fundamenta-

---
[3] GIDDENS, Anthony. *Mundo em descontrole*. O que a globalização está fazendo de nós. Rio de Janeiro: Record, 2007, p. 58-59.

lismo não se confunde com uma doutrina, mas "uma forma de interpretar e viver a doutrina. É assumir a letra das doutrinas e normas sem cuidar de seu espírito e de sua inserção no processo sempre cambiante da história, que obriga a contínuas interpretações e atualizações, exatamente para manter sua verdade essencial. Fundamentalismo representa a atitude daquele que confere caráter absoluto ao seu ponto de vista. Sendo assim, imediatamente surge grave consequência: quem se sente portador de uma verdade absoluta não pode tolerar outra verdade, e seu destino é a intolerância. E a intolerância gera o desprezo do outro, e o desprezo, a agressividade, e a agressividade, a guerra contra o erro a ser combatido e exterminado".[4] Enfim, o "outro" ou o diferente que não estiver de acordo com a verdade absoluta corre o risco de ser excluído, perseguido e destruído.

Entender os mecanismos que impulsionam pessoas, grupos, movimentos sociais e instituições a apoiarem e promoverem o fundamentalismo é imprescindível. Diante de uma sociedade globalizada, (pós)moderna, secularizada e laicizada, nota-se certa ansiedade por um sentido definitivo de vida, defesa da tradição, medo do relativismo, rejeição ao pluralismo sociocultural e reivindicação de um Estado pós-democrático. Essa "nova" realidade tem provocado inseguranças e incertezas, crises de identidade, medos e busca de refúgio na "casa" ideológica, religiosa e política do fundamentalismo.

No entanto, para entender radicalmente o fundamentalismo, urge mergulhar numa *análise estrutural*. Um *primeiro fator estrutural* é a política ultraliberal mundializada pelo **capitalismo neoliberal**. Com o neoliberalismo fica difícil (não im-

---

[4] BOFF, Leonardo BOFF. *Fundamentalismo*. A globalização e o futuro da humanidade. Rio de Janeiro: Sextante, 2002, p. 25.

possível para o pensamento alternativo![5]) viabilizar um mundo onde as pessoas sejam respeitadas em sua dignidade e em seus direitos fundamentais. Para alguns, imaginar um mundo onde a vida seja preservada com justiça tornou-se uma "heresia".[6] Ademais, os neoliberais não aceitam "os direitos que justificam a redistribuição da riqueza ou a intervenção no mercado em nome da justiça social".[7] E, a partir de um culto idolátrico ao Capital, a vida das pessoas e da natureza fica subordinada à maximização da eficiência econômica, a uma profunda financeirização e desenfreada acumulação do Capital por uns poucos. Por isso, pode-se afirmar que o mundo está vivendo "em um tempo em que a competição entre dois princípios de distribuição da economia política, a justiça do mercado e a justiça social estão em confronto aberto e agudo. E a balança está pendendo para o lado da justiça do mercado. O neoliberalismo tem vencido as batalhas nas últimas décadas e tornou-se o modo hegemônico de pensar, de sentir e até de sonhar os sonhos diuturnos na atual globalização capitalista. Com a negação dos direitos fundamentais inalienáveis de seres humanos, o neoliberalismo faz do mercado a única lógica para organizar a vida na sociedade e da justiça do mercado o princípio ético dominante".[8] Todo trabalho de organização e mobilização em favor da justiça social, visando a um mundo social mais justo, é deslegitimado, perseguido e combatido. Como afirma o sociólogo Jessé Souza:

---

[5] Não podemos nos fechar numa mentalidade fatalista e cética. Sempre é possível não apenas acreditar, mas também favorecer novos rumos na e para a história das sociedades. A todo momento é possível encontrar formas e forças de resistência em prol de uma nova organização societária.
[6] MO SUNG, Jung. *Idolatria do dinheiro e direitos humanos*. Uma crítica teológica do novo mito do capitalismo. São Paulo: Paulus, 2018.
[7] MO SUNG. *Idolatria do dinheiro e direitos humanos*, p. 89-90.
[8] MO SUNG. *Idolatria do dinheiro e direitos humanos*, p. 108-109.

"Parece ironia, mas é a pura verdade. Tudo o que foi inventado nos últimos duzentos anos em termos de reflexão crítica e de luta política radical da contracultura acabou engolido pelo capitalismo, mastigado e depois cuspido de volta em outros termos e com outros objetivos: o lucro máximo e infinito. A criatividade deixa de ser a invenção radical de uma vida nova e agora é utilizada a favor da maior lucratividade empresarial. Como nas empresas os fins já estão dados – maximizar o lucro no mercado –, tudo se torna meio e instrumento para esse objetivo (inclusive a vida humana)".[9]

Tudo indica que o fundamentalismo do mercado, alicerçado e sacralizado pelo capitalismo neoliberal, é responsável pela barbárie em várias regiões da Terra. Vítimas das injustiças sociais, que parecem insuperáveis, as pessoas e até mesmo sociedades inteiras buscam uma saída no fundamentalismo das organizações reacionárias.[10]

Um segundo fator é o **Estado pós-democrático**. Numa civilização atravessada pelo poder "absoluto" e totalitário do mercado financeiro, o qual em nome de uma política em prol da financeirização de tudo relativiza a vida de todos os seres vivos do planeta e do próprio planeta, a democracia com seus valores não é bem-vinda. Vive-se apenas um simulacro

---

[9] SOUZA, Jessé. *A classe média no espelho*. Sua história, seus sonhos e ilusões, sua realidade. Rio de Janeiro: Estação Brasil, 2018, p. 53-54.

[10] "A economia se globalizou, com corporações transnacionais e gigantes financeiros sendo em grande parte nacionais e impotentes diante dos fluxos econômicos dominantes. Os instrumentos políticos de regulação permanecem fragmentados em cerca de 200 países que constituem o nosso planeta político realmente existente. Com a desorganização que disso resulta, populações inseguras buscam soluções migrando ou apoiando *movimentos reacionários* que julgávamos ultrapassados". DOWBOR, Ladislau. *A era do capital improdutivo*. São Paulo: Outras Palavras, 2017, p. 10 (itálico nosso).

da democracia![11] Há que compreender que, no Estado pós-democrático, o Estado é "compatível com o neoliberalismo, com a transformação de tudo em mercadoria. Um Estado, para atender o ultraliberalismo econômico, necessita assumir a feição de um Estado Penal, de um Estado cada vez mais forte no campo do controle social e voltado à consecução dos fins desejados pelos detentores do poder econômico. Fins que levam à exclusão social de grande parcela da sociedade, ao aumento da violência – não só da violência física, que cresce de forma avassaladora, como também da violência estrutural, produzida pelo próprio funcionamento 'normal' do Estado Pós-Democrático –, à invisibilidade da agricultura familiar, à destruição da natureza e ao caos urbano, mas que necessitam do Estado para serem defendidos e, em certa medida, legitimados aos olhos de cidadãos transformados em consumidores acríticos".[12] A função do Estado e da suposta democracia representativa é a de assumir uma parceria com o mercado, no intuito de minimizar as crises econômicas e subestimar as questões sociais, sobretudo do mundo dos pobres e excluídos.

A "globalização da indiferença" está em sintonia com um Estado pós-democrático, e vice-versa, e isso tende a favorecer um fundamentalismo indiferente à vida e às causas dos sempre vulneráveis e

---

[11] "Os sintomas pós-democráticos estão presentes na sociedade, da mercantilização do mundo à sociedade do espetáculo, do despotismo do mercado ao narcisismo extremo, da reaproximação entre o poder político e o poder econômico ao crescimento do pensamento autoritário, sempre a apontar na direção do desaparecimento dos valores democráticos e dos correlatos limites rígidos ao exercício do poder, que hoje existem apenas como um simulacro, como um totem que evoca conquistas civilizatórias do passado, mas que hoje não passam de lembranças que confortam". CASARA, Rubens R. R. *Estado pós-democrático*. Neo-obscurantismo e gestão dos indesejáveis. Rio de Janeiro: Civilização Brasileira, 2017, p. 22.

[12] CASARA. *Estado pós-democrático*, p. 25.

descuidados, desprotegidos e violentados. Uma noção de indiferença "tem a ver com a impassibilidade perante a sorte ou o sofrimento do *outro*.[13] Nesse tipo de indiferença, que tem relação com a ética, há uma negação da existência de qualidades comuns, ou universais, entre os que estão incluídos na totalidade (em nosso caso, o mercado) e os excluídos. Não haveria nada importante de comum entre os que estão dentro da totalidade (do seu grupo social, da sua etnia/ religião ou do sistema de mercado) e os que estão fora. Por isso, o sofrimento dessas pessoas excluídas é indiferente, não faz diferença, não impacta os que estão incluídos. Vemos, assim, como a indiferença social dos indivíduos no mercado em relação aos pobres, os excluídos, tem a sua raiz na negação da igual dignidade fundamental de todas as pessoas. A dignidade e a humanidade dos excluídos tornam-se ou são socialmente tornadas invisíveis aos olhos dos que veem o mundo a partir da narrativa mítica neoliberal".[14] Realidade que vem marcando atitudes e comportamentos de um setor da sociedade e que demonstra a raiz da intolerância.

Um *terceiro fator estrutural* diz respeito à **religião neoliberal do mercado**.[15] Procurar entender o fundamentalismo em suas manifestações idolátricas, impiedosas e desumanizadoras, implica aprofundar a dimensão religiosa do capitalismo.[16] Sem

---

[13] A categoria *outro* tem, na presente reflexão, a concepção do indivíduo, do grupo, da etnia... que não estão integrados ou incluídos na ordem sistêmica estabelecida pela ideologia capitalista neoliberal. Por isso são excluídos das benesses do sistema social, político e econômico vigentes, o que os torna vulneráveis, sobrantes e indesejados.
[14] MO SUNG. *Idolatria do dinheiro e direitos humanos*, p. 140-141.
[15] HINKELAMMERT, Franz (Ed.). *La religión del mercado y los derechos humanos*. San José (Costa Ric):Arlekin, 2017.
[16] "O capitalismo deve ser visto como uma religião, isto é, o capitalismo está essencialmente a serviço da resolução das mesmas preocupações, aflições e inquietações a que outrora as assim chamadas religiões quiseram oferecer resposta". BENJAMIN,Walter. *O capitalismo como religião*. São Paulo: Boitempo, 2013, p. 21.

a dimensão religiosa fica complicado, em muitas situações, seguir maltratando e sacrificando vidas, como sempre foi complicado. Nesse sentido, pode-se afirmar: "podemos concordar que só uma causa sagrada – o sagrado é sempre sagrado para os que o assumem e não para os que estão vendo de fora – pode levar pessoas boas, ou pessoas não más, a fazer coisas más, ou ser simplesmente insensíveis ao sofrimento de inocentes causado por pessoas ou sistemas maus. Isso porque, no âmbito do sagrado ou no interior da lógica do sagrado, as diferenças entre o bem e o mal, que estabelecemos pela razão humana na vida profana, são apagadas, levadas à con-fusão (a fusão que elimina as diferenças), ou até mesmo invertidas. Diante do sagrado, os argumentos da razão ética humana não têm peso nem valor. Assim, pessoas consideradas boas – segundo o entendimento da razão humana – podem fazer coisas que essa mesma razão humana considera más, porque elas não estão agindo de acordo com a razão, mas segundo a lógica do sagrado. Por isso, o sagrado é sempre o 'separado'. Nesse caso, separado do senso ético profano".[17] Essa análise ajuda a compreender porque pessoas de boa índole assumem a defesa de sistemas sociopolíticos iníquos, injustos, excluindo milhões de seres humanos e comprometendo o futuro da vida na Terra.

Acontece que o mercado, por ser um ente supremo para a humanidade, acaba sendo o fundamento último da (des)ordem social e planetária vigente. O mercado decide legitimamente sobre vida e morte. Não passa de um deus déspota legítimo e sanguinário – lógico, quando ele está a serviço de um capitalismo neoliberal parasitário, colonizador e excludente. Os

---

[17] MO SUNG. *Idolatria do dinheiro e direitos humanos*, p. 142.

sobrantes e os supérfluos são cotidianamente desconsiderados e prescindidos.[18] Esses não são interessantes e tampouco imprescindíveis para o mercado totalitário. Diante disso, o fundamentalismo tem a argumentação e a política necessárias para criminalizar e combater, oprimir e destruir qualquer forma de resistência à mercantilização ou financeirização da vida.

Um último fator estrutural é a "**cultura-mundo**".[19] A atual civilização está sendo dinamizada também por uma cultura que, cada vez mais, se globaliza. Cultura que se organiza a partir de polos estruturantes. Entre esses polos, podem-se destacar: hipertecnicização, hiperindividualismo e hiperconsumo. Esses polos estão em constantes interações e respondem a uma mercadorização planetarizada. O problema dessa cultura-mundo, para além dos seus aspectos positivos, é a generalização de uma barbárie, um niilismo radical por ter como grande motivação ou obsessão o dinheiro e o cálculo individualista dos próprios interesses. Uma cultura tendencialmente narcísica, que tem como grande critério para a identidade pessoal o poder de consumo e endividamento. O poder de endividar-se é um dos critérios máximos na construção da identidade pessoal e social: endivido, logo existo!

A preocupação é que essa cultura-mundo, por estar sintonizada ou orientada pela política neoliberal, faz um trabalho de reforçar e cultivar os parâmetros que condizem com a lógica do mercado. Isso tem dificultado uma parcela da humanidade – sobretudo aqueles integrados/incluídos na ordem sistêmica – a se preocupar com os sofrimentos da grande maioria dos seres humanos da Terra e

---

[18] HINKELAMMERT, Franz. La crítica de la religión neoliberal del mercado y los derechos humanos. In: HINKELAMMERT, Franz (Ed.). *La religión del mercado y los derechos humanos*. San José (Costa Rica): Arlekin, 2017, p. 25-27.
[19] LIPOVETSKY, Gilles; SERROY, Jean. *A cultura-mundo*. Resposta a uma sociedade desorientada. São Paulo: Companhia das Letras, 2008.

com o futuro da vida na Terra. O individualismo cego às necessidades do outro – sobretudo dos empobrecidos e vulneráveis – e a idolatria do consumo não contribuem para o cultivo e a promoção de valores fundamentais para a civilização atual.

O fundamentalismo reinante na história contemporânea recebe contribuição de maneira direta ou indireta também dessa cultura-mundo, e isso contribui para uma configuração cultural de intolerância em relação ao setor da sociedade que não tem possibilidade de responder às exigências dessa cultura-mundo.

No *caso brasileiro* há que ressaltar no âmbito cultural o chamado "**culturalismo racista e liberal conservador**", que se apresenta como "teoria explicativa abrangente e totalizadora"[20] a respeito das etnias, das classes sociais e de como se relacionam na tessitura social. E a população introjeta essa teoria por meio da educação e do modelo de convivência interpessoal, classista, institucional e social, legitimando a dominação da elite sobre o restante pobre da população; a justificativa dos privilégios de uns sobre outros; a naturalização da desigualdade social; o uso sistemático da violência como forma de humilhação, repressão, intimidação, discriminação em relação aos setores mais pobres da população. Tudo isso retrata a inegável intolerância do estrato elitista da sociedade brasileira em relação aos "sempre últimos".

2. O fundamentalismo na experiência da intolerância

Após ter refletido sobre os "cavaleiros do apocalipse" (os fatores estruturais), responsáveis pelo florescer do fundamentalismo

---

[20] SOUZA, Jessé. *A elite do atraso. Da escravidão à Lava Jato.* Rio de Janeiro: Leya, 2017.

econômico, social, cultural, político, religioso, abordaremos como se dá a *intolerância*. Diria que a intolerância é resultado de mentalidades, políticas, instituições e organizações fundamentalistas. O fundamentalismo se apresenta como tendo a verdade absoluta e única como legítima e, ao mesmo tempo, exclui todas as outras, tidas como errôneas e, por isso, destituídas de legitimidade e do direito de existirem. Sendo assim, quem "acredita que o seu ponto de vista é absoluto e único válido está condenado a ser intolerante diante de todos os outros. Essa atitude fechada leva ao desprezo dos outros, à sua discriminação, à violência e até a guerras".[21]

A intolerância, alicerçada, legitimada e promovida desde a raiz fundamentalista, tende a suprimir a pluralidade cultural, a não favorecer a coexistência das diferenças e das oposições, a perseguir as organizações alternativas e populares de resistência e a combater as estratégias que se opõem às doutrinas e tradições conservadoras. Em relação ao diferente (étnico, sexual, racial, ideológico, religioso, político), o diálogo e a escuta são difíceis; usam-se mais a lei, a autoridade e a força!

O contexto de intolerância na atualidade é encontrado em algumas formas básicas de sociabilidade. Uma primeira seria a *apartação social*.[22] Trata-se da segregação social dos pobres, vulneráveis e excluídos. Eles são considerados perigosos e são indesejados ou intolerados por um setor da população, a ponto de uma cartografia urbana ser dividida em zonas selvagens e zonas civilizadas – nas zonas consideradas como selvagens dominam a discriminação e a violência do Estado repressivo e

---

[21] BOFF, Leonardo. *Virtudes para um outro mundo possível*. vol. II. Convivência, respeito e tolerância. Petrópolis: Vozes, 2006, p. 96.
[22] BUARQUE, Cristovam. *O que é apartação. O apartheid social no Brasil*. São Paulo: Brasiliense, 1993.

policial. Um caso específico é o que tem acontecido nas favelas do Rio de Janeiro com a política de intervenção utilizando o exército. A intolerância nasce com um Estado que "age fascisticamente", onde a cidadania com seus direitos fundamentais são garantidos para os privilegiados da sociedade. "O policial que ajuda o menino das zonas civilizadas a atravessar a rua é o mesmo que persegue e eventualmente mata o menino das zonas selvagens".[23] A situação dos migrantes e dos refugiados no mundo, que enfrentam os muros e os mares na luta pela sobrevivência humana, revela que a atual civilização está dividida entre Norte e Sul, excluídos e incluídos, salvos e condenados.

Outra forma de sociabilidade que prova a desumanização é a *insegurança*. A vulnerabilidade pela precariedade do trabalho, a falta de boas expectativas diante do futuro, com relação a temas como saúde, liberdade, educação, exclusão ou empobrecimento, levam a população a uma situação de medos e de incertezas no que diz respeito ao que pode sofrer por um regime que não esteja preocupado em defender os direitos elementares. A falta de sintonia com a vida concreta, o sonho e as reivindicações do povo podem provocar intolerâncias por parte das autoridades instituídas, sobretudo num Estado pós-democrático.

Uma terceira forma de sociabilidade que preocupa vem da *financeirização da vida*. Essa financeirização mercantiliza tudo. A vida humana e a natureza passam pelo critério da mercantilização e só têm valor se forem úteis para o mercado. Aqueles que não forem úteis para o mercado são intolerados e prescindidos. Até a religião é orientada para uma teologia da prosperidade, o que está em sintonia com o mundo da financeirização.

---

[23] SOUSA SANTOS, Boaventura de. *Portugal*. Ensaio contra a autoflagelação. São Paulo: Cortez, 2011, p. 119.

Essas – entre outras – formas de sociabilidade têm muita responsabilidade em relação a um regime de intolerância que permeia o tecido social das diversas sociedades na atual civilização. Sem retrabalhar esse contexto societário, desde um processo democrático participativo e transformador, resulta praticamente impossível superar essas fontes primárias e fundamentais da intolerância na atualidade.

Contudo, é sumamente necessário, para aprofundar a temática da intolerância como reflexo do fundamentalismo, refletir sobre o viés da **personalidade autoritária**. A personalidade autoritária revela uma mentalidade (convicções políticas, sociais, religiosas, econômicas e culturais) que lhe confere um padrão coerente e amplo de comportamento. Por isso, a personalidade autoritária, responsável por muitas experiências de intolerância, pode ser detalhada numa série de características. Vejamos algumas:[24]

- *Convencionalismo:* "aderência rígida aos valores da classe média, mesmo que em desconformidade com os direitos e garantias fundamentais escritos na Constituição da República".[25] Na sociedade brasileira é possível constatar, a todo momento, desrespeito à Constituição, o que dá direito e apoio a linchamentos, assassinatos, injustiças, preferentemente em relação aos mais vulneráveis e empobrecidos. A subjetividade embebida desse convencionalismo é autoritária e nada complacente, e naturaliza alguns fenômenos sociais ilegítimos e de muita crueldade;
- *Submissão autoritária*: nessa personalidade ocorre uma atitude de submissão e acrítica diante da autoridade idealizada. "A pessoa autoritária tende a ser submissa àqueles a quem se considera inferior

---

[24] Seguiremos de perto o estudo de CASARA, Rubens R. R. *Sociedade sem lei*. Pós-democracia, personalidade autoritária, idiotização e barbárie. Rio de Janeiro: Civilização Brasileira, 2018, que tem como base o trabalho de Theodor Adorno. Não apresentaremos todas as características apresentadas por ele, mas apenas as mais significativas para essa reflexão.
[25] CASARA. *Sociedade sem lei*, p. 119.

e a quem atribui uma autoridade moral idealizada. Essa submissão acrítica faz com que a pessoa autoritária aplauda medidas tomadas por seus 'superiores', mesmo que contrárias aos seus direitos, e reproduza acriticamente posturas daqueles tidos como do mesmo 'grupo moral' a que considera pertencer. Assim, repudia ações que ampliam os espaços de liberdade e incorporam em seu repertório comportamental condutas que afastam direitos e garantias fundamentais";[26]

- *Agressão autoritária*: o indivíduo com essa personalidade apresenta a tendência de intolerância, condenando, repudiando e castigando pessoas que violam valores convencionais. Como esse indivíduo "se revela incapaz de fazer qualquer crítica consistente dos valores convencionais, tende a repudiar e castigar severamente quem os viola, por ser incapaz de entender a razão pela qual esse valor foi questionado. *Grosso modo*, pode-se supor que o detentor de personalidade autoritária, convencido que alguém deve ser punido por exteriorizar posições que considera insuportáveis, expressa em sua conduta profissional, ainda que inconscientemente, seus impulsos agressivos mais profundos, enquanto tenta reforçar a crença de si como um ser absolutamente moral. Como é incapaz de atacar as autoridades do próprio grupo, em razão de sua confusão intelectual, torna-se também incapaz de identificar as causas tanto de sua frustração quanto da complexidade dos casos postos à sua apreciação, o indivíduo autoritário acaba por escolher um 'bode expiatório', a partir de algo que poderia ser chamado de necessidade interna, e, não raro, dirigir sua agressão contra grupos minoritários ou àqueles que considera traidores do seu grupo".[27] Em muitas sociedades, inclusive na brasileira, ocorrem perseguição, maltratos e até assassinatos de pessoas que pertencem aos grupos minoritários. Caso concreto são os assassinatos de travestis e a crítica às manifestações do movimento LGBTT;
- *Anti-intracepção*: a pessoa com essa personalidade tende a ser intolerante, impaciente e opositora ao subjetivo, sensível e, ao mesmo tempo, insiste "com metáforas e preocupações bélicas, desprezando análises que buscam compreender as motivações e os dados subjetivos ao caso. Por vezes, a anti-intracepção se manifesta pela explicitação da recusa a qualquer compaixão ou empatia".[28] Nessa personalidade de traço anti-intracepção, o indivíduo tem dificuldade em lidar com os próprios sentidos;

---

[26] CASARA. *Sociedade sem lei*, p. 120.
[27] CASARA. *Sociedade sem lei*, p. 121-122.
[28] CASARA. *Sociedade sem lei*, p. 122.

- *Simplificação da realidade e pensamento estereotipado*: o indivíduo recorre "a explicações primitivas, hipersimplistas de eventos humanos, o que faz com que sejam interditadas as pesquisas, ideias e observações necessárias para um enfoque e uma compreensão necessária dos fenômenos".[29] Também se testemunham no indivíduo categorias rígidas e preconceitos ou estereotipias, o que o isenta de analisar a realidade em sua complexidade;
- *Poder e "dureza"*: esse traço da personalidade autoritária reforça a dimensão domínio-submissão, e afirma os valores "força" e "dureza" – "razão pela qual opta sempre por respostas de força em detrimento às respostas embasadas na compreensão dos fenômenos e no conhecimento. Essa ênfase na força e na dureza leva ao anti-intelectualismo e à negação de análises minimamente sofisticadas".[30] Essa personalidade favorece o autoritarismo, a solução dura e legalista em muitas situações. Nada de aprofundar os casos ou situações à luz de uma análise mais científica e dialógica, o que contribui com a experiência da intolerância;
- *Destrutividade e cinismo*: a manifestação desse perfil da personalidade autoritária se dá pela "hostilidade generalizada somada à desconsideração dos valores atrelados à ideia de dignidade humana. Há um desprezo à humanidade de tal modo que o indivíduo antidemocrático exerce uma agressão racionalizada".[31] O indivíduo racionalmente demonstra uma justificativa para as agressões;
- *Criação de um inimigo imaginário*: o indivíduo autoritário, intolerante e "antidemocrático, que trabalha com estereótipos e preconceitos, distante da experiência e da realidade, acaba por fantasiar inimigos e riscos sem amparo em dados concretos. Por meio de fantasias, marcadas por adesão acrítica aos estereótipos, prevalecem ideias de poder excessivo atribuído ao inimigo escolhido. A desproporção entre a debilidade social relativa ao objeto (por vezes, um pobre coitado, morto de fome que comercializa drogas ilícitas em uma comunidade como meio de sobrevivência) e sua imaginária onipotência sinistra parece demonstrar que há um mecanismo projetivo em funcionamento. No combate ao inimigo imaginário, com superpoderes igualmente imaginários, os sentimentos implicitamente antidemocráticos do indivíduo autoritário aparecem por meio de sua defesa discursiva da necessidade do afastamento das formas processuais e dos direitos e garantias fundamentais como condição à eliminação do inimigo e da ameaça";[32]

---

[29] CASARA. *Sociedade sem lei*, p. 122-123.
[30] CASARA. *Sociedade sem lei*, p. 123.
[31] CASARA. *Sociedade sem lei*, p. 124.
[32] CASARA. *Sociedade sem lei*, p. 125-126.

- *Pseudodemocracia*: o indivíduo com essa característica recorre "a distorções de valores e categorias democráticas para alcançar resultados antidemocráticos. Há, nesses casos, um descompasso entre o discurso oficial e a funcionalidade real. Isso ocorre, por exemplo, ao se defenderem práticas racistas em uma sociedade racista a partir da afirmação do princípio democrático da maioria ('se a maioria é racista, o racismo está legitimado'). A hipótese, portanto, é de que o indivíduo autoritário recorre ao argumento de estar atendendo às maiorias de ocasião, muitas vezes forjadas na desinformação, por violar direitos e garantias fundamentais".[33]

Essas características de uma personalidade autoritária demonstram raízes de comportamentos de intolerância. E, na atual civilização, essa experiência é inegável e preocupante. A sociedade é pautada pela ignorância e pela confusão, irracionalidade e ódio, o que faz com que determinadas práticas de intolerância facilmente sejam naturalizadas. Por isso, há de se enfrentar seriamente um tipo de subjetividade pessoal e coletiva que espalha modelos e políticas de convivência para os quais uma parcela da sociedade é discriminada, violentada, excluída e odiada. Tudo convergindo para um fundamentalismo a serviço da (des)ordem estabelecida em prol da dinâmica do capitalismo neoliberal.

3. Por uma tolerância ativa e antifundamentalista

Para enfrentar a situação de intolerância que permeia a nossa sociedade, urge cultivar e promover a tolerância como virtude fundamental na convivência entre os seres humanos. A partir de sua significação ética é necessário compreender a tolerância como uma qualidade básica. Nesse sentido, afirma Paulo Freire:

---
[33] CASARA. *Sociedade sem lei*, p. 129.

> A tolerância verdadeira não é condescendência nem favor que o tolerante faz ao tolerado. Mas ainda, na tolerância verdadeira não há propriamente o ou a que tolera e o ou a que é tolerado(a). Ambos se toleram.
> Por isso mesmo, na tolerância virtuosa não há lugar para discursos ideológicos, explícitos ou ocultos, de sujeitos que, julgando-se superiores aos outros, lhes deixam claro ou insinuam o favor que lhes fazem por tolerá-los.
> Ninguém é verdadeiramente tolerante se se admite o direito de dizer do outro ou da outra: o máximo que posso fazer é *tolerá-lo, é aguentá-lo*. A tolerância genuína, por outro lado, não exige de mim que concorde com aquele ou com aquela a quem tolero ou também não me pede que a estime ou o estime. O que a tolerância autêntica demanda de mim é que *respeite* o diferente, seus sonhos, suas ideias, suas opções, seus gostos, que não o negue só porque é diferente. O que a tolerância legítima termina por me ensinar é que, na sua experiência, aprendo com o diferente.
> (...) Só entre mulheres e homens, seres finitos e conscientes de sua finitude, seres que, por natureza, são substantivamente iguais, é que se pode falar em tolerância ou intolerância. Não é possível conjecturar em torno da tolerância entre tigres ou entre mangueiras e jaqueiras.
> É neste sentido que a tolerância é virtude a ser criada e cultivada por nós enquanto a intolerância é distorção viciosa. Ninguém é virtualmente intolerante assim como ninguém é viciosamente tolerante.[34]

Se a tolerância é a capacidade de manter a coexistência digna e justa – também difícil e tensa – entre os diferentes, ela acaba sendo sempre um risco permanente. Ela se caracteriza por ser parcial (social, política, religiosa e ideologicamente) em relação a uma parcela da população e, ao mesmo tempo, discrimina, persegue e maltrata a restante. A parcela desconsiderada tem a ver com os pobres, sobrantes e insignificantes da sociedade e isso favorece o florescimento do fundamentalismo! O

---

[34] FREIRE, Paulo. *Pedagogia da tolerância*. São Paulo: UNESP, 2005, p. 24.

fundamentalismo não suporta o coexistir dos diferentes ou das diferenças e das oposições; não há espaço para falar de compaixão, diálogo, empatia, respeito mútuo e justiça social.[35]

Ao tratar da tolerância, a qual se opõe abertamente ao fundamentalismo, há que distinguir duas coisas: a *primeira* diz respeito à diferença entre a intolerância passiva e a intolerância ativa (genuína, autêntica), e a *outra* tem a ver com os limites da tolerância.

A tolerância genuína ou ativa se dá por meio de atitudes e de compromissos em relação ao *outro*, sobretudo o difamado, empobrecido, que luta pelos seus direitos humanos, sociais, políticos e religiosos. Não se pode ser tolerante aceitando a desumanização de bilhões de seres humanos e a destruição da natureza. A tolerância sempre está a favor da vida – isso quando é genuína! A tolerância que revela em relação ao *outro* covardia diante do seu sofrimento, omissão culposa, insensibilidade ética e política, leniência com o crime e cumplicidade com os assassinatos tem como traço marcante uma irresponsabilidade e negligência insuportáveis.

A experiência da tolerância passiva tem de ser questionada. Entende-se por tolerância passiva a que "representa a atitude de quem aceita a coexistência com o outro não porque o deseje, mas porque não o consegue evitar. Sua vontade seria de marginalizá-lo e até excluí-lo. Não o faz por diferentes razões. Ou porque o outro lhe é totalmente indiferente, não vendo nele

---

[35] Os "fundamentalistas são geralmente impacientes além de muito tristes e sem qualquer espírito de leveza, o que lhes impede de relativizar os problemas. Não são de esperar os tempos históricos favoráveis. Querem liquidar logo as pendências no lapso de tempo mais curto possível. Daí o recurso à violência, meio considerado o mais rápido e eficaz. Essa violência com frequência degenera em guerras religiosas, ideológicas, econômicas e, como alguns sugerem, podem levar a choques de civilizações com consequências dramáticas para o futuro da humanidade e do planeta Terra". BOFF. *Virtudes para um outro mundo possível*, p. 80.

nenhum valor; ou porque se sente fraco diante dele e evita o confronto; ou, por fim, porque teme reações prejudiciais a si mesmo caso mostre intolerância".[36]

Essa experiência de vida por meio da tolerância passiva surge de alguns "vícios", tais como: indiferença, pusilanimidade e comodidade.[37] Não há dúvida de que esse modelo de convivência pode acobertar ou fomentar o descompromisso de ações contra os fundamentalismos contemporâneos. Em outras palavras, esse modo de viver em nada contribui quando se procura combater e desmascarar as várias práticas fundamentalistas.

Também em nome da liberdade, da verdade e da justiça por uma sociedade ou um mundo não pós-democrático, excludente e fundamentalista, o ser humano, em muitas situações, deverá ter como projeto de vida a *intolerância*,[38] opção que defende os

---

[36] *Virtudes para um outro mundo possível*, p. 81.
[37] *Virtudes para um outro mundo possível*, p. 81. O autor comenta da seguinte maneira esses três vícios: a) **Indiferença**: "Não vê no outro nada que valha a pena ou o possa interessar. Essa atitude o empobrece porque, caso acolhesse a diferença, poderia aprender e crescer com ela. Esta atitude também diminui o outro que se sente de sobra, sem despertar interesse, respeito e amor no outro. Sigmund Freud mostrou que o oposto ao amor não é o ódio, mas a indiferença. A indiferença 'mata' psicologicamente o outro. Os diferentes se fazem indiferentes entre si. Esta atitude pode gerar ressentimentos e amarguras, fonte de tensões e de vinganças" (p. 81-82); b) **Pusilanimidade**: atitude que "surge do acovardamento diante do outro, considerado superior ou mais forte. Teme a relação por suspeitar que deva se submeter a ele, perder a liberdade ou depender dele. A autoestima e a consciência de que o outro também é um ser humano como ele e por isso um irmão e possível aliado o levariam a estabelecer a relação de diálogo e de troca" (p. 82); c) **Comodidade**: "O comodista, satisfeito com sua situação, evita o contato com os outros diferentes para continuar em sua mesmice e não ter que passar por processos de adaptação e mudança. Com isso perde a chance de crescer e de conhecer melhor a si mesmo e os outros ou outras formas de sermos humanos, distintas daquela que vivemos" (p. 82).
[38] Ao optar por ação de intolerância, é preciso dizer o que se entende com esse conceito. O sentido dado nessa reflexão ao conceito intolerância aponta para uma atitude, comportamento, política de vida que tem como princípio ou imperativo não aceitar nenhuma ação que se oponha à vida humana, à natureza e ao planeta Terra. Vale dizer que não se tolera a morte da vida pelos poderes idolátricos.

direitos básicos que garantem as diferenças e o convívio entre as pessoas. E, mais ainda, "temos o direito a ser iguais quando a diferença nos inferioriza; temos o direito a ser diferentes quando a igualdade nos descaracteriza".[39]

Considerações finais

Viver a intolerância diante de um mundo que tolera o genocídio coletivo em muitos povos e etnias, o ecocídio como consequência de uma exploração irresponsável da natureza e o geocídio pela falta de um cuidado com a Terra é uma das maiores (para não dizer a única e maior) virtudes na atualidade. Ou seja, a grande questão é entender o que se diz com os conceitos de tolerância e de intolerância – tanto um como o outro podem servir de veículos a favor da morte. A tolerância em si mesma pode ser manipulada e servidora de uma omissão e de práticas condenáveis.

Na atual conjuntura fundamentalista, a *verdadeira tolerância* tem de ser intolerante em relação a tudo o que se opõe à defesa e promoção das vidas vulneráveis e descuidadas, desumanizadas e excluídas. Aqui não se trata de alimentar "vício de intolerância", mas atitude política de garantia de vida digna e

---

[39] SOUSA SANTOS, Boaventura de. *A difícil democracia*. Reinventar as esquerdas. São Paulo: Boitempo, 2016, p. 155. O autor comenta: "Há movimentos mais centrados na questão do reconhecimento da diferença e outros mais centrados na luta pela igualdade. Essa diferença resulta de nas sociedades contemporâneas coexistirem dois princípios de distribuição hierárquica das populações: trocas desiguais entre iguais – de que é exemplo paradigmático nas sociedades capitalistas a exploração dos trabalhadores por parte dos capitalistas – e reconhecimento desigual das diferenças, de que são exemplos paradigmáticos o racismo, o sexismo e a homofobia. A tradução intercultural e interpolítica progride na medida em que se concebem e concretizam ações coletivas intermovimentos que combinam a luta pela igualdade com a luta pelo reconhecimento da diferença".

justa, que grita por liberdade, amor e utopia. Por isso, há de ser experiência de uma intolerância em relação: aos poderes idolátricos, que perseguem e assassinam vidas humanas fragilizadas e empobrecidas; às culturas ou ideologias que discriminam e inferiorizam os diferentes (étnicos ou de diferentes identidades sexuais); às nações poderosas, imperialistas e neocolonizadoras que subjugam países ou continentes em nome da ganância econômica; aos projetos políticos ou de religiões que fomentam a guerra, os atos terroristas e as práticas que matam milhões de inocentes; ao projeto de uma economia globalizada que vai acabando com o que resta de vida no planeta e, ao mesmo tempo, favorecendo a onda de migrações e refugiados por toda a Terra. Caso contrário, a humanidade mergulhará em uma história de muito sofrimento e catástrofes, barbárie e pauperização da vida humana e da natureza. O fundamentalismo se alimenta da morte da vida, sobretudo das vidas mais indefesas da face da Terra.

Referências bibliográficas

BENJAMIN, Walter. *O capitalismo como religião*. São Paulo: Boitempo, 2013.
BOFF, Leonardo. *Fundamentalismo*. A globalização e o futuro da humanidade. Rio de Janeiro: Sextante, 2002.
BOFF, Leonardo. *Virtudes para um outro mundo possível*. vol. II. Convivência, respeito e tolerância. Petrópolis: Vozes, 2006.
BUARQUE, Cristovam. *O que é apartação*. O *apartheid* social no Brasil. São Paulo: Brasiliense, 1993.
CASARA, Rubens R. R. *Estado pós-democrático*. Neo-obscurantismo e gestão dos indesejáveis. Rio de Janeiro: Civilização Brasileira, 2017.

CASARA, Rubens R. R. *Sociedade sem lei*. Pós-democracia, personalidade autoritária, idiotização e barbárie. Rio de Janeiro: Civilização Brasileira, 2018.

DOWBOR, Ladislau. *A era do capital improdutivo*. São Paulo: Outras Palavras, 2017.

FREIRE, Paulo. *Pedagogia da tolerância*. São Paulo: UNESP, 2005.

GIDDENS, Anthony. *Mundo em descontrole*. O que a globalização está fazendo de nós. Rio de Janeiro: Record, 2007.

HINKELAMMERT, Franz. La crítica de la religión neoliberal del mercado y los derechos humanos. In: HINKELAMMERT, Franz (Ed.). *La religión del mercado y los derechos humanos*. San José (Costa Rica): Arlekin, 2017, p. 21-68.

HINKELAMMERT, Franz (Ed.). *La religión del mercado y los derechos humanos*. San José (Costa Rica): Arlekin, 2017.

KEHL, Maria Rita. *Sobre ética e psicanálise*. São Paulo: Companhia das Letras, 2002.

LIPOVETSKY, Gilles; SERROY, Jean. *A cultura-mundo*. Resposta a uma sociedade desorientada. São Paulo: Companhia das Letras, 2008.

MO SUNG, Jung. *Idolatria do dinheiro e direitos humanos*. Uma crítica teológica do novo mito do capitalismo. São Paulo: Paulus, 2018.

SOUSA SANTOS, Boaventura de. *Portugal*. Ensaio contra a autoflagelação. São Paulo: Cortez, 2011.

SOUSA SANTOS, Boaventura de. *A difícil democracia*. Reinventar as esquerdas. São Paulo: Boitempo, 2016.

SOUZA, Jessé. *A classe média no espelho*. Sua história, seus sonhos e ilusões, sua realidade. Rio de Janeiro: Estação Brasil, 2018.

SOUZA, Jessé. *A elite do atraso*. Da escravidão à Lava Jato. Rio de Janeiro: Leya, 2017.

Trajetória recente da desconstrução de direitos sociais e trabalhistas no Brasil

Marcio Pochmann[1]

Introdução

A condição arbitrária na sucessão presidencial no ano de 2016 foi sucedida pela inflexão profunda na trajetória dos direitos sociais e trabalhistas no Brasil. Para tratar disso, a presente contribuição analítica encontra-se constituída de três partes, sendo a primeira voltada ao entendimento da proteção social e do trabalho no capitalismo avançado e na periferia, como no Brasil. Na segunda parte, localizam-se as principais alterações em curso no mundo do trabalho e possibilidades civilizatórias. Por fim, a terceira parte focaliza o conjunto de mudanças em andamento nos direitos sociais e do trabalho, bem como suas reações no Brasil.

---

[1] Marcio Pochmann tem Livre-Docência e Pós-Doutorado pela Universidade Estadual de Campinas – UNICAMP, é Doutor em Ciência Econômica (UNICAMP), Professor e Pesquisador do Instituto de Economia e do Centro de Estudos Sindicais e de Economia do Trabalho (UNICAMP).

1. Proteção social e do trabalho

O debate acerca da proteção social e do trabalho no capitalismo pode ser indentificado a partir de três determinantes essenciais. O primeiro, referente às históricas crises periódicas do capitalismo, que revelam não apenas maiores dificuldades à classe trabalhadora, bem como oportunidades para a sua profunda reação e reestruturação.

Nestes momentos especiais, constata-se que as velhas formas de valorização do capital sinalizam esgotamentos, ao passo que as novas formas ainda não se apresentam suficientemente maduras para dinamizar o sistema capitalista como um todo. Por conta disso, formas ainda mais sofisticadas de exploração da classe trabalhadora se encontram em experimentação, muitas delas subentendidas no movimento maior de financeirização do estoque da riqueza existente.

A aplicação dos novos métodos de intensificação e extensão no uso e remuneração da força de trabalho testa a capacidade de reação dos trabalhadores, exigindo, inclusive, o reposicionamento desafiador das instituições de organização e representação existentes atualmente no mundo do trabalho. No passado, assistiu-se ao reposicionamento dos trabalhadores frente aos momentos de profundas crises e reestruturação do capitalismo mundial, como na Grande Depressão de 1873 a 1896, que terminou sendo superada por nova expansão econômica associada à Divisão Internacional do Trabalho, entre a produção de manufaturas nos países industrializados e a concentração da exportação de matérias-primas e alimentos nos países agrários, como o Brasil.

Dado o conservadorismo da oligarquia rural, prevalecente em grande parte dos países agrários, os esforços reformistas do final do século XIX terminaram sendo contidos às economias industrializadas frente ao novo ciclo de prosperidade. Mesmo assim, a modalidade de organização dos trabalhadores qualificados nos sindicatos de ofício, embora combativos e ousados, pouco conseguiu avançar em termos de elevação das condições de vida do conjunto da classe trabalhadora.

Além disso, com o avanço do processo de mecanização, o trabalho humano se tornou apêndice da produção urbana e industrial. Perdeu, assim, o protagonismo do trabalho humano consistente com as antigas sociedades agrárias.

O resultado disso terminou sendo a instalação de enorme heterogeneidade no interior da classe trabalhadora, com mecanismos de proteção social e do trabalho proporcionados pelos sindicatos de ofício de atuação predominantemente anarcosindical (fundos de ajuda mútua e cooperativas de autoajuda) aos ocupados mais bem inseridos no desenvolvimento capitalista. Ao contrário da brava elite operária, sob a tutela dos sindicatos de ofício, permaneceu exposta à livre competição a parte majoritária da classe trabalhadora, sem organização, salvo momentos especiais, cuja organização e manifestação se apresentavam fundamentalmente espontâneas e desconectadas da elite operária em seus aguerridos sindicatos de ofício.

Na Grande Depressão iniciada em 1929, o mundo do trabalho experimentou novamente uma onda de inéditas lutas, até então, ao sistema capitalista, que se mostraram capazes de impor um novo ciclo de prosperidade, com elevação das condições de vida no conjunto dos ocupados. A formação e extensão do fundo público, com o avanço da tributação sobre os ricos e a universalização das políticas de oferta de bens e serviços públicos, concedeu ao Estado de bem-estar social a tarefa primordial de redução das desigualdades, sem alterar a natureza privada dos meios de produção.

O aparecimento e a difusão do novo sindicalismo, em oposição ao velho sindicato de ofício, permitiram a generalização dos contratos de trabalho responsável pela repartição menos desigual dos ganhos de produtividade dos ocupados. Essa nova realidade, embora centralizada nas economias de capitalismo avançado, não deixou de se manifestar também em países de industrialização tardia, como no Brasil.

Em menos de cinco décadas, alguns países em distintas regiões do planeta se tornaram urbanos, com áreas industriais avançadas. A instalação do sistema de proteção social e trabalhista e os avanços, mesmo que contidos, nas relações de trabalho, possibilitaram uma plataforma de conquistas superiores ao período anterior de exploração dos trabalhadores, herdado da grande crise do final do século XIX.

Desta forma, os empregados assalariados passaram a contar com uma regulação mínima, capaz de oferecer jornada máxima de trabalho, limites às arbitrariedades patronais na contratação, demissão e aposentadoria. Em síntese, conquistas laborais jamais identificadas anteriormente no desenvolvimento capitalista, como a redução da jornada de trabalho e o pleno emprego da força de trabalho.

Na crise atual do capitalismo globalizado, iniciada em 2008, o sistema de exploração defronta-se com novas possibilidades de protagonizar um novo salto no uso e remuneração da classe trabalhadora. Por meio da consolidação inédita do sistema de coordenação centralizada capitalista, com articulação e integração descentralizada da produção de bens e serviços pelo mundo, a força de trabalho convive com a experimentação de formas cada vez mais sofisticadas de intensificação e extensão laboral.

Em relação a isso, identifica-se a experimentação de formas de maior exploração capitalista do trabalho humano por meio do avanço da terceirização e *Uberismo* do trabalho. Simultaneamente, o avanço da degradação das conquistas dos trabalhadores no ambiente de flexibilização e desregulação do sistema de proteção social e trabalhista, que desafiam o formato tradicional de organização e representação dos interesses dos ocupados frente também à explosão sucessiva de manifestações sociais de natureza espontânea, desconectadas e desarticuladas de um projeto maior de transformação do capitalismo.

O segundo determinante fundamental da condição de proteção social e do trabalho refere-se aos distintos padrões de desenvolvimento desigual e combinado do capitalismo, que estabelecem a base material pela qual a condição da proteção social e do trabalho pode se manifestar. Isso porque o processo de acumulação do capital pressupõe a existência de um centro dinâmico capaz de combinar desigualmente o conjunto da periferia territorial que o circunda.

Em síntese, o centro dinâmico compreende três funções básicas: a) o poder da moeda como meio de troca, reserva de valor e unidade de conta internacional, b) o poder militar capaz de impor pela força o que a diplomacia não alcança pelo diálogo e c) a capacidade hegemônica de produzir e difundir o progresso técnico.

É neste sentido que as revoluções industriais e tecnológicas se destacam, uma vez que restabelecem o formato da competição intercapitalista e a possibilidade de mudança no centro dinâmico do capitalismo. Exemplo disso pode ser percebido desde o final do ciclo de expansão fordista na década de 1970, com a emergência de uma nova e profunda revolução industrial e tecnológica assentada no surgimento de inédito ator global representado pelas corporações transnacionais.

Atualmente, não mais do que 500 grandes corporações transnacionais centralizam o controle do sistema de valor operado fragmentadamente em não mais do que 300 espaços territoriais do planeta. A monopolização da produção e distribuição da riqueza em escala global torna cada vez mais economicamente a grande corporação transnacional mais poderosa que os Estados Nacionais. Somente nove países atualmente registram orçamento público comparável ao faturamento dos grandes monopólios privados no mundo.

Diante disso, avança a polarização entre Estados Unidos e China, apontando para uma possível transição no interior do centro dinâmico capitalista mundial. A nova fronteira de expansão capitalista aberta a partir da Ásia, cujo vetor principal tem sido o rápido e considerável processo de monopolização do capital por meio das cadeias globais de valor, coloca em xeque a hegemonia estadunidense.

O deslocamento geográfico do núcleo dinâmico mundial reflete historicamente o complexo problema de assimetria capitalista decorrente da relação entre o centro dinâmico e o conjunto de sua periferia. Enquanto no último quartel do século XIX, a longa decadência do domínio inglês teve início com a emergência da segunda revolução industrial e o fim do capitalismo de livre competição, a grande depressão de 1929 consolidou a hegemonia estadunidense sobre a Alemanha, derrotada nas duas grandes Guerras Mundiais (1914-1918 e 1939-1945).

Nos dias de hoje, a reorganização capitalista abre oportunidade para nova articulação entre centro dinâmico e periferia. No passado, quando não imaginava solução próxima disponível, o Brasil soube construir convergência política interna capaz de apontar nova direção para o desenvolvimento nacional frente à centralidade externa concedida pela Inglaterra até os anos de 1910 e pelos Estados Unidos no segundo pós-guerra mundial.

No período entre as décadas de 1880 e 1930, por exemplo, o esforço nacional foi determinante para que os novos rumos aparecessem ao Brasil. A realização das reformas política (1881), laboral (1888), na forma de governo (1889) e constitucional (1891), no final do século XIX, favoreceu a passagem para a sociedade de classes movida pelo capitalismo no país herdeiro da antiga sociedade escravista, dependente da primitiva economia mercantil primário-exportadora, incapaz de generalizar qualquer forma de proteção social e do trabalho.

Também foi registrada inovadora configuração política a partir da Revolução de Trinta, responsável pelo desencadeamento de inédito ciclo econômico de expansão conferido pelo projeto de industrialização nacional. Com isso, as condições materiais necessárias à instalação do sistema de proteção social e do trabalho foram sendo inauguradas durante a transição da antiga e primitiva sociedade agrária para a moderna sociedade urbana e industrial, o que permitiu fundar as bases do Estado desenvolvimentista no Brasil.

Atualmente, o impasse imposto pelo Golpe de Estado não deixa de expressar certa reação da parte dos Estados Unidos, enquanto decadente centro dinâmico frente ao avanço das relações do Brasil com os BRICS, por exemplo. A experiência brasileira de constituição da política externa altiva e ativa, com a emergência da internacionalização da grande empresa nacional nos anos 2000, indicou um novo caminho de expansão em parceria com o centro dinâmico mundial em formação e que se assenta na Ásia.

Por fim, o terceiro determinante fundamental da condição de proteção social e do trabalho relaciona-se com a capacidade de o Estado organizar, produzir e sustentar no tempo diversas políticas públicas, especialmente a de proteção social e do trabalho. Sabe-se que a principal experiência de constituição do sistema de proteção social e do trabalho transcorreu positivamente durante a interrupção da primeira onda de globalização capitalista, verificada entre os anos de 1930 e de 1980.

Acontece que nas décadas de 1870 e 1920, com o auge da primeira onda de globalização capitalista liderada pelo Reino Unido, o Brasil reafirmou a sua posição subordinada e dependente à antiga Divisão Internacional do Trabalho (DIT). Na época, a dominância das forças de mercado sobre a política tornava os partidos existentes (Liberal e Conservador) no regime da Monarquia (1822-1889) equivalentes na defesa da não interferência do Estado mínimo na economia e sociedade.

Mesmo com a República Velha (1889-1930), os princípios liberais foram mantidos, mostrando-se insuficientes para estancar as elevadas desigualdades e preconceitos forjados por quase quatro séculos de hegemonia escravista. Ao ser identificado pela elite como inábil e indolente, a base da pirâmide social foi excluída da estrutura produtiva, ocupada crescentemente pela mão de obra branca imigrante, base original da organização do velho sindicalismo de ofício.

Qualquer iniciativa de regulação do mercado de trabalho, por exemplo, era considerada inconstitucional, inaceitável para ser exercida pelo Estado mínimo. A questão social, por conta disso, seguiu sendo tratada como caso de polícia.

Foi somente com o interregno da primeira onda de globalização capitalista no início do século XX, que mudanças mais significativas passaram a ocorrer em relação à proteção social e do trabalho no Brasil. Nesse sentido, as experiências de socialismo real representado pela Revolução Russa (1917), de gravidade na Grande Depressão de 1929 e da trágica realização das duas grandes guerras mundiais, prosseguida pelo rearmamento inserido na Guerra Fria (1947-1991), favoreceram, em grande medida, a fase do desenvolvimento de ouro no capitalismo regulado a partir da centralidade dos Estados Unidos ao longo da segunda metade do século XX.

Nesse sentido, percebe-se que no Brasil, durante as décadas de 1930 a 1970, a transição da arcaica e longeva sociedade agrária para a moderna sociedade urbana e industrial transcorreu acompanhada por reformas efetuadas nas esferas da organização do Estado desenvolvimentista. Destacam-se, por exemplo, a democratização do regime político, a generalização do direito do trabalho, a expansão da instrução pública, entre outras.

Todas elas se mostraram funcionais e eficazes ao deslocamento da posição do Brasil na Divisão Internacional do Trabalho, passando de mero exportador de *commodities*, na década de 1920, para a 8ª economia industrial mais importante do mundo, em 1980. Mesmo assim, o sistema de proteção social e do trabalho não foi universalizado, mantendo o seu funcionamento na forma de monopólios sociais desigualizadores de oportunidades e da ascensão social para parcela da classe trabalhadora.

Foi somente pela Constituição Federal de 1988 e com a experiência das políticas públicas universais na década de 2000 que o sistema de proteção social e do trabalho avançou consideravelmente no Brasil. Mas pela atual reestruturação capitalista imposta pela segunda onda de globalização, conduzida por grandes corporações transnacionais e sob a dominância financeira, que a capacidade do Estado de sustentar políticas públicas passou a contida, trazendo repercussões negativas não somente à proteção social e do trabalho.

2. Metamorfoses no mundo do trabalho

Um conjunto de promessas foi sendo forjado pelos ideólogos do desenvolvimento capitalista em direção à almejada sociedade do tempo livre, estendida pelo avanço do ócio criativo, da educação em período integral e da contenção do trabalho heterônomo (apenas pela sobrevivência) assentado na perspectiva do determinismo tecnológico e de saltos imaginados na produtividade do trabalho imaterial. Em grande média, o neoliberalismo seguiu ampliando apoiadores no mundo por meio da cultura midiática do individualismo e por meio da ideologia da competição.

Com isso, surgiu a perspectiva de que as mudanças nas relações sociais repercutiriam inexoravelmente sobre o funcionamento do mercado de trabalho. Com a transição demográfica, novas expectativas foram sendo apresentadas. A propaganda de elevação da expectativa de vida para próximo de 100 anos de idade, como exemplo, deveria abrir inédita perspectiva à postergação do ingresso no mercado de trabalho para a juventude completar o ensino superior, estudar a vida toda e trabalhar com jornadas semanais de até 12 horas.

A nova sociedade pós-industrial, assim, estaria a oferecer um padrão civilizatório jamais alcançado pelo modo capitalista de produção e distribuição. Foi sob este manto de promessas de maior libertação do homem do trabalho pela luta da sobrevivência (trabalho heterônomo), por meio da postergação da idade no ingresso ao mercado de trabalho para somente depois do cumprimento do ensino superior, bem como da oferta educacional ao longo da vida, que o racionalismo neoliberal se constituiu.

De certa forma, trouxe o entendimento de que o esvaziamento do peso relativo da economia nacional proveniente dos setores primário (agropecuária) e secundário (indústria e construção civil) consagraria a expansão superior do setor terciário (serviços e comércio). Enfim, estaria por surgir a sociedade pós-industrial, protagonista de conquistas superiores aos marcos do possibilitado desde a década de 1930, possível sem luta, pois contrária às classe sociais numa sociedade fundada no indivíduo portador de competitividade e promotor do seu próprio seguro de vida e previdência, não mais dependente do Estado.

Essas promessas, contudo, não se tornaram efetivas, tampouco resultaram na imaginada modernização neoliberal. Em pleno curso da transição para a sociedade de serviços, a inserção no mercado de trabalho precisa ser gradualmente postergada, possivelmente para o ingresso na atividade laboral somente após a conclusão do ensino superior, com idade acima dos 22 anos, e saída sincronizada do mercado de trabalho para o avanço da inatividade. Tudo isso acompanhado por jornada de trabalho reduzida, o que permitiria que o trabalho heterônomo passasse a corresponder a não mais do que 25% do tempo da vida humana.

Nesse sentido é que se pode identificar uma linha perspectiva do trabalho humano associado às lutas de classe e à maior capacidade de atuação pública por meio do Estado democrático. Destaca-se que na antiga sociedade agrária, o começo do trabalho ocorria a partir dos 5 a 6 anos de idade para se prolongar até praticamente à morte, com jornadas de trabalho extremamente longas (de 14 a 16 horas por dia) e sem períodos de descanso, como férias e inatividade remunerada (aposentadorias e pensões). Para alguém que conseguisse chegar aos 40 anos de idade, tendo iniciado o trabalho aos 6 anos, por exemplo, o tempo comprometido somente com as atividades laborais absorvia cerca de 70% de toda a sua vida.

Na sociedade industrial, o ingresso no mercado laboral foi postergado para os 16 anos de idade, garantindo aos ocupados, a partir daí, o acesso a descanso semanal, férias, pensões e aposentadorias provenientes da regulação pública do trabalho. Com isso, alguém que ingressasse no mercado de trabalho depois dos 15 anos de idade e permanecesse ativo por mais 50 anos teria, possivelmente, mais alguns anos de inatividade remunerada (aposentadoria e pensão).

Assim, cerca de 50% do tempo de toda a vida estariam comprometidos com o exercício do trabalho heterônomo. A parte restante do ciclo da vida, não comprometida pelo trabalho e pela sobrevivência, deveria estar associada à reconstrução da sociabilidade, estudo e formação, cada vez mais exigidos pela nova organização da produção e distribuição internacionalizada.

Isso porque, diante dos elevados e constantes ganhos de produtividade, tornou-se possível reduzir o tempo semanal de trabalho de algo ao redor das 40 horas para não mais que 20 horas. De certa forma, a transição entre as sociedades urbano-industrial e pós-industrial tenderia a não mais separar nítida e rigidamente o tempo do trabalho do não trabalho, podendo gerar maior mescla entre os dois, com mais intensidade e risco de longevidade ampliada da jornada laboral para além do tradicional local de exercício efetivo do trabalho.

Seria dentro desse contexto que se recolocaria em novas bases a relação do tempo de trabalho heterônomo e a vida. Em geral, o funcionamento do mercado de trabalho relacionado, ao longo do tempo, a uma variedade de formas típicas e atípicas de uso e remuneração da mão de obra com excedente de força de trabalho derivado dos movimentos migratórios internos e externos sem controles conforme apontado originalmente por autores que imaginaram ser superior a passagem da antiga sociedade urbana e industrial para a de serviços (terciária).

Mas após quase quatro décadas de geração das promessas neoliberais voltadas à construção de uma sociedade superior, registra-se, pelo contrário, o fortalecimento de sinais inegáveis de regressão no interior da sociedade do capital em avanço também no Brasil. Do progresso registrado em torno da construção de uma estrutura social medianizada por políticas sociais e trabalhistas desde a década de 1930, constata-se, neste início do século XXI, o retorno da forte polarização social.

Por uma parte, a degradação da estrutura social herdada da industrialização fordista tem desconstituído ampla parcela da classe média, fortalecendo expansão do novo precariado no conjunto da classe trabalhadora. Por outra, a concentração de ganhos significativos de riqueza e renda em segmento minoritário da população gera contexto social inimaginável, onde somente parcela contida da sociedade detém parcelas crescentes da riqueza.

Em mais de três décadas de predomínio da regulação neoliberal do capitalismo, as promessas da construção de padrão civilizatório superior encontram-se desfeitas. Os avanços ocorridos têm sido para poucos, enquanto o retrocesso observado serve a muitos.

3. Desestabilização do trabalho e da sociedade

A confirmação do regresso à fase da desregulação e flexibilização nas políticas sociais e trabalhistas impõe novo padrão de exploração à classe trabalhadora. Com a decadência do padrão de industrialização e regulação fordista, o Brasil dá sequência ao movimento maior de desestruturação da sociedade salarial, especialmente aquela conformada pela maior proximidade entre a base e o cume da estrutura social.

Assiste-se, assim, à transição das tradicionais classes médias assalariadas e de trabalhadores industriais para o inédito e extensivo precariado, com importante polarização social permeada pelo espontaneismo de características cada vez mais anárquicas. Concomitante com as novas tecnologias de comunicação, as mobilizações sociais e trabalhistas transcorrem acima da setorialização e fragmentação da tradicional organização sindical, o que gera estranhamento e distanciamento entre as estruturas existentes e as formas de mobilização social e política espontâneas.

O vazio proporcionado pela desindustrialização vem sendo ocupado pela chamada sociedade de serviço, que constitui, neste sentido, uma nova perspectiva de mudança estrutural no mundo do trabalho. Mudança esta que torna cada vez maior o padrão de exploração do trabalho frente ao esvaziamento da regulação social e trabalhista e às promessas de modernidade pelo receituário neoliberal que não se realizam.

A longa jornada de efetivação da regulação do mundo do trabalho no Brasil parece estar com seus dias contados frente ao sinal verde concedido pela interdição do governo democraticamente eleito em 2014. Com o impedimento da presidenta Dilma em 2016, uma série de projetos liberalizantes da legislação social e trabalhista, que se encontrava represada desde a ascensão em 2003 dos governos liderados pelo Partido dos Trabalhadores, passou a ser a descortinada.

Com isso, o Brasil passou a conviver com uma quarta onda de flexibilização do sistema de proteção social e trabalhista instituído a partir da década de 1930, quando passou a se consolidar a transição da velha sociedade agrária para a urbana e industrial. Isso porque a constituição do mercado nacional de trabalho resultou de uma lenta transição de 80 anos, iniciada em 1850, com o fim do tráfico de escravos e a implantação da lei de terras, e finalizada em 1930, com a superação da condição de mercados regionais de trabalho.

Mesmo diante da passagem do Império para a República, em 1889, a regulação do mercado de trabalho terminou sendo postergada frente à prevalência da situação de "liberdade do trabalho" definida pela primeira constituição republicana, em 1891. Nem mesmo a aprovação, em 1926, da emenda constitucional 29, que possibilitou ao Congresso Nacional legislar sobre o tema do trabalho, alterou a perspectiva liberal de manutenção do Estado fora da regulação social e trabalhista.

A partir da Revolução de Trinta, contudo, a regulação do trabalho passou a ser uma novidade, difundida fragmentadamente, segundo pressão localizada nas categorias mais fortes e melhor inserida no desenvolvimento capitalista. Após uma década de embates, com avanços pontuais na implementação de leis dispersas de regulação do emergente emprego assalariado, foi implementada a Consolidação das Leis do Trabalho (CLT) no ano de 1943, em pleno regime político autoritário do Estado Novo (1937-1945).

Mesmo assim, a maior parte dos trabalhadores esteve excluída do código do trabalho frente à oposição liberal conservadora dos proprietários rurais, antiga força dominante na República Velha (1889-1930). Até o ano de 1963, com a aprovação do Estatuto do Trabalhador Rural, que abriu a possibilidade de incorporação lenta e gradual do trabalho rural, a CLT voltava-se tão somente às relações de trabalho urbanas.

Pela Constituição Federal de 1988, ou seja, 45 anos após a implementação da CLT, os trabalhadores rurais passaram a ter direitos equivalentes aos empregados urbanos, embora ainda hoje tenham segmentos dos ocupados sem acesso à regulação social e trabalhista. Na década de 1940, por exemplo, a CLT mal atingia 10% dos ocupados, enquanto, nos dias de hoje, chegou a superar os 2/3 dos trabalhadores.

Com a recessão e os retrocessos do governo golpista, o retrocesso da proteção social e trabalhista avança. A aprovação das reformas neoliberais desencadeadas mais recentemente elevará ainda mais o grau de exclusão no Brasil.

Diante disso, destaca-se uma primeira onda de flexibilização da legislação social e trabalhista transcorrida a partir da segunda metade da década de 1960, com a ascensão da Ditadura Militar (1964-1985). Na oportunidade, a implantação do Fundo de Garantia por Tempo de Serviço (FGTS), por exemplo, não apenas interrompeu a trajetória de estabilidade no emprego, como inaugurou enorme rotatividade na contração e demissão da mão de obra no Brasil.

A taxa de rotatividade que atingia cerca de 15% da força de trabalho ao ano na década de 1960, rapidamente foi acelerada, aproximando-se da metade dos empregos formais do país. Com isso, a generalização do procedimento patronal de substituir empregados de maior salário por trabalhadores de menor remuneração.

Na política salarial vigente entre 1964 e 1994, o resultado foi, em geral, a perda de poder de compra do rendimento dos trabalhadores, sobretudo no valor real do salário mínimo, que atende a base da pirâmide distributiva do país. Diante da significativa expansão da produtividade do trabalho, os salários perderam a corrida para a inflação, o que contribuiu ainda mais para o agravamento da desigualdade de renda no Brasil.

Essa segunda onda de flexibilização se caracterizou por deslocar a evolução dos rendimentos do trabalho do comportamento acelerado da produtividade, trazendo, por consequência, a prevalência de uma economia industrial de baixos salários e, ao mesmo tempo, uma enorme desigualdade tanto intrarrendimento do trabalho entre altas e baixas remunerações como entre o rendimento do trabalho e as demais formas de renda da propriedade (juros, lucros, aluguéis e outras).

A terceira onda de flexibilização das relações de trabalho pode ser constatada na década de 1990, com a dominação de governos com orientação neoliberal. Dessa forma, assistiu-se à generalização de medidas de liberalização da contratação de trabalhadores por modalidades abaixo da orientação estabelecida pela CLT. Entre elas, a emergência da terceirização dos contratos, em plena massificação do desemprego e precarização das relações de trabalho.

A partir da metade da década de 2010, todavia desencadeou-se uma quarta onda de flexibilização das leis sociais e trabalhistas. Com a recente e parcial derrota dos trabalhadores imposta pela Câmara dos Deputados pela aprovação da legislação para terceirização, a septuagenária CLT encontra-se, novamente, ameaçada de ser rebaixada.

A atualidade do projeto de lei da terceirização encontra-se em sua ramificação com a perspectiva de generalização da *Uberismo* laboral neste início do século 21, bem como a destruição do sistema de negociação coletiva de trabalho e de proteção social e trabalhista. Isso porque o modo UBER de organizar e remunerar a força de trabalho distancia-se crescentemente da regularidade do assalariamento formal, acompanhado geralmente pela garantia dos direitos sociais e trabalhistas.

Os experimentos de *Uberismo* do trabalho avançam em forma diversificada no espaço supranacional. Começaram com iniciativas no transporte individual, por meio da desregulamentação generalizada na oferta de sistema de taxis por aplicativos decorrentes das tecnologias de informação e comunicação até alcançarem, atualmente, os contratos de zero hora, cujo trabalhador permanece em casa aguardando a demanda de sua força de trabalho advinda de qualquer parte do mundo.

Tudo isso à margem da regulação nacional de trabalho, fruto da generalização das novas tecnologias de informação e comunicação em meio ao enorme excedente de mão de obra. O esfacelamento das organizações de representação de interesses dos trabalhadores (associações, sindicatos e partidos) transcorre como consequência geral desta nova fase de intensificação da exploração do trabalho.

Como os direitos sociais e trabalhistas passam crescentemente a ser tratados pelos empregadores e suas máquinas de agitação e propaganda enquanto fundamentalmente custos, a contratação direta, sem direitos sociais e trabalhistas, libera a competição individual maior entre os próprios trabalhadores em favor dos patrões. Os sindicatos ficam de fora da negociação, contribuindo ainda mais para esvaziamento do grau de organização em sua própria base social e territorial.

Ao depender cada vez mais do rendimento diretamente recebido, sem mais a presença do histórico salário indireto (férias, feriado, previdência etc.), os fundos públicos, voltados ao financiamento do sistema de seguridade social, enfraquecem, quando não contribuem para a prevalência da sistemática do rentismo. A contenção da terceirização, em função disso, poderia estancar a trajetória difusora do modo Uber de precarização das contratações de trabalho.

Considerações finais

Para um país em tardia busca pelo seu desenvolvimento sustentável, uma das vantagens que surgem seria a possibilidade da inversão das prioridades até então assumidas. Diante da atual reestruturação capitalista imposta pela segunda onda de globalização, conduzida pelas grandes corporações transnacionais e sob a dominância financeira, a proteção social e trabalhista tem ocupado destaque nos debates tanto no interior da competição internacional como na definição das opções do desenvolvimento das nações. Exemplo disso tem sido a lógica do mundo dos negócios invadindo as decisões de reformas sociais e trabalhistas, capaz de desconstruir direitos e restringir a atuação sindical.

A retomada do desenvolvimento brasileiro, nesse sentido, requer a revisão da perspectiva neoliberal assentada na produção e difusão da via individual, não classista do mundo. Por uma parte, porque a degradação da estrutura social herdada da industrialização fordista tem desconstituído ampla parcela da classe média, bem como fortalecendo a expansão do novo precariado no conjunto da classe trabalhadora.

Por outra, a concentração de ganhos significativos de riqueza e renda em segmento minoritário da população gera contexto social inimaginável, onde somente parcela contida da população passa a deter mais riqueza que a maior parte do conjunto dos habitantes do Brasil. Em mais de três décadas de predomínio da regulação neoliberal do capitalismo, as promessas da construção de padrão civilizatório superior encontram-se desfeitas, uma vez que os avanços ocorridos têm sido para poucos e o retrocesso generalizado para muitos.

Na crise atual do capitalismo globalizado, iniciada em 2008, o sistema de exploração se defronta com novas possibilidades de protagonizar um novo salto no uso e remuneração da classe trabalhadora. A consolidação inédita do sistema de coordenação centralizada capitalista, com articulação e integração descentralizada da produção de bens e serviços pelo mundo, expõe a força de trabalho a formas cada vez mais sofisticadas de exploração.

O protagonismo periférico descortina oportunidade inédita de mudança substancial na ordem mundial, com perspectivas de redução do brutal grau de desigualdade existente entre países e classes sociais. Mas isso ainda pressupõe convergência e coordenação global, por ora inexistente nos dias de hoje.

Tampouco, o governo brasileiro atual se apresenta preparado para dar conta das perspectivas abertas neste início do século XXI. Pelo contrário, a ruptura democrática ocorrida a partir de 2016 impôs o predomínio de pauta desconstrutiva dos direitos sociais e trabalhistas.

Por conta disso, a turbulência política deve seguir o seu turno, acelerando, possivelmente, a maturação de outra convergência para a economia e a sociedade brasileira. As reações por parte dos trabalhadores têm sido importante, ainda que nem sempre suficientes para barrar o avanço do receituário neoliberal.

Referências bibliográficas

AGLIETTÀ, M. *Regulación y crisis del capitalismo*. México: Siglo XXI, 1979.

AKYÜZ, Y. *Impasses do desenvolvimento*. In: *Novos Estudos CEBRAP* 72 (2005).

ALIER, J. *El ecologismo de los pobres: conflictos ambientales y lenguajes de valoración*. Barcelona: Icaria Editorial, 2005.

ALTVATER, E. *O preço da riqueza.* Pilhagem ambiental e a nova (des)ordem mundial. São Paulo: UNESP, 1995.

ANDERSON, C. *Makers: a nova revolução industrial*. Coimbra: Actual, 2013.

ARON, R. *Dezoito lições sobre a sociedade industrial*. Brasília: UNB/MF, 1981.

BECK, U. *Un nuevo mundo feliz: la precariedad del trabajo en la era de la globalización*. Buenos Aires: Paidós, 2000.

BEINSTEIN, J. *Capitalismo senil*. Rio de Janeiro: Record, 2001.

BELL, D. *O advento da sociedade pós-industrial*. São Paulo: Cultrix, 1973.

BELLUZZO, L. *Antecedentes da tormenta:* origens da crise global. São Paulo: UNESP, 2009.

BOLTANSKI, L.; CHIAPELLO, E. *O novo espírito do capitalismo*. Rio de Janeiro: Martins Fontes, 2009.

COATES, D. *Models of capitalism*. Oxford: Polity Press, 2000.

CUNHA, L. *Educação e desenvolvimento social no Brasil*. Rio de Janeiro: FA, 1980.

DAVID, P.; REDER, M. *Nations and Household in Economic Growth*. New York: Academic Press, 1974.

DAVIS, S. et al. *The New Capitalists*. Boston: HBSP, 2008.

DIEESE. *A situação do trabalho na primeira década dos anos 2000*. São Paulo: DIEESE, 2012.

DREIFUSS, R. *Transformações:* matizes do século XXI. Petrópolis: Vozes, 2004.

FREIDEN, J. *Capitalismo global*. Madrid: M. Crítica, 2007.

FRIGOTTO, G. *Educação e a crise do capitalismo real*. 4 ed. São Paulo: Cortez, 2000.

GLATTFELDER, J. *Decoding Complexity: Uncovering Patterns in Economic Networks*. Switzerland: Springer, 2013.

KUMAR, K. *Da sociedade pós-industrial à pós-moderna: novas teorias sobre o mundo contemporâneo*. 2 ed. Rio de Janeiro: Zahar, 1997.

LOJIKINE, J. *Adieu à la classe moyenne*. Paris: La Dispute, 2005.

MADDISON, A. *Perspectives on Global Economic Progress and Human Development*. Economic progress: the last half century in historical perspective. Annual Symposium. Academy of the Social Sciences, 1999.

MARX, K. *Grundrisse*. São Paulo: Boitempo, 2011.

MASI, D. *O futuro do trabalho: fadiga e ócio na sociedade pós-industrial*. Brasília: UNB/JOE, 1999.

MAZOYER, M.; ROUDART, L. *História das agriculturas no mundo*. São Paulo: UNESP, 2009.

MELMAN, E. *Depois do capitalismo*. São Paulo: Futura, 2002.

MILBERG, W.; WINKLER, D. *Outsourcing Economics*: Global Value Chains in Capitalist Development. Cambridge: CUP, 2013.

NARODOWSKI, P.; LENICOV, M. *Geografia económica mundial: un enfoque centro-periferia*. Moreno: UNM, 2012.

O'CONNOR, M. (Ed.) *Is capitalism sustainable?* Political Economy and the Politics of Ecology. New Cork: Guilfort, 1994.

OCDE. *Perspectives du développement mondial*. Paris: OCDE, 2010.

POCHMANN, M. *O emprego na globalização*. São Paulo: Boitempo, 2001.

POCHMANN, M. *Classes do trabalho em mutação*. Rio de Janeiro: Revan, 2012.

POCHMANN, M. *A vez dos intocáveis*. São Paulo: FPA, 2014.
REICH, R. *O trabalho das nações*. São Paulo: Educator, 1994.
REICH, R. *O futuro do sucesso:* o equilíbrio entre o trabalho e qualidade de vida. Barueri: Manole, 2002.
REICH, R. *Supercapitalismo*. Rio de Janeiro: Campus, 2007.
RIFKIN, J. *The end of work*. New York: Putnam, 1995.
ROTHKOPF, D. *Superclass: The Global Power Elite and the World They Are Making*. London: L. B., 2008.
SANTOS, N.; GAMA, A. *Lazer: da conquista do tempo à conquista das práticas*. Coimbra: IUC, 2008.
SILVA, A. *Desenvolvimento, indústria e comércio na era da globalização*. Campinas: IE/UNICAMP, 2007.
STANDING, G. *O precariado: a nova classe perigosa*. Belo Horizonte: Autêntica, 2013.
STEVENSON, B.; WOLFERS, J. *Economic Growth and Subjective Well-Being*. NBER Working Paper, n. 14282, 2008.

Aspectos neurocientíficos da tecnologia

Beatriz Ferrara Carunchio[1]

Introdução

O ser humano é um ser social. Isso significa que a comunicação tem um papel-chave na nossa espécie e pode ser compreendida como um diferencial evolutivo ao permitir, por exemplo, falar sobre perigos e ameaças, alertando outros seres humanos e grupos.[2]

A eletricidade revolucionou a forma como o ser humano desempenha suas tarefas e as organiza ao longo do dia. A *internet* vem fazendo o mesmo. Com o surgimento e a popularização das telecomunicações, a maneira como as pessoas lidam com as tecnologias e o papel que elas têm no dia a dia vêm

---
[1] Beatriz Ferrara Carunchio é Doutora em Ciências da Religião (Pontifícia Universidade Católica – São Paulo) e Especialista em Neuropsicologia Clínica (Instituto de Psicologia Aplicada e Formação – São Paulo).
[2] GIMENO, R. O que acontece no seu cérebro se você largar o Facebook? In: *El País* (13.02.2019). Disponível em: http://brasil.elpais.com/brasil/2019/02/12/tecnologia/1549990082_118422.html. Acesso em: 08 fev. 2019.

se modificando intensamente. Além disso, até mesmo a forma como as pessoas se comunicam vem se modificando.[3]

O termo 'tecnologia' pode ser compreendido como "(...) conjunto de ferramentas, maquinários e técnicas desenvolvidas pelo homem – desde a descoberta do fogo – como uma maneira de modificar o ambiente em seu favor".[4] No entanto, neste texto manteremos o foco nas tecnologias mais recentes e seus produtos, geralmente vinculadas ao uso da *internet*, como jogos digitais, smartphones, redes sociais etc.

Sem dúvida alguma, esse é um tema que, cada vez mais, tende a ser abordado pelas ciências da saúde e pelas humanidades. A presença dessas tecnologias é cada vez mais forte no dia a dia da população. A pesquisa *Game Mobile Brasil*, realizada em 2013 pelo grupo Sioux, ESPM e Blend New Research,[5] investigou os hábitos dos brasileiros relacionados ao uso de *smartphones*, pontuando que os jogos digitais são a terceira atividade mais comum entre os usuários de *smartphones* no país. Além disso, o brasileiro gasta em média 2 horas e 40 minutos por dia com jogos digitais.

Diante desses dados, é fundamental estudar qual o impacto dessas atividades e dessas novas formas de comunicação no cérebro, tanto em sua estrutura quanto em sua forma de funcionar. O cérebro não nasce completamente pronto e estruturado, mas com um potencial para o desenvolvimento. Dessa maneira, o desenvolvimento cerebral dependerá de diversos fatores, como

---

[3] PICON, F. et al. Precisamos falar sobre tecnologia: caracterizando clinicamente os subtipos de dependência de tecnologia. In: *Revista Brasileira de Psicoterapia* 17/2 (2015): 45-46.
[4] PICON et al. Precisamos falar sobre tecnologia, p. 46.
[5] Pesquisa citada por ROCHA, P.; ALVES, L.; NERY, J. Jogos digitais e reabilitação neuropsicológica: delineando novas mídias. I Seminário de Tecnologias Aplicadas à Educação e Saúde. Salvador: UNEB, 2014, p. 1.

o meio cultural em que o sujeito se desenvolve, o quadro de saúde, o acesso à educação, a forma como ocorrem a socialização e os estímulos cognitivos, emocionais e sociais recebidos pela criança e pelo adolescente. Mesmo o cérebro de adultos, e até de idosos já em idade avançada, está em constante transformação, característica chamada neuroplasticidade. Isso significa que tudo aquilo que aprendemos, fazemos, ouvimos ou dizemos, bem como instrumentos utilizados no dia a dia, podem modificar nossas redes neuronais, e mesmo criar novas redes, alterando a estrutura física e química do cérebro.[6]

Para abordar esses temas, recorreremos aos conhecimentos da neuropsicologia, especialidade das neurociências, cujo maior avanço se deu após a Segunda Guerra Mundial.[7] Esta área do conhecimento se dedica ao estudo das funções neurais superiores (tal como linguagem, memória, atenção, planejamento, raciocínio lógico-matemático etc.) e sua ligação com a estrutura e fisiologia do cérebro.[8]

Assim, com essa base teórica, abordaremos neste texto o impacto que a tecnologia traz para o cérebro e seu funcionamento. O assunto é extenso. Por isso, após uma breve abordagem sobre a forma como o uso da tecnologia pode modificar o cérebro, suas redes e funções (ponto 1), optamos por discutir dois pontos principais. No primeiro, relacionaremos os tipos de uso abusivo da tecnologia/cyberdependência aos transtornos mais comuns na clínica, seus aspectos neuropsíquicos e neuroquímicos (ponto 2). No segundo, abordaremos os aspectos

---

[6] FIORI, N. *As neurociências cognitivas*. Porto Alegre: Instituto Piaget, 2009, p. 13-17.
[7] BOGGIO, P. S. et al. Estimulação magnética transcraniana na neuropsicologia: novos horizontes em pesquisa sobre o cérebro. In: *Revista Brasileira de Psiquiatria* 28/1 (2006), p. 44.
[8] FIORI. *As neurociências cognitivas*, p. 14.

benéficos que a tecnologia pode trazer quando bem utilizada, como ganhos cognitivos, o uso de jogos digitais em programas de reabilitação neuropsicológicos e até as neuropróteses, cada vez mais acessíveis (ponto 3).

1. A tecnologia e seus impactos na estrutura e no funcionamento cerebral

Atualmente, ir a um museu, passeio ou viagem já não é percebido somente como oportunidade de diversão ou cultura, mas também como possibilidade de fazer boas fotos para um álbum ou para as redes sociais. Mesmo a mídia, ocasionalmente, apresenta textos e reportagens acerca dessa curiosa mudança de comportamento.[9] Na maioria das vezes, essa atitude é mencionada como uma forma de manter a lembrança da ocasião. A situação é tão comum nos dias de hoje que não é raro chegar a um museu ou ponto turístico e vê-lo tomado por fotógrafos amadores em busca dos melhores ângulos e fotos. No estudo realizado pela rede de celulares Telekon, notou-se que o celular é utilizado como um repositor da memória.[10]

Vale lembrar que essa não é uma atitude nova. Desde o início de seu desenvolvimento enquanto espécie, o ser humano cria instrumentos, isto é, artefatos que lhe permitem ter controle sobre a natureza, facilitando o trabalho físico e mental, começando com ferramentas para plantio, pesca e caça, armas para defesa e utensílios para tarefas do cotidiano. Se por um lado o

---
[9] ALVES, B. Como nossa mania de fotografar tudo afeta a nossa memória? In: *Revista Casa e Jardim* (14.01.2019). Disponível em: http://revistacasaejardim.globo.com/Curiosidades/noticia/2019/01/como-nossa-mania-de-fotografar-tudo-afeta-nossa-memoria.html. Acesso em: 08 fev. 2019.
[10] ALVES. Como nossa mania de fotografar tudo afeta a nossa memória?

uso de instrumentos nas atividades diárias está relacionado a um avanço no desenvolvimento do cérebro e de suas funções, por outro, certas funções neuropsicológicas acabam por ser, de certo modo, subutilizadas com o advento dos instrumentos,[11] no sentido que, com as facilidades obtidas, já não é preciso forçar tanto tais funções.

Voltando à questão da memória, os *smartphones* representam um grande salto no uso de algo externo como repositor, embora a humanidade já tenha passado por salto semelhante (possivelmente, até mesmo mais impactante) com o uso da escrita. Os conteúdos culturais, a história dos povos, os aspectos da religiosidade, as leis e mesmo os dados sociais e financeiros da comunidade não dependiam mais da cultura oral; não precisavam ser constantemente repetidos para serem lembrados e fazerem-se presentes no cotidiano das novas gerações. Passaram a ser escritos em livros, documentos, mais tarde em agendas e cadernos, depois nos dispositivos digitais. O uso do instrumento (escrita), sem dúvida, possibilitou grandes avanços ao permitir que o ser humano registrasse seus conhecimentos e se dedicasse a avançá-los, em vez de simplesmente recordá-los e torná-los presentes pela via da repetição.

Então, por que a atitude de fotografar tudo e utilizar o *smartphone* como parte da memória chama tanto a atenção? O problema no uso do celular como se fosse parte da memória é que, ao registrar os momentos em fotos ou vídeos, o foco da pessoa está nesta atividade (em conseguir um bom ângulo, luminosidade, efeitos etc.) e não no objeto ou experiência que deveria ser o foco da lembrança. Desse modo, o uso de fotos não

---

[11] VIGOTSKY, L. S.; LURIA, A. R. *Estudo sobre a história do comportamento*. Porto Alegre: ArtMed, 1996, p. 89.

consolida a memória da experiência, pois como o foco não está no momento vivenciado, mas em operar o dispositivo, não há tantas informações sobre o momento em si para serem consolidadas na memória. Vale lembrar que, se a pessoa quisesse registrar o momento mais tarde por escrito, quem sabe num diário, numa mensagem para um amigo ou numa reportagem, teria de prestar muita atenção aos detalhes, envolvendo-se na atividade e, posteriormente, evocar tais recordações, para só então, registrar o acontecimento, o que reforçaria ainda mais a memória do evento.

Para compreender melhor essa dinâmica, é preciso pensar a memória enquanto função neuropsicológica. Apesar de a população leiga em neurociências tender a imaginar a memória como um vasto catálogo de referências, informações, conceitos e acontecimentos, a memória é muito mais do que isso. A memória não é um arquivo, mas o processo neurológico de trazer tais dados à consciência ou de desempenhar determinada função (como a motricidade da escrita ou recordar-se de um passo de dança que, mesmo não passando pela via da consciência, são atos aprendidos, recordados e desempenhados). Assim, o processo de memória envolve diferentes estruturas cerebrais, conforme o tipo de memória em questão e as funções demandadas.[12]

Alguns dos principais tipos de memória são: memória de trabalho (processo que sustenta atividades cognitivas, como a compreensão da linguagem ou o raciocínio lógico); declarativa (que permite relatar experiências e conceitos linguisticamente); retrospectiva (refere-se aos fatos passados) ou prospecti-

---

[12] USTÁRROZ, J. T.; GRANDI, F. Memoria: necessidad de una classificación conceptual. In: *Cuadernos de Neuropsicologia – Panamerican Journal of Neuropsychology* 10/3 (2016): 15-23.

va (voltada ao futuro, como, por exemplo, lembrar-se que terá uma consulta médica amanhã); semântica (referências sobre a realidade, tais como o mundo concreto, as categorias e os significados de palavras, independentemente do contexto em que o sujeito tenha aprendido tais informações); de curto prazo (fatos ocorridos até 40 segundos atrás) ou de longo prazo (demanda outras redes para recuperar conhecimentos e fatos mais consolidados). Cada um desses tipos de memória envolve um processo distinto, que demanda a participação de diferentes estruturas cerebrais. Além disso, é preciso ter em mente que a memória é um aspecto fundamental para o bom desempenho de inúmeras outras funções neuropsicológicas, desde a aprendizagem ao uso da linguagem, passando pelo pensamento abstrato e certos tipos de movimentos voluntários, por exemplo. Mais ainda, a memória é um fator fundamental para a manutenção da nossa identidade, pois nos auxilia a perceber a coerência temporal entre o mundo externo e o interno, o que também envolve outras funções neuropsíquicas, como atenção, percepção, linguagem e aspectos emocionais.

Assim, independentemente do tipo de atividade realizada com o uso de *smartphones*, *tablets* e computadores, um dos motivos que preocupa famílias, educadores e profissionais de saúde é o impacto do tempo de tela na saúde física e mental e no bem-estar das pessoas. Twenge e Campbell realizaram uma pesquisa sobre o assunto com 40337 crianças e adolescentes dos Estados Unidos, entre 2 e 17 anos de idade.[13] Chegaram a algumas conclusões interessantes e, ao mesmo tempo, preocupantes. A média

---

[13] TWENGE, J. M.; CAMPBELL, W. K. Associations between screen time and lower psychological well-being among children and adolescents: evidences from a population-based study. In: *Elsevier - Preventive Medicine Reports* 12 (2018): 271-283.

de tempo de tela por dia foi de 5 a 7 horas. O recomendável é que este tempo não ultrapasse 2 horas, no entanto, o uso durante 1 hora por dia, nas crianças menores, reduz o autocontrole e a estabilidade emocional, tornando-as mais irritáveis. Segundo os autores, a longo prazo essa dificuldade em lidar com emoções pode levar a transtornos depressivos e de ansiedade.

Dentre os impactos do tempo de tela relatado pelos autores da pesquisa, destacam-se: diminuição do bem-estar geral, diminuição do autocontrole e da estabilidade emocional, diminuição da curiosidade (aspecto fundamental para a aprendizagem e o desenvolvimento), dificuldade em fazer amigos fora das telas, aumento das distrações e maior dificuldade em terminar tarefas esperadas para cada faixa etária.

Os efeitos mais drásticos ocorrem da pré-adolescência em diante, fases com maior tempo de tela e para as quais a interação social com colegas e amigos (fora das telas) é de grande relevância para o desenvolvimento psicológico/emocional. Nos pré-adolescentes entre 11 e 13 anos, 1 hora diária de tela foi associado à diminuição do interesse em aprender algo novo, dado que ganha relevância se considerarmos que, nesta faixa etária, apenas 9% dos participantes interagem com telas por 1 hora apenas, contra 22,6% que passam 7 horas ou mais do dia nas telas dos *smartphones*, *tablets* e computadores.

Já entre os adolescentes de 14 a 17 anos, os efeitos podem ser devastadores. Não apenas este é o grupo com maior tempo de tela, como também essa é a fase em que grande parte dos transtornos neuropsíquicos se desenvolvem. Aqueles que ficam 7 horas diárias ou mais nas telas têm o dobro de chances de apresentar depressão, ansiedade, fazer uso de medicamentos psiquiátricos ou passar por outros tratamentos para a saúde mental.

2. Quando a facilidade trazida pela tecnologia se torna um problema clínico

Sem dúvida, o uso da *internet* e das tecnologias associadas a ela favorece incontáveis facilidades e benefícios. Facilidade de acesso à informação nos estudos e pesquisas, diminuição das distâncias, maior agilidade nas comunicações e em trabalhos burocráticos, além do avanço das tecnologias na área de saúde, proporcionando aos pacientes exames e tratamentos mais precisos e menos invasivos. No entanto, como já mencionado, o uso abusivo da tecnologia pode oferecer riscos e complicações.

Um transtorno preocupante e cada vez mais comum associado ao uso indevido da tecnologia é a cyberdependência que, como em todos os tipos de dependência, traz impactos negativos nas principais áreas da vida da pessoa (família, carreira, vida social, financeira etc.).[14] Alguns subtipos do transtorno já foram incluídos no DSM-V: transtorno do jogo pela *internet* como condição clínica que merece mais estudos e dependência de pornografia *online* - subtipo do Transtorno de Hipersexualidade.[15]

De modo geral, as atividades virtuais mais relacionadas ao uso abusivo de *internet* são aquelas relacionadas à comunicação (envio de mensagens e redes sociais, por exemplo),

---

[14] JOVIC, J.; DINDIC, N. Influence of dopaminergic system on internet addiction. In: *Acta Medica Medianae* 50/1 (2011), p. 60.
[15] DSM – *Diagnostic and Statistical Manual of Mental Disorders* (Manual Diagnóstico e Estatístico de Transtornos Mentais). É um guia de categorias e critérios diagnósticos de diferentes transtornos mentais, em que cada um recebe um código de modo a facilitar o diagnóstico e mesmo o trabalho em equipes multidisciplinares. Começou a ser publicado em 1952, e passa, periodicamente, por diversas revisões e reformulações, de acordo com os estudos mais recentes na área. Atualmente estamos na quinta revisão (DSM-V, publicado em 2013).

ao uso para fins sexuais e à navegação em outros tipos de conteúdo.[16]

Quanto aos aspectos psicológicos mais frequentes entre pacientes com transtornos relacionados à cyberdependência,[17] destacam-se: sensação de controle das relações, das pessoas com quem interage e da imagem veiculada de si; possibilidade de liberar conteúdos ligados à sexualidade, agressividade e outros, que o paciente acredita que não serão bem vistos socialmente; abuso de *internet* como estratégia para suportar a ansiedade e outros transtornos mentais. Além disso, um conflito muito frequente nesses pacientes é a visão das vivências na *internet* como algo real ou ilusório.

2.1. Tipos de transtornos relacionados ao abuso das tecnologias

Separar a cyberdependência ou a dependência de *internet* em subtipos é essencial para que se busquem tratamentos adequados para cada tipo de caso e, sobretudo, estratégias preventivas mais eficazes, conforme se identificam comportamentos de risco, perfil dos pacientes e transtornos associados.

É digno de nota que, até bem poucos anos, a relação do ser humano com a *internet* e as tecnologias era bem diferente. Se antes o sujeito precisava usar um computador de mesa, muitas vezes com a instabilidade e as limitações da *internet* discada, hoje um *smartphone* é relativamente acessível, trazendo a *internet* para a proximidade do bolso, para todos os espaços

---

[16] FORTIM, I.; ARAÚJO, C. Aspectos psicológicos do uso patológico de internet. In: *Boletim - Academia Paulista de Psicologia* 33/85 (2013), p. 292.
[17] FORTIM; ARAÚJO. Aspectos psicológicos do uso patológico de internet, p. 292.

e contextos, visto que o sinal de *wifi* está disponível em muitas residências, colégios, universidades e locais públicos. Sem dúvida, é uma facilidade para muitas pessoas que dependem desse recurso para o trabalho, os estudos e, até mesmo, para a comunicação com familiares e amigos que estão distantes. No entanto, a 'facilidade' para o uso abusivo ou indevido também está ao alcance do bolso.

Estima-se que cerca de 6% da população sofram com algum tipo de dependência da tecnologia.[18] Tal como em outras dependências, mesmo que o paciente perceba que o uso está prejudicando diferentes áreas da vida, ele se demonstra incapaz de parar ou diminuir o uso por conta própria. Algumas das principais comorbidades relacionadas à dependência de tecnologia, de modo geral, são os transtornos depressivos, de ansiedade e o TDAH (Transtorno de Déficit de Atenção e Hiperatividade).

2.1.1. Dependência de Jogos Digitais

Quando pensamos especificamente sobre a dependência de jogos digitais, o perfil do paciente, geralmente, aponta para adolescentes e jovens, chegando a afetar 38% dos usuários dos *games*.[19] Frequentemente, a dependência está relacionada a dificuldades socioemocionais e queda do rendimento escolar.

2.1.2. Dependência de redes sociais

Já a dependência de redes sociais é mais frequente entre adolescentes, jovens e mulheres. Quando a pessoa recebe 'curtidas', são

---
[18] PICON. Precisamos falar sobre tecnologia, p. 46.
[19] PICON. Precisamos falar sobre tecnologia, p. 47.

gerados picos de bem-estar no circuito de recompensa do cérebro, semelhante ao que ocorre quando se alimenta, sente prazer sexual ou usa cocaína. De forma curiosa, quando as 'curtidas' não são recebidas ou quando surgem comentários negativos, ela reage da mesma forma que em crises de abstinência, com mal-estar e sentimento de vazio.

Para essas pessoas, as redes sociais são vistas como forma de reafirmação da identidade (ao compartilhar atividades, fotos, opiniões, preferências). Isso gera uma trama cognitiva que condiciona o usuário a esperar pela reação (favorável) dos amigos.

Sentimentos de solidão e tédio são fatores que se destacam no dia a dia dessas pessoas, e podem servir como sinais de alerta para o início da dependência. Geralmente, são pessoas que precisam de forte suporte emocional; são extrovertidas, porém inseguras e com baixa autoestima, demandando, por isso, a aprovação dos pares.[20]

É sabido por profissionais de saúde de diferentes especialidades que o contato face a face com pessoas queridas pode melhorar o quadro de saúde geral do paciente, melhorando o bem-estar e, se for o caso, a adesão a tratamentos realizados. Diante disso, Shakya e Christakis realizaram uma pesquisa comparando o bem-estar gerado nas relações face a face às sensações advindas de interações por meio de mídias sociais, mais especificamente o *Facebook*.[21] Concluíram que, de modo geral, o uso da rede social está negativamente associado aos sentimentos de bem-estar, apontando, inclusive, para queda nos níveis de saúde mental e piora na saúde física (autorreportada).

---

[20] PICON. Precisamos falar sobre tecnologia, p. 51.
[21] SHAKYA, H. B.; CHRISTAKIS, N. A. Association of Facebook use with compromised well-being: a longitudinal study. In: *American Journal of Epidemiology* 185/3 (2016): 203-211.

2.1.3. Dependência de pornografia *online*

Como já mencionado, a dependência de pornografia *online* é um subtipo do Transtorno de Hipersexualidade catalogado no DSM-V. A dependência dificulta muito ou mesmo impede o desempenho saudável da sexualidade, muitas vezes minando o prazer que poderia ser obtido com relacionamentos/parceiros reais. Podem ocorrer, por exemplo, dificuldades de ereção sem o uso da pornografia, ou alterações da libido, mesmo em pessoas sem histórico anterior.

Esse tipo de dependência é mais comum em homens. Os transtornos geralmente associados são o TOC (Transtorno Obsessivo Compulsivo), transtornos de humor, jogo patológico, transtornos alimentares e personalidade antissocial.[22]

2.1.4. Dependência de *smartphones*

Outro tipo de dependência é a nomofobia, dependência de *smartphones*, em que a pessoa tende a ver o aparelho como extensão de si mesma, apresentando um medo irracional de estar longe do dispositivo. Estima-se que esse transtorno afete cerca de 10% dos jovens.

Muitas vezes, esse transtorno está associado ao uso/abuso de redes sociais e aplicativos de mensagens de texto. Além dos sintomas comuns de dependência e abstinência, como relatado anteriormente, a dependência de *smartphone* traz um risco muito alto de acidentes, indo desde quedas mais simples até acidentes automobilísticos graves.

---

[22] PICON. Precisamos falar sobre tecnologia, p. 53.

As comorbidades mais frequentes nesse transtorno são os transtornos de ansiedade e depressão, além da alexitimia (dificuldade em descrever com palavras as sensações corporais e estados emocionais).[23]

2.2. Aspectos neurobiológicos

Pensando nos aspectos neurobiológicos da cyberdependência, tal como em outros tipos de vícios e dependências (alcoolismo, dependência química, jogos, compras etc.), é imprescindível considerar os aspectos neuroquímicos envolvidos, sobretudo o desequilíbrio dos neurotransmissores (substâncias endógenas, que facilitam a continuidade de determinados impulsos nervosos, são fundamentais para o bom funcionamento do organismo).

Dentre os diversos neurotransmissores, destaca-se o papel do sistema dopaminérgico. A dopamina é um neurotransmissor essencial para o corpo e o sistema nervoso. Sua ausência está relacionada à doença de Parkinson. Como papéis da dopamina, podemos destacar a regulação dos movimentos voluntários, do centro de prazer no cérebro, do equilíbrio hormonal, da hipertensão.[24]

Além disso, tal como nas demais dependências, ocorre alteração na densidade de certas regiões cerebrais do lobo frontal esquerdo, que contém estruturas responsáveis pela modulação do comportamento emocional (em especial a ínsula, área chave nas dependências, relacionada às emoções, empatia e percepção do paladar/olfato); diminuição de sinapses (comunicação

---

[23] PICON. Precisamos falar sobre tecnologia, p. 53-54.
[24] JOVIC; DINDIC. Influence of dopaminergic system on internet addiction, p. 60.

entre os neurônios), de células da glia (em linhas gerais, células que "nutrem" os neurônios, fornecendo substâncias essenciais para o seu funcionamento adequado) e alteração na densidade neuronal; alterações no transporte da serotonina (neurotransmissor relacionado a diversas funções, entre elas, a vasoconstrição, sensação de saciedade, regulação do sono e do humor; seu desequilíbrio está relacionado a transtornos depressivos e de ansiedade, distúrbios do sono, distúrbios alimentares e crises de enxaqueca, por exemplo).[25]

Desse modo, falar sobre a relação de dependência da tecnologia não implica apenas abordar os comportamentos e sentimentos com relação a esses dispositivos ou atividades. Como mencionado no início deste texto, tudo aquilo que fazemos modifica nosso cérebro. Isso significa que tudo aquilo que fazemos, inclusive as atividades corriqueiras, tem um correlato cerebral. Se, por um lado, isso nos preocupa quanto aos transtornos, por outro, abre-nos portas para utilizar essas mesmas tecnologias em programas de reabilitação.

3. Tecnologia como aliada em programas de reabilitação neuropsicológica

Até este ponto, dedicamo-nos a apresentar os impactos cerebrais e psicológicos do uso da tecnologia, em especial nos casos de dependência e uso abusivo. No entanto, é preciso considerar outros aspectos relacionados ao bom uso desses dispositivos.

O *videogame,* um dos entretenimentos mais populares nos dias de hoje, especialmente entre as gerações mais jovens, também

---

[25] JOVIC; DINDIC. Influence of dopaminergic system on internet addiction, p. 63.

pode trazer benefícios. Em jogadores regulares, mas não abusivos nem dependentes, a atividade traz melhora cognitiva, em especial na atenção, processamento visual e espacial, memória de trabalho e diminuição do tempo de processamento das informações. Esses benefícios são percebidos, inclusive, nos idosos, geração não habituada a esse tipo de atividade ao longo do desenvolvimento.[26]

Para além desses benefícios, podemos pensar na forma como a informática e outros recursos tecnológicos ampliaram as possibilidades diagnósticas e de tratamento. A tecnologia é parte da realidade, e não podemos deixar de perceber que, em muitos casos, pode ser um recurso valioso como tratamento complementar de certos quadros clínicos.

A Teoria do Processamento da Informação embasa essas estratégias clínicas ao revelar a mente humana com funcionamento semelhante ao dos computadores: "(...) como um sistema cognitivo complexo, que manipula ou processa as informações que são oriundas do ambiente ou já estão armazenadas no sistema".[27] Assim, a informação é percebida, transforma-se em representação, é comparada a outras informações, ganha significado e é consolidada na memória.

O uso de tecnologias em reabilitação traz ótimos resultados no tratamento das funções motoras, cognitivas, sensoriais e de comunicação. O foco dos *softwares* e aplicativos está em diminuir as limitações, estimulando as funções motoras, cognitivas e sensoriais; mas, para que isso se cumpra, o aparelho utilizado deve estar adaptado às necessidades do paciente.[28]

---

[26] RIVERO, T. S.; QUERINO, E. H. G. Videogame: seu impacto na atenção, percepção e funções executivas. In: *Revista Neuropsicologia Latinoamericana* 4/3 (2012): 38-52.
[27] ALBUQUERQUE, E. C.; SCALABRIN, E. E. O uso de computador em programas de reabilitação neuropsicológica. In: *Psicologia Argumento* 25/50 (2007), p. 271.
[28] ALBUQUERQUE; SCALABRIN. O uso de computador em programas de reabilitação neuropsicológica, p. 272-274.

3.1. Interface cérebro-computador

Outra forma de uso da tecnologia para o desenvolvimento dos pacientes é a interface cérebro-computador que, cada vez mais, vem se tornando uma realidade acessível para pacientes com diferentes lesões ou quadros clínicos. A técnica permite a comunicação com o meio externo, restauração de funções motoras por meio do uso das neuropróteses (em que, com o auxílio de *softwares* específicos, um paciente pode movimentar uma prótese de um membro faltante apenas com o comando mental), permite ainda a reabilitação de funções neuropsicológicas em pacientes com limitações graves, em que os métodos tradicionais fariam poucos efeitos.[29]

A interface cérebro-computador "(...) utiliza sinais elétricos que podem ser detectados do escalpo, da superfície cortical ou de áreas subcorticais cerebrais para ativar dispositivos externos, tais como computadores, interruptores ou próteses".[30]

Assim, seja por meio de eletrodos presos ao couro cabeludo (de forma semelhante ao que se pratica num exame de eletroencefalograma), seja por *chips* implantados em áreas cerebrais específicas para cada caso, o paciente pode interagir com equipamentos sem a necessidade de movimentar-se. Isso abre um grande campo para pensar a reabilitação desses pacientes, além do uso de próteses inteligentes ou ainda de ambientes adaptados (por exemplo, um paciente com dificuldades de locomoção poderia, apenas por meio do comando cerebral, acionar interruptores, abrir armários e utilizar aparelhos comuns do dia a dia).

---

[29] MACHADO, S. et al. Interface cérebro-computador: novas perspectivas para reabilitação. In: *Revista Neurociências* 17/4 (2009): 329-331.
[30] MACHADO et al. Interface cérebro-computador, p. 329.

3.2. Aplicativos e *games* na reabilitação de transtornos neuropsicológicos

Já no uso da tecnologia como recurso terapêutico, destacam-se como benefícios a facilidade de acesso a esse recurso e o maior interesse e adesão ao tratamento por parte dos pacientes. Nessa abordagem, obtêm-se melhores resultados com transtornos para os quais o uso de medicação e os tratamentos de reabilitação tradicionais não suprem todas as funções afetadas, por exemplo, o TDAH.[31]

Dentre as funções neuropsicológicas que melhor reagem à reabilitação por meio de *videogames* e recursos tecnológicos, destacam-se as funções executivas, em especial o planejamento, a flexibilidade cognitiva, a memória de trabalho, a atenção seletiva, a atenção sustentada e o controle inibitório.[32]

É importante mencionar que os *games* utilizados como recurso terapêutico, de modo geral, não são os mesmos jogos vendidos no varejo. São jogos criados em parcerias entre neurocientistas, profissionais de saúde e desenvolvedores, cujo objetivo principal não é entreter, mas sim reabilitar determinada função. Assim, geralmente são jogos bastante simples, permitindo a facilidade de interação com pacientes que apresentam diferentes transtornos, em variados graus de gravidade.

Considerações finais

Diante do tema proposto, cabe deixar para o leitor alguns alertas. O primeiro é referente ao uso ou abuso da tecnologia.

---
[31] ROCHA; ALVES; NERY. Jogos digitais e reabilitação neuropsicológica.
[32] ROCHA; ALVES; NERY. Jogos digitais e reabilitação neuropsicológica.

Tais recursos fazem parte da nossa realidade e podem ser de grande ajuda ao facilitar o dia a dia ou até ao ser utilizado enquanto recurso terapêutico. No entanto, como em todo tipo de vício e dependência, as consequências do uso abusivo podem ser bastante complicadas, em especial para as crianças e adolescentes, envolvendo funções neuropsicológicas como a memória, a atenção, a aprendizagem e aspectos como o comportamento emocional, a sociabilidade e a saúde (física e mental). Desse modo, é fundamental estar atento no tempo de uso dos dispositivos, mantendo a moderação. É importante educar crianças e adultos a dar atenção, também, ao que acontece do lado de fora das telas.

Além disso, o tipo de uso também deve ser observado. Como é o *game* sobre o qual os meninos não param de falar? A 'blogueira' que as meninas acompanham tem alguma relação com mudanças nas amizades ou nos hábitos alimentares? Será que o estudante que chega do colégio e faz 'maratonas' de videoaulas não deveria ser encorajado a passar mais tempo com a família e os amigos? Geralmente, o estilo de vida fora das telas oferece aos profissionais de saúde, familiares ou educadores bons dados sobre o tipo de uso das tecnologias, apontando sinais de que pode haver algum problema, tais como influência no rendimento escolar ou no trabalho, desinteresse por atividades antes prazerosas, distúrbios de sono, dificuldade de conciliação com outras atividades da vida diária, que resultam prejudicadas.

Nesse sentido, um ponto a ser considerado é a forma como se lida com a frustração. As facilidades da tecnologia, juntamente com a velocidade que proporciona a processos que, sem ela, seriam mais demorados, podem provocar certa dificuldade em lidar com frustrações que, inevitavelmente, ocorrem na vida de todos. No perfil de pacientes que apresentam dependência, essa dificuldade em lidar com frustrações mostra-se bastante frequente.

Saindo do contexto da dependência e dos transtornos, seria interessante que a população procurasse conhecer os jogos digitais terapêuticos. Muitos deles estão disponíveis para a população geral na *internet* ou lojas de aplicativos, inclusive com versões gratuitas. Mesmo pessoas que não têm transtornos ou sequelas podem se beneficiar ao utilizar esses recursos durante alguns minutos por dia, de forma preventiva.

A chave para evitar problemas com o uso de tecnologia é o equilíbrio e o discernimento: o uso com moderação sempre que possível, bem como a atenção ao tipo de uso e ao conteúdo acessado. Além disso, convém estabelecer limites no uso dos dispositivos e ter sempre o hábito de fazer intervalos sem tela. A tecnologia pode ser um recurso incrível quando bem utilizada, mas é preciso ter em mente que ela é apenas uma parte da nossa realidade concreta. É no face a face que a vida acontece.

Referências bibliográficas

ALBUQUERQUE, Erica Crisóstomo; SCALABRIN, Edson Emílio. O uso de computador em programas de reabilitação neuropsicológica. In: *Psicologia Argumentos* 25/50 (2007): 269-275.
ALVES, Bianca. Como nossa mania de fotografar tudo afeta a nossa memória? In: *Revista Casa e Jardim* (14.01.2019). Disponível em: http://revistacasaejardim.globo.com/Curiosidades/noticia/2019/01/como-nossa-mania-de-fotografar-tudo-afeta-nossa-memoria.html. Acesso em: 08 fev. 2019.

BOGGIO, Paulo Sérgio; FREGNI, Felipe; RIGONATTI, Sérgio Paulo; MARCOLIN, Marco Antônio; SILVA, Maria Teresa Araújo. Estimulação magnética transcraniana na neuropsicologia: novos horizontes em pesquisa sobre o cérebro. In: *Revista Brasileira de Psiquiatria* 28/1 (2006): 44-49.

FIORI, Nicole. *As neurociências cognitivas*. Porto Alegre: Instituto Piaget, 2009.

FORTIM, Ivelise; ARAÚJO, Ceres Alves de. Aspectos psicológicos do uso patológico de internet. In: *Boletim – Academia Paulista de Psicologia* 33/85 (2013): 292-311.

GIMENO, Rebeca. O que acontece no seu cérebro se você largar o Facebook? In: *El País* (13.02.2019). Disponível em: http://brasil.elpais.com/brasil/2019/02/12/tecnologia/1549990082_118422.html. Acesso em: 08 fev. 2019.

JOVIC, Jelena; DINDIC, Natasa. Influence of dopaminergic system on internet addiction. In: *Acta Medica Medianae* 50/1 (2011): 60-66.

MACHADO, Sérgio; CUNHA, Marlo; VELÁSQUES, Bruna; MINC, Daniel; BASTOS, Victor Hugo; BUDDE, Henning; CAGY, Maurício; PIEDADE, Roberto; RIBEIRO, Pedro. Interface cérebro-computador: novas perspectivas para reabilitação. In: *Revista Neurociências* 17/4 (2009): 329-331.

PICON, Felipe; KARAM, Rafael; BREDA, Vitor; RESTANO, Aline; SILVEIRA, André; SPRITZER, Daniel. Precisamos falar sobre tecnologia: caracterizando clinicamente os subtipos de dependência de tecnologia. In: *Revista Brasileira de Psicoterapia* 17/2 (2015): 44-60.

RIVERO, Thiago S.; QUERINO, Emanuel H. G. Videogame: seu impacto na atenção, percepção e funções executivas. In: *Revista Neuropsicologia Latinoamericana* 4/3 (2012): 38-52.

ROCHA, Patrícia; ALVES, Lynn; NERY, Jesse. Jogos digitais e reabilitação neuropsicológica: delineando novas mídias. *I Seminário de Tecnologias Aplicadas à Educação e Saúde*. Salvador: UNEB, 2014.

SHAKYA, Holly B.; CHRISTAKIS, Nicholas A. Association of Facebook use with compromised well-being: a longitudinal study. In: *American Journal of Epidemiology* 185/3 (2016): 203-211.

TWENGE, Jean M.; CAMPBELL, W. Keith. Associations between screen time and lower psychological well-being among children and adolescents: evidences from a population-based study. In: *Elsevier - Preventive Medicine Reports* 12 (2018): 271-283.

USTARRÓZ, J. Tirapu; GRANDI, F. Memoria: necessidad de una classificación conceptual. In: *Cuadernos de Neuropsicologia - Panamerican Journal of Neuropsychology* 10/3 (2016): 13-31.

VIGOTSKY, L. S.; LURIA, A. R. *Estudo sobre a história do comportamento*. Porto Alegre: ArtMed, 1996.

O poder tecnológico
Implicações e desafios socioambientais

Francisco de Aquino Júnior[1]

Introdução

A técnica é *um* elemento fundamental na vida humana e está presente em todos os povos e todas as civilizações. Mas ela se tornou, no mundo moderno-contemporâneo, *o* fator determinante de nossa vida, a ponto de se constituir como a esfera a partir da qual e em função da qual tudo, do macro ao micro, é pensado e regulado. É o que o papa Bento XVI chama na Encíclica *Caritas in Veritate* de "horizonte cultural tecnocrático"[2] e que o papa Francisco chama na Encíclica *Laudato Si'* de "paradigma tecnocrático".[3]

Essa situação exige de nós uma reflexão séria sobre o lugar, a importância, os riscos e os limites da técnica a fim de que, em

---

[1] Francisco de Aquino Júnior é Doutor em Teologia (Westfälische Wilhelms-Universität Münster – Alemanha) e Professor de Teologia na Faculdade Católica de Fortaleza (FCF) e no PPG-Teo da Universidade Católica de Pernambuco (UNICAP).
[2] BENTO XVI, Papa. *Caritas in Veritate*. Carta Encíclica sobre o desenvolvimento humano integral na caridade e na verdade. São Paulo: Paulinas, 2009, n. 70.
[3] FRANCISCO, Papa. *Laudato Si'*. Carta Encíclica sobre o cuidado da casa comum. São Paulo: Paulus/Loyola, 2015, n. 101ss. Daqui em diante = LS.

vez de possibilitar e potencializar a vida humana num equilíbro socioambiental, não se torne uma ameaça e um fator de destruição da vida humana e do conjunto da vida no planeta.

É nesse contexto e nessa perspectiva que se insere esta reflexão sobre o poder tecnológico em nossa sociedade: suas implicações e seus desafios socioambientais. Começaremos destacando a importância e o lugar da técnica na vida humana. Chamaremos atenção para a especificidade da técnica no mundo moderno-contemporâneo, bem como para suas implicações e seus desafios socioambientais. E concluiremos com algumas considerações de ordem teológico-pastorais.

1. Importância e lugar da técnica na vida humana

A técnica é um elemento fundamental e imprescindível na vida humana. Faz parte do modo humano de compensar seus limites biológicos e ampliar seus poderes no processo de conquista e efetivação da própria vida. Sem técnica – por mais elementar que seja ou pareça – a vida humana seria simplesmente impossível.

Diferentemente dos demais animais, o animal humano tem que conquistar e fazer a própria vida no sentido mais estrito da palavra. A vida humana é uma tarefa e uma conquista que se efetivam mediante processo permanente de apropriação e criação de "possibilidades".[4] Não é algo dado e garantido de uma vez por todas, mas possibilitado, vale a redundância, pelas possibilidades *disponíveis* em cada tempo e lugar. Mas essas possibilidades – sempre limitadas! – só se constituem como tais,

---

[4] ZUBIRI, Xavier. *El hombre y Dios*. Madrid: Alianza Editorial, 2003, p. 15-112, 372ss.

enquanto *apropriadas e/ou criadas* pelo homem para fazer a vida de uma forma ou de outra. A expressão "possibilidades" não deve ser entendida aqui como "aquilo que não é impossível nem sequer como aquilo que é positivamente possível", mas como "aquilo que possibilita", isto é, aquilo que "dá um poder sem dar uma necessidade fixa e unidirecional de realização desse poder".[5] Diz respeito, em última instância, ao processo de possibilitação da vida humana. E num duplo sentido. É algo processual no sentido de que "cada estágio não só sucede ao anterior, mas se apoia nele".[6] E é algo que se constitui como um "processo de capacitação" na medida em que consiste não simplesmente na produção de um instrumento, mas na "produção do âmbito mesmo do possível" ou num "fazer um poder",[7] isto é, na medida em que "vai incorporando ao sujeito em questão um poder-poder, um poder possibilitar, um poder fazer possível".[8]

É nesse contexto de efetivação de vida humana, mediante processo de apropriação e criação de "possibilidades", que surge e se desenvolve a técnica.[9] Ela está essencialmente ligada ao modo humano de se enfrentar com as coisas (possibilidades a serem apropriadas) e de se efetivar como realidade (defesa das ameaças e satisfação das necessidades). Tem a ver, portanto, com o "processo de possibilitação" da vida humana (apropriação e criação de possibilidades), particularmente no que esse processo tem de "capacitação" do homem para fazer a vida

---
[5] ELLACURÍA, Ignacio. *Filosofia de la realidade histórica*. San Salvador: UCA, 1999, p. 521.
[6] ZUBIRI, Xavier. *Tres dimensiones del ser humano*: individual, social histórica. Madrid: Alianza Editorial, 2006, p. 153.
[7] ZUBIRI. *Tres dimensiones del ser humano*, p. 157.
[8] ELLACURÍA. *Filosofia de la realidade histórica*, p. 554.
[9] ZUBIRI, Xavier. *Sobre el hombre*. Madrid: Alianza Editorial, 1998, p. 333-341.

("fazer um poder"). Neste sentido, tem um caráter antropológico fundamental. É constitutiva da vida humana: emerge, desenvolve-se e só tem sentido no contexto e em função da realização da vida humana. A técnica não um é fim em si mesma nem vale por si mesma. É algo sempre relativo à vida humana e, como tal, deve ser sempre considerada, desenvolvida e discernida.

E aqui residem a moralidade e teologalidade fundamentais da técnica. Enquanto algo apropriado e/ou criado pelo homem para fazer a vida de uma maneira ou de outra, a técnica nem é algo puramente natural (é sempre algo apropriado e/ou criado pelo homem) nem, consequentemente, é algo ética e teologicamente neutro ou indiferente (possibilita e/ou capacita o homem para fazer a vida de uma determinada maneira). Na medida em que o homem *faz a vida*, é responsável por ela (moralidade fundamental da vida humana). E a *maneira como ele faz a vida* pode ser mais ou menos ética e/ou de acordo com a vontade de Deus (eticidade e teologalidade fundamentais da ação humana). De modo que, seja pelo que tem de *fruto da ação humana*, seja pelo *modo de vida que possibilita e/ou capacita*, a técnica tem uma dimensão ético-teologal fundamental. Pelo simples fato de que ela não existe por si mesma, mas apenas no contexto de realização da vida humana ou como possibilidade apropriada e/ou criada pelo homem que o capacita para fazer a vida de uma determinada maneira, a técnica jamais pode ser tomada como meio ou instrumento que, em si mesmo, seria ética e teologicamente neutro ou indiferente.

E isso que, de algum modo e em alguma medida, vale para todo tipo de técnica em todos os tempos e culturas, vale de modo particular para a técnica moderno-contemporânea, dados o caráter científico que ela adquiriu, o poder que ela confere ao homem e sua vinculação aos grupos e setores dominantes da sociedade.

2. A técnica no mundo atual

Se a técnica sempre foi *um* elemento fundamental na vida humana, ela se tornou no mundo moderno-contemporâneo *o* elemento determinante de nossa vida em todas as suas dimensões. Como bem afirma Manfredo Oliveira, em nosso mundo, "a técnica não é apenas um fenômeno importante ou um setor específico, mas seu elemento determinante".[10] Ela caracteriza "o *modo de ser* do homem moderno" ou a "*forma* de nossa civilização" ou a "forma da consciência contemporânea":[11] "é a atitude fundamental do homem com relação ao seu mundo".[12] Trata-se, aqui, de uma "compreensão da realidade que perpassa todas as dimensões da existência do homem em sociedade, até mesmo no campo de sua vida 'privada'".[13] Nesse sentido, ela se tornou "uma categoria central para compreender o mundo em que vivemos e a postura do ser humano ante a realidade como um todo"[14] e, consequentemente, um desafio ético fundamental de nossa época.

Convém considerarmos com mais atenção as características fundamentais dessa técnica que se tornou o elemento fundamental e determinante de nossa vida, bem como as implicações e os desafios socioambientais que ela nos impõe.

---

[10] OLIVEIRA, Manfredo Araújo de. Ética e técnica. In: OLIVEIRA, Manfredo Araújo de. Ética, direito e democracia. São Paulo: Paulus, 2010, p. 39-76, aqui p. 43.
[11] OLIVEIRA, Manfredo Araújo de. O positivismo tecnológico como forma da consciência contemporânea. In: OLIVEIRA, Manfredo Araújo de. *A filosofia na crise da modernidade*. São Paulo: Loyola, 1990, p. 73-83.
[12] OLIVEIRA. O positivismo tecnológico, p. 79s.
[13] OLIVEIRA. O positivismo tecnológico, p. 80.
[14] OLIVEIRA. Ética e técnica, p. 39.

2.1. Características fundamentais

Se a técnica sempre teve a ver com *saber* (só um animal inteligente produz técnica) e com *poder* (possibilita, capacita, empodera o homem), ela se constituiu no mundo moderno--contemporâneo como um *saber científico* e um *saber muito poderoso controlado pelos grupos dominantes da sociedade*. É inseparável da *ciência moderna* e das *relações de poder* que determinam o desenvolvimento dessa ciência. É uma técnica científica e uma técnica de poder. Um trio inseparável: técnica--ciência-poder.

a) É uma *técnica científica*. O que caracteriza a técnica moderna é que "ela se fez ciência, ou seja, se baseia num conhecimento rigoroso da natureza e de suas leis", constituindo-se como "um saber empírico matematicamente articulado"[15] que tem como objetivo básico "articular um conhecimento que torne eficaz a intervenção do ser humano no seu mundo".[16] Trata--se, aqui, de um "conhecimento rigoroso" (ciência) em vista de uma intervenção "eficaz" no mundo (dominação). E isso não só aumentou enormemente sua eficácia e foi atingindo e dominando todos os âmbitos da natureza e da própria vida humana (tipo de conhecimento), mas foi configurando e impondo um tipo de técnica que se tornou fator determinante da civilização atual (objetivo básico).

Na linguagem simples e direta do papa Francisco em sua Encíclica *Laudato Si'*, trata-se, aqui, de uma "técnica de posse, domínio e transformação" que reduz a relação homem-mundo à relação sujeito-objeto, reduz tudo a objeto, isto é, a "realidade

---

[15] OLIVEIRA. O positivismo tecnológico, p. 50.
[16] OLIVEIRA. O positivismo tecnológico, p. 53.

informe totalmente disponível para a manipulação", fragmenta a realidade e perde a visão de conjunto desta com enormes consequências para a vida humana tanto em seu aspecto práxico quanto em seu aspecto teórico.[17] É verdade que o homem sempre interveio na natureza, apropriando-se dela como possibilidade para fazer a vida. Mas agora, graças ao poder da técnica aliada à ciência moderna, diz Francisco, "o que interessa é extrair o máximo possível das coisas por imposição da mão humana, que tende a ignorar ou esquecer a realidade própria do que tem à sua frente". A isto está ligada a "ideia de um crescimento infinito ou ilimitado", que supõe a "mentira da disponibilidade infinita dos bens do planeta, o que leva a 'espremê-lo' até ao limite e para além deste".[18] E disso não escapa nem o ser humano, como comprovam as experiências com embriões, o controle do comportamento humano com agentes químicos e a manipulação dos processos genéticos.[19]

b) É uma *técnica de poder*. A técnica sempre teve a ver com poder (possibilita, capacita, empodera) e sempre foi fator de dominação (controle, domínio, imposição). Mas ela adquiriu no mundo moderno um poder impressionante que se expandiu sobre todos os âmbitos da vida e que é capaz de destruir o conjunto da vida no planeta. Trata-se de um *poder universal*, no sentido de que "a totalidade da experiência humana é marcada pela técnica, as formas de pensar e de agir, chegando até aos espaços mais familiares e privados da vida, os hábitos e costumes, as instituições e os valores".[20] Trata-se de um *poder ameaçador*, na medida em

---

[17] LS 106-110.
[18] LS 106.
[19] OLIVEIRA. Ética e técnica, p. 48s.
[20] OLIVEIRA. Ética e técnica, p. 43.

que "a humanidade de hoje tem consciência de possuir todos os meios técnico-científicos para a extinção de si mesma e de todas as outras formas de vida sobre o planeta" e, mesmo assim, tem se mostrado incapaz de pôr fim a esse processo ou ao menos reduzir seu ritmo.[21] E trata-se, por fim, o que é ainda mais grave, de um *poder controlado pelos grandes grupos econômicos*. Todo esse processo de desenvolvimento científico-tecnológico, inclusive as chamadas biotecnologias, está vinculado a "negócios financeiros gigantescos como o patenteamento de genes e a produção de órgãos para transplantes".[22]

Como bem reconhece o papa Francisco na Encíclica *Laudato Si'*, todo esse desenvolvimento científico-tecnológico confere à humanidade hoje um "poder tremendo", ou melhor, confere "àqueles que detêm o conhecimento e sobretudo o poder econômico para o desfrutar, um domínio impressionante sobre o conjunto do gênero humano e do mundo inteiro". E continua: "nunca a humanidade teve tanto poder sobre si mesma", mas "nada garante que o utilizará bem, sobretudo se se considera a maneira como o está fazendo".[23] Não se trata simplesmente de um crescimento gigantesco de poder sobre o conjunto da realidade, o que já seria preocupante, mas se trata, sobretudo, do controle desse poder pelos grandes grupos econômicos e de sua subordinação total a seus interesses econômicos, mesmo que com altíssimos custos socioambientais como demonstram, por exemplo, o lançamento de bombas atômicas sobre Hiroshima e Nagasaki durante a Segunda Guerra Mundial e os crimes recentes das mineradoras em Mariana e Brumadinho.

---

[21] OLIVEIRA. Ética e técnica, p. 40s.
[22] OLIVEIRA. Ética e técnica, p. 47s.
[23] LS 104.

c) *Técnica-ciência-poder*. Essa relação e/ou identificação *técnica-ciência-poder* caracteriza a técnica atual e constitui aquilo que o papa Francisco chama "paradigma tecnocrático" que está na raiz da crise ecológica que caracteriza nosso tempo.[24] Ele diz respeito ao "modo como realmente a humanidade assumiu a tecnologia e o seu desenvolvimento" e se constitui como "*um paradigma homogêneo e unidimensional*",[25] Francisco insiste que "é preciso reconhecer que os produtos da técnica não são neutros, porque criam uma trama que acaba condicionando os estilos de vida e orientam as possibilidades sociais na linha dos interesses de determinados grupos de poder". Mesmo "certas opções que parecem puramente instrumentais, na realidade são opções sobre o tipo de vida social que se pretende desenvolver".[26] E esse paradigma "tende a exercer o seu domínio também sobre a economia e a política" que assumem "todo o desenvolvimento tecnológico em função do lucro",[27] bem como sobre a forma de "saber" que, cada vez mais, se constitui e se desenvolve como um saber especializado e fragmentado incapaz de uma visão e compreensão mais integrais da realidade.[28] Nesse sentido, constitui-se como um "paradigma unidimensional":[29] reduz tudo a *objeto ou recurso*, reduz a razão a um *saber técnico-instrumental*, põe como objetivo fundamental da vida humana o *acúmulo de bens e poder* e acaba reduzindo a totalidade da realidade ao físico ou à matéria – uma espécie de "fisicalismo" ou "materialismo metafísico".[30]

---

[24] LS 101; OLIVEIRA, Manfredo Araújo de. O paradigma tecnocrático. In: MURAD, Afonso; TAVARES, Sinivaldo Silva (Orgs.). *Cuidar da casa comum*: Chaves de leitura teológicas e pastorais da *Laudato Si'*. São Paulo: Paulinas, 2016, p. 129-145.
[25] LS 106.
[26] LS 107.
[27] LS 109.
[28] LS 110-112.
[29] LS 106.
[30] OLIVEIRA, Manfredo Araújo de. O desafio da modernidade à filosofia. In: *Perspectiva Teológica* 49 (2017): 545-571.

2.2. Implicações e desafios socioambientais

Tudo isso tem enormes consequências socioambientais e impõe-se como desafio ético fundamental de nossa hora histórica. Está em jogo, aqui, a vida das maiorias pobres e marginalizadas de nossas sociedades e, mesmo, o futuro da vida no planeta. E isso exige de nós discernimento ético e engajamento social. Não podemos naturalizar o desenvolvimento técnico--científico em curso (é fruto de opção) nem tomá-lo como algo moralmente neutro ou indiferente (está a serviço de interesses bem concretos).

Certamente, "ninguém quer o regresso à Idade da Pedra, mas é indispensável abrandar a marcha para olhar a realidade de outra forma, recolher os avanços positivos e sustentáveis e ao mesmo tempo recuperar os valores e os grandes objetivos arrasados por um desenfreamento megalômano".[31] De modo que não se trata de condenação nem rejeição da técnica, o que seria um absurdo, mas de uma avaliação crítica sobre o tipo de tecnologia que vem sendo desenvolvido nos últimos séculos a partir de suas consequências negativas socioambientais e dos reais interesses a que serve.

E, aqui, é preciso começar reconhecendo que o "poder da tecnologia nos põe diante de uma encruzilhada".[32] Por um lado, trouxe *benefícios enormes* para a humanidade: na produção, no transporte, na medicina, na engenharia, na comunicação, no lazer etc. Como não reconhecer que isso significou um aumento da qualidade de vida e alargou enormemente as possibilidades de vida da humanidade? E esse desenvolvimento tecnológico

---
[31] LS 114.
[32] LS 102.

é tão determinante de nosso modo de vida, que é difícil, para não dizer impossível, pensar a vida humana em nossa sociedade prescindindo dele. Mas, por outro lado, trouxe *enormes problemas* para a humanidade: aprofundou as desigualdades sociais; possibilitou novas formas de extermínio em massa nos campos de concentração, nos conflitos e nas guerras; aumentou enormemente o poder de dominação dos países e grupos mais ricos; possibilitou um processo de globalização do mundo segundo a lógica do mercado; produziu, enfim, a crise ecológica em que estamos mergulhados, que tem consequências imediatas trágicas para as populações pobres e marginalizadas, que compromete a qualidade de vida das futuras gerações e põe em risco o conjunto da vida no planeta.

A ambiguidade ou contradição fundamental do desenvolvimento tecnológico em curso revela-se no fato de que, embora tenha todos os meios necessários para eliminar a fome e a miséria no mundo, não só não o tenha feito, mas, ao contrário, tenha favorecido o aumento das desigualdades sociais. Sem falar no desenvolvimento de um modo de produção que atenta contra a biodiversidade e o equilíbrio socioambiental e põe em risco o conjunto da vida no planeta. Aquilo que Manfredo Oliveira qualifica como a "problemática básica" da civilização técnico--científica: "a incapacidade estrondosa do ser humano de pôr um fim ao processo previsivelmente destrutivo de si mesmo e da natureza".[33] Com o agravante de tudo isso ser pensado e desenvolvido a partir e em função de interesses econômicos. O sociólogo Boaventura de Sousa Santos fala, aqui, do "fenômeno global da industrialização da ciência" que se desenvolveu,

---

[33] OLIVEIRA. Ética e técnica, p. 40.

sobretudo, a partir das décadas de trinta e quarenta e que "acarretou o compromisso desta com os centros de poder econômico, social e político, os quais passaram a ter um papel decisivo na definição das prioridades científicas".[34] É neste contexto que a tecnologia se tornou um problema ético fundamental para nossas sociedades.[35]

Um nome importante nesse debate é, sem dúvida nenhuma, o filósofo judeu alemão Hans Jonas.[36] Partindo de uma análise da "técnica moderna" e de seus impactos na vida humana e no conjunto do planeta,[37] ensaia uma "ética para a civilização tecnológica", baseada no "princípio responsabilidade". Desenvolvida segundo o "ideal baconiano" ou o "programa baconiano" de "colocar o saber a serviço da dominação da natureza e utilizá-la para melhorar a sorte da humanidade",[38] a técnica moderna foi expandindo seu poder sobre todos os âmbitos da natureza e da própria vida humana[39] e impondo seu dinamismo compulsivo de poder e dominação, a ponto de adquirir autonomia em relação ao homem e tornar-se uma "ameaça tenebrosa" para a própria vida humana. Nas palavras de Jonas, "o poder tornou-se autônomo, enquanto sua promessa transformou-se em ameaça e sua perspectiva de

---

[34] SANTOS, Boaventura de Sousa. *Um discurso sobre as ciências*. São Paulo: Cortez, 2010, p. 56s.
[35] OLIVEIRA, Manfredo Araújo de. Os desafios da ética contemporânea. In: OLIVEIRA, Manfredo Araújo de. *Ética, direito e democracia*. São Paulo: Paulus, 2010, p. 9-38.
[36] JONAS, Hans. *O princípio responsabilidade*: Ensaio de uma ética para a civilização tecnológica. Rio de Janeiro: Contraponto/PUC-Rio, 2006; JONAS, Hans. *Técnica, medicina e ética*: Sobre a prática do princípio responsabilidade. São Paulo: Paulus, 2013; OLIVEIRA, Joelson. *Compreender Hans Jonas*. Petrópolis: Vozes, 2014; OLIVEIRA, Joelson; MORETTO, Geovani; SGANZERLA, Anor. *Vida, técnica e responsabilidade*: Três ensaios sobre a filosofia de Hans Jonas. São Paulo: Paulus, 2015.
[37] JONAS. *Técnica, medicina e ética*, p. 25-61.
[38] JONAS. *O princípio responsabilidade*, p. 235.
[39] JONAS. *Técnica, medicina e ética*, p. 40-50.

salvação, em apocalipse". E isso impõe a necessidade de "um poder [não técnico] sobre o poder [técnico]".[40] É nesse contexto que Jonas vai desenvolver sua ética da responsabilidade: "uma ética que, por meio de freios voluntários, impeça o poder dos homens de se transformar em uma desgraça para eles mesmos";[41] uma ética que se enfrente criticamente com o "ideal utópico" da civilização tecnológica,[42] contrapondo à "imodéstia de seus objetivos" a "tarefa mais modesta que obriga ao temor e ao respeito: conservar incólume para o homem (...) seu mundo e sua essência contra os abusos de seu poder";[43] uma ética que considere os "efeitos de longo prazo" da ação técnica e que leve a sério o "dever para com o futuro" ("ética do futuro"), que desenvolva a capacidade de previsão dos perigos e dê "primazia ao mau prognóstico sobre o bom" ("heurística do temor")[44] e se constitua como responsabilidade atual em relação ao futuro ("princípio responsabilidade").[45]

Entre nós, na América Latina, Ignacio Ellacuría, filósofo-teólogo, mártir salvadorenho, enfrentou-se com a problemática do "conceito filosófico de tecnologia apropriada".[46] Começa com uma reflexão sobre "o que é a técnica" (conceito filosófico

---

[40] JONAS. O princípio responsabilidade, p. 236.
[41] JONAS. O princípio responsabilidade, p. 21.
[42] JONAS. O princípio responsabilidade, p 22s,
[43] JONAS. O princípio responsabilidade, p. 23.
[44] Como bem observou Joelson Oliveira, o termo alemão Furcht (Heuristik der Furcht) é mais adequadamente traduzido por temor que por medo. "A palavra medo tem uma conotação negativa na língua portuguesa que não traduz bem o alemão Furcht, cujo termo seria melhor traduzido por temor, por transmitir a ideia não de um sentimento passivo, mas de um receio fundado, de um medo acompanhado de respeito frente à força do mal eminente, de escrúpulo e zelo que promovem a precaução; e menos com a perturbação mental provocada por algo estranho e perigoso (patologia), como um sentimento desagradável diante do desconhecido" (OLIVEIRA. Compreender Hans Jonas, p. 129, nota 22).
[45] OLIVEIRA. Compreender Hans Jonas, p. 69-97.
[46] ELLACURIA, Ignacio. El concepto filosófico de tecnología apropriada. In: ELLACURIA, Ignacio. Escritos Filosóficos III. San Salvador: UCA, 2001, p. 227-250.

de técnica) e conclui indicando algumas características de uma tecnologia apropriada (conceito filosófico de tecnologia apropriada). Ele parte do fato de que "o homem é uma realidade-no--mundo, de tal modo que o mundo é parte integrante do existir humano"[47] e da constatação de que "o mundo em que vivemos atualmente já não é o mundo natural", mas "um mundo profundamente transformado pelo homem".[48] Cada vez mais, a técnica se constitui como "princípio criador de nosso mundo e, através dele, de nosso existir humano".[49] Mas um princípio "profundamente ambivalente" (destruição x salvação, vida x morte) e que, por isso mesmo, exige reflexão e discernimento sobre a "técnica apropriada".[50] E isso é um problema "científico", "político"[51] e "ético".[52] Diz respeito tanto aos "meios" (técnicos), quanto aos "fins" (éticos): "não há uma tecnologia tecnicamente boa se não é, ao mesmo tempo, eticamente boa".[53] Ellacuría conclui sua reflexão indicando três critérios para se falar de uma tecnologia boa ou apropriada: 1) deve ser "o mais racional possível", no sentido de ser "o mais eficaz para resolver o problema proposto" ou da "melhor acomodação dos meios aos fins" ("princípio da racionalidade");[54] 2) como a técnica envolve "opção" e pode ser "princípio de dominação e de libertação, princípio de alienação e de humanização", é preciso "optar pela libertação e pela humanização" ("tecnolo-

---

[47] ELLACURIA. El concepto filosófico de tecnología apropriada, p. 230.
[48] ELLACURIA. El concepto filosófico de tecnología apropriada, p. 231.
[49] ELLACURIA. El concepto filosófico de tecnología apropriada, p. 232.
[50] ELLACURIA. El concepto filosófico de tecnología apropriada, p. 233.
[51] ELLACURIA. El concepto filosófico de tecnología apropriada, p. 241.
[52] ELLACURIA. El concepto filosófico de tecnología apropriada, p. 248.
[53] ELLACURIA. El concepto filosófico de tecnología apropriada, p. 248.
[54] ELLACURIA. El concepto filosófico de tecnología apropriada, p. 248s.

gia libertadora");⁵⁵ 3) finalmente, "o critério das maiorias" ou o "ponto de vista das maiorias oprimidas": "em uma sociedade divida não é possível encontrar o bem comum senão a partir da perspectiva das maiorias"; "o bem comum só se consegue mirando às maiorias e procurando para elas as melhores soluções" ("critério das maiorias").⁵⁶

Na medida em que "a técnica é um exercício da ação humana, isto é, uma forma de ação" e que "toda forma de ação está sujeita a uma avaliação moral", ela é um problema ético e deve ser submetida a considerações éticas.⁵⁷ E na medida em que a tecnologia moderna "avança sobre quase tudo que diz respeito aos homens", convertendo-se em um "problema tanto central quanto premente de toda existência humana sobre a terra"⁵⁸ e até mesmo em uma "ameaça tenebrosa" para a vida no planeta,⁵⁹ ela se impõe como um problema ético fundamental em nosso tempo.

3. Considerações teológico-pastorais

É importante ter presente que toda essa problemática da tecnologia moderna, explicitada a partir de suas implicações e de seus desafios socioambientais, não é apenas uma *questão ética* que diz respeito ao sentido e às implicações socioambientais da ação humana no mundo, mas é também, e em última instância, uma *questão espiritual* que diz respeito, positiva e/ou negativamente, à nossa relação com Deus. Por isso, não basta uma

---

[55] ELLACURIA. El concepto filosófico de tecnología apropriada, p. 249.
[56] ELLACURIA. El concepto filosófico de tecnología apropriada, p. 249s.
[57] JONAS. *Técnica, medicina e ética*, p. 51.
[58] JONAS. *Técnica, medicina e ética*, p. 25.
[59] JONAS. *O princípio responsabilidade*, p. 235.

consideração ético-filosófica da tecnologia moderna. É preciso avançar na direção de uma consideração teológico-pastoral que, embora supondo e apoiando-se em uma consideração ético-filosófica, não se identifica sem mais com ela, mas trata de explicitar sua dimensão estritamente teologal ou espiritual. Neste sentido, assumindo uma intuição de Victor Codina, queremos insistir que "é necessário fazer uma bioteologia, não só uma bioética".[60] Passar (ir além) de uma "bioética" para uma "bioteologia".

Uma consideração teológico-pastoral da tecnologia moderna consiste em uma avaliação ou em um discernimento dessa tecnologia (suas características, seu dinamismo, suas implicações socioambientais) a partir e em função do desígnio de Deus para a humanidade, tal como foi revelado na história de Israel e, definitivamente, na vida de Jesus de Nazaré. Avaliação ou discernimento sempre em vista da ação dos cristãos no mundo: ação que se vive na comunhão com Deus, ação conduzida e dinamizada pelo Espírito de Deus, ação por meio da qual Deus vai realizando seu desígnio salvífico.[61]

No contexto da crise ecológica atual que tem como "raiz" precisamente o "paradigma tecnocrático" e o "antropocentrismo moderno",[62] Francisco fala do desígnio salvífico de Deus em termos de "Evangelho da criação".[63] Trata-se de um *evangelho eco-social* que diz respeito a toda a criação e, nela, de modo

---

[60] CODINA, Victor. *Diario de un teólogo del posconcilio*: Entre Europa y América Latina. Bogotá: San Pablo, 2013, p. 319.
[61] AQUINO JÚNIOR, Francisco de. 'A humanidade/criação geme com dores de parto'. Dimensão socioambiental do reinado de Deus. In: AQUINO JÚNIOR, Francisco de. *A dimensão socioestrutural do reinado de Deus*: Escritos de teologia social. São Paulo: Paulinas, 2011, p. 143-172; AQUINO JÚNIOR, Francisco de. Fé cristã e superação da crise ecológica: Abordagem teológica. In: MURAD; TAVARES. *Cuidar da casa comum*, p. 24-40.
[62] LS 101-136.
[63] LS 62-100.

particular, à criatura humana. Um evangelho que, especialmente no contexto de crise em que vivemos, apresenta-se como uma *Boa Notícia* para a humanidade. Segundo esse evangelho, *todos os seres* são criaturas de Deus, expressão de seu amor, manifestação de sua glória e, portanto, muito mais que meros recursos, meios ou instrumentos; no entanto, a *criatura humana* tem uma "especial dignidade" que implica uma "tremenda responsabilidade" com o conjunto da criação. De modo que ofender a criação e, particularmente, a criatura humana é ofender a Deus e, cuidar da criação, em especial da vida humana, é colaborar com a obra salvífico-criadora de Deus, assumindo a tarefa que Ele nos confiou.

Sendo a criatura humana parte da criação e corresponsável por ela, sua ação, que tem sempre e cada vez mais uma dimensão tecnológica, deve ser dinamizada, efetivada e discernida a partir e em função do cuidado da criação. Tudo que atenta contra a criação em geral e a criatura humana em particular atenta contra a obra criadora e o desígnio salvífico de Deus e se constitui em sentido estrito e objetivo (para além da consciência e das boas intensões) como *pecado*. E tudo que favorece, protege e defende o desenvolvimento integral da criação e, em particular, da criatura humana, toma parte e colabora na obra criadora e no desígnio salvífico de Deus e, assim, constitui-se em sentido estrito e objetivo (para além da consciência) como mediação de *salvação* no mundo. É a dimensão teologal da ação humana em seu caráter pecaminoso ou salvífico que precisa ser sempre discernida em cada tempo e em cada situação.

É nesse horizonte e nessa perspectiva que a tecnologia moderna precisa ser considerada. Ela deve ser pensada, dinamizada e desenvolvida em função do cuidado da criação, que constitui a vocação fundamental do ser humano e determina seu lugar no conjunto da criação. Na medida em que ela se constituiu como poder de dominação e como ameaça sobre o conjunto da criação, constitui-se como um poder pecaminoso que atenta contra a obra criadora e o desígnio salvífico de Deus no mundo. Nesse contexto, a fé cristã se efetiva como reação teórica e práxica a esse tipo pecaminoso de tecnologia (aspecto crítico-profético da fé) e como busca, ensaio e promoção de uma tecnologia voltada para o cuidado da criação (aspecto profético-criativo da fé).

E aqui se pode compreender tanto a crítica feita por Francisco ao modelo hegemônico de desenvolvimento tecnológico no mundo atual, quanto seu interesse, seu apreço e seu apoio aos movimentos populares na luta pelos direitos das maiorias populares e na construção de alternativas. Na Encíclica *Laudato Si'*, Francisco insiste que nós "temos de nos convencer que reduzir determinado ritmo de produção e consumo pode dar lugar a outra modalidade de progresso e desenvolvimento"; que é preciso "abrir caminho a oportunidades diferentes, que não implicam frear a criatividade humana nem o seu sonho de progresso, mas orientar essa energia por novos canais";[64] que, "diante do crescimento ganancioso e irresponsável", devemos pensar, inclusive, em "abrandar um pouco a marcha, pôr alguns limites razoáveis e até retroceder, antes que seja tarde";[65] enfim, que "a rentabilidade não pode ser o único critério a ter em conta" na avaliação de uma inovação tecnológica.[66] E busca discernir sinais e indícios de novidade ou alternativa no mundo,

---
[64] LS 191.
[65] LS 193.
[66] LS 187.

não obstante seus limites e suas ambiguidades,[67] sem, contudo, iludir-se com soluções aparentes ou cínicas.[68] Também nos encontros com os movimentos populares, Francisco denuncia o sistema econômico-tecnológico atual como ídolo/idolatria que atenta "contra o projeto de Jesus" e insiste na importância da solidariedade entre os pobres, das alternativas (também técnicas) que vão criando e ensaiando nas bases e de seu potencial transformador, bem como na sua importância como força social no processo de transformação da sociedade. Os movimentos populares são "como uma benção para a humanidade".[69]

Considerações finais

Podemos identificar a partir da Encíclica *Laudato Si'* e dos encontros de Francisco com os movimentos populares três orientações pastorais que se implicam e se complementam: 1) crítica e denúncia do modelo tecnológico hegemônico na medida em que atenta contra a obra criadora e o desígnio salvífico de Deus e se constitui como pecado; 2) apoio e fortalecimento das alternativas tecnológicas dinamizadas pela lógica do cuidado da criação na medida em que se constituem como mediação salvífica; 3) tudo isso a partir das vítimas, de suas lutas e de suas organizações que são "como uma benção para a humanidade"

---

[67] LS 26, 34, 35, 37, 54, 55, 58, 111, 112, 167, 168, 169, 179, 180, 206, 211.
[68] LS 170, 171, 194, 197.
[69] FRANCISCO, Papa. *Discurso do Papa Francisco aos participantes do Encontro Mundial dos Movimentos Populares*. Brasília: CNBB, 2015; FRANCISCO, Papa. *Discurso do Papa Francisco no II Encontro Mundial dos Movimentos Populares*. Brasília: CNBB, 2015; FRANCISCO, Papa. *Discurso do Papa Francisco aos participantes do III Encontro Mundial dos Movimentos Populares*. Brasília: CNBB, 2016; AQUINO JÚNIOR, Francisco de. *Organizações populares*. São Paulo: Paulinas, 2018; AQUINO JÚNIOR, Francisco de; ABDALLA, Maurício; SÁVIO, Robson (Orgs.). *Papa Francisco com os movimentos populares*. São Paulo: Paulinas, 2018.

e são, por excelência, lugar da ação do Espírito de Deus que, como afirma Codina, "atua a partir de baixo".[70]

Importa, aqui, insistir que nada disso é indiferente à fé cristã enquanto um modo de vida dinamizado pelo Espírito que nos faz assumir a vocação e missão de "cuidado da criação", começando pelas principais vítimas que são os pobres e marginalizados. Nisso também se joga a eficácia e relevância da fé em seu caráter de fermento, sal, luz, semente do reinado de Deus. As vítimas desse mundo tecnocrático são, n'Ele, juízes e senhores de nossa vida, de nossa fé (Lc 10,25-37; Mt 25,31-46).

Referências bibliográficas

AQUINO JÙNIOR, Francisco de. 'A humanidade/criação geme com dores de parto'. Dimensão socioambiental do reinado de Deus. In: AQUINO JÚNIOR, Francisco de. *A dimensão socioestrutural do reinado de Deus*: Escritos de teologia social. São Paulo: Paulinas, 2011, p. 143-172.

_____. Fé cristã e superação da crise ecológica: Abordagem teológica. In: MURAD, Afonso; TAVARES, Sinivaldo Silva (Orgs.). *Cuidar da casa comum*: Chaves de leitura teológicas e pastorais da *Laudato Si'*. São Paulo: Paulinas, 2016, p. 24-40.

_____. *Organizações populares*. São Paulo: Paulinas, 2018.

AQUINO JÙNIOR, Francisco de; ABDALLA, Maurício; SÁVIO, Robson (Orgs.). *Papa Francisco com os movimentos populares*. São Paulo: Paulinas, 2018.

BENTO XVI, Papa. *Caritas in Veritate*. Carta Encíclica sobre o desenvolvimento humano integral na caridade e na verdade. São Paulo: Paulinas, 2009.

---

[70] CODINA, Victor. *El Espíritu del Señor actúa desde abajo*. Maliaño: Sal Terrae, 2015.

CODINA, Victor. *Diario de un teólogo del posconcilio*: Entre Europa y América Latina. Bogotá: San Pablo, 2013.

_____. *El Espíritu del Señor actúa desde abajo*. Maliaño: Sal Terrae, 2015.

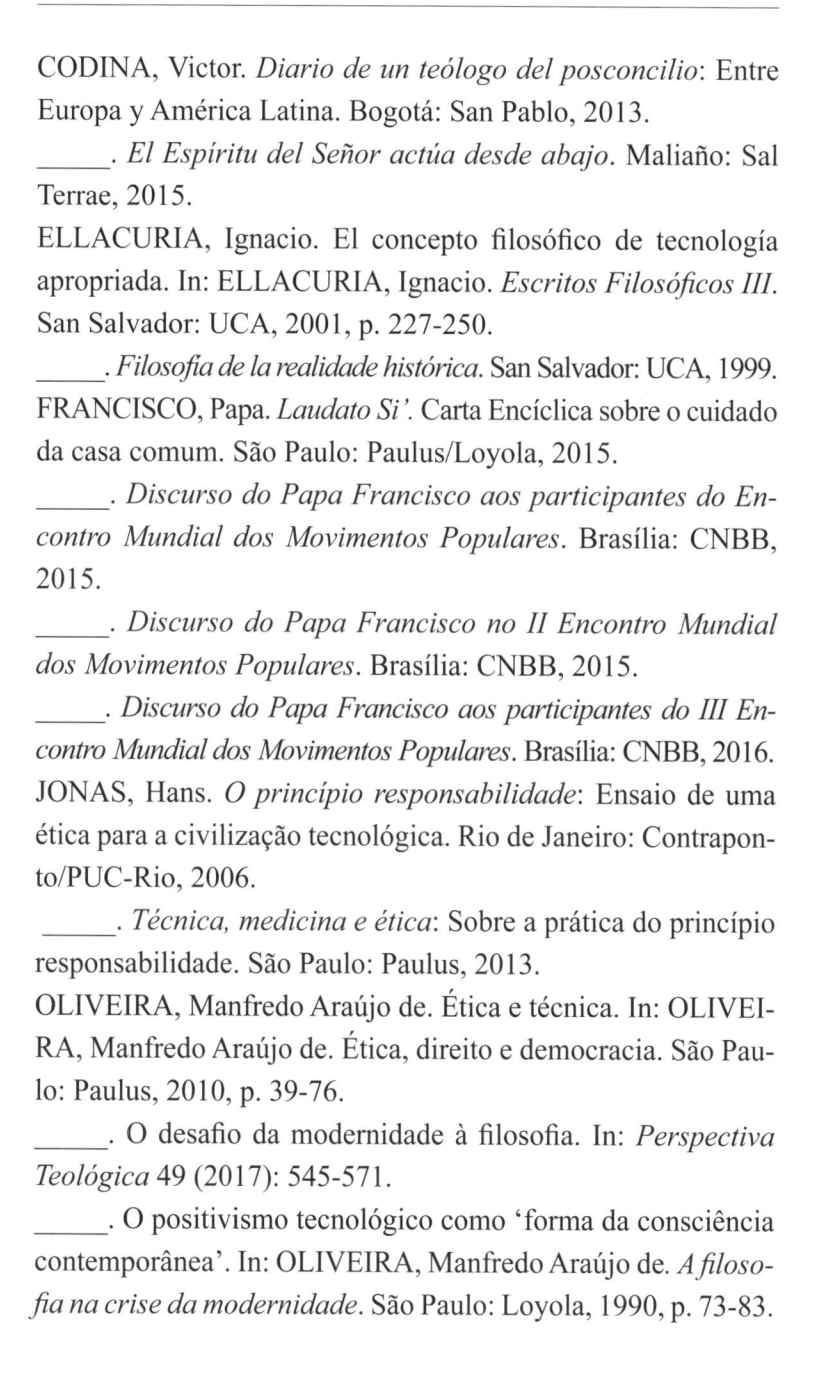

ELLACURIA, Ignacio. El concepto filosófico de tecnología apropriada. In: ELLACURIA, Ignacio. *Escritos Filosóficos III*. San Salvador: UCA, 2001, p. 227-250.

_____. *Filosofía de la realidade histórica*. San Salvador: UCA, 1999.

FRANCISCO, Papa. *Laudato Si'*. Carta Encíclica sobre o cuidado da casa comum. São Paulo: Paulus/Loyola, 2015.

_____. *Discurso do Papa Francisco aos participantes do Encontro Mundial dos Movimentos Populares*. Brasília: CNBB, 2015.

_____. *Discurso do Papa Francisco no II Encontro Mundial dos Movimentos Populares*. Brasília: CNBB, 2015.

_____. *Discurso do Papa Francisco aos participantes do III Encontro Mundial dos Movimentos Populares*. Brasília: CNBB, 2016.

JONAS, Hans. *O princípio responsabilidade*: Ensaio de uma ética para a civilização tecnológica. Rio de Janeiro: Contraponto/PUC-Rio, 2006.

_____. *Técnica, medicina e ética*: Sobre a prática do princípio responsabilidade. São Paulo: Paulus, 2013.

OLIVEIRA, Manfredo Araújo de. Ética e técnica. In: OLIVEIRA, Manfredo Araújo de. Ética, direito e democracia. São Paulo: Paulus, 2010, p. 39-76.

_____. O desafio da modernidade à filosofia. In: *Perspectiva Teológica* 49 (2017): 545-571.

_____. O positivismo tecnológico como 'forma da consciência contemporânea'. In: OLIVEIRA, Manfredo Araújo de. *A filosofia na crise da modernidade*. São Paulo: Loyola, 1990, p. 73-83.

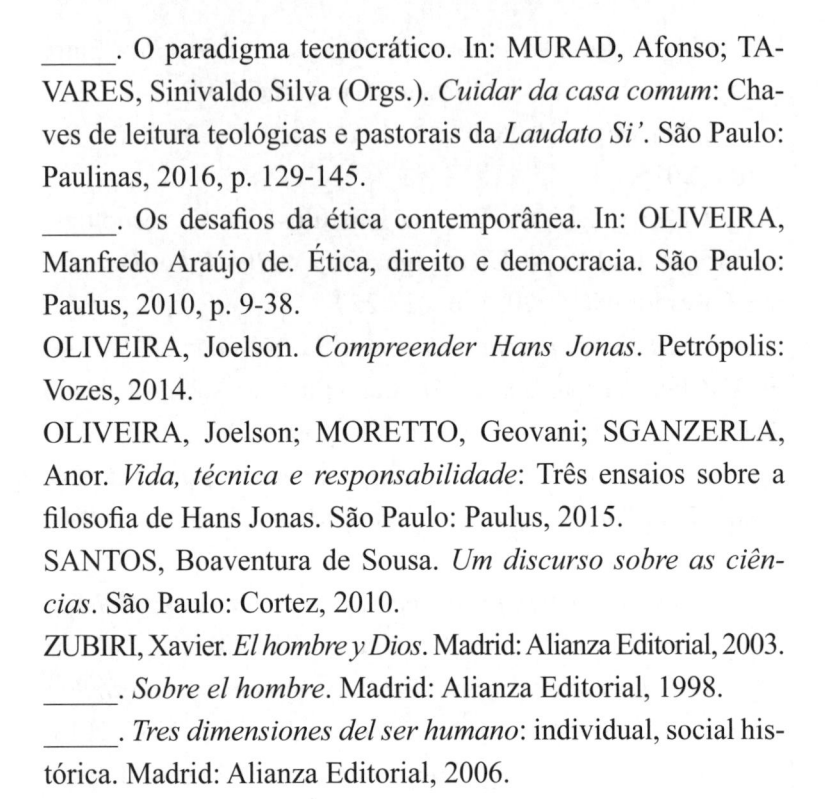

_____. O paradigma tecnocrático. In: MURAD, Afonso; TAVARES, Sinivaldo Silva (Orgs.). *Cuidar da casa comum*: Chaves de leitura teológicas e pastorais da *Laudato Si'*. São Paulo: Paulinas, 2016, p. 129-145.

_____. Os desafios da ética contemporânea. In: OLIVEIRA, Manfredo Araújo de. Ética, direito e democracia. São Paulo: Paulus, 2010, p. 9-38.

OLIVEIRA, Joelson. *Compreender Hans Jonas*. Petrópolis: Vozes, 2014.

OLIVEIRA, Joelson; MORETTO, Geovani; SGANZERLA, Anor. *Vida, técnica e responsabilidade*: Três ensaios sobre a filosofia de Hans Jonas. São Paulo: Paulus, 2015.

SANTOS, Boaventura de Sousa. *Um discurso sobre as ciências*. São Paulo: Cortez, 2010.

ZUBIRI, Xavier. *El hombre y Dios*. Madrid: Alianza Editorial, 2003.

_____. *Sobre el hombre*. Madrid: Alianza Editorial, 1998.

_____. *Tres dimensiones del ser humano*: individual, social histórica. Madrid: Alianza Editorial, 2006.

Igreja e poder: imagem, testemunho e profecia

María Isabel Gil Espinosa[1]

Introdução

É impossível abordar o tema Igreja e poder – imagem, testemunho e profecia –, sem se referir ao magistério do papa Francisco. Na Exortação Apostólica *Evangelii Gaudium*, Francisco explica quais são as linhas pelas quais tem optado e quais propõe para orientar a Igreja em uma nova etapa evangelizadora. No número 17 da Exortação, que como todos sabemos é o seu programa de governo, indica 7 linhas que se baseiam na doutrina da Constituição Dogmática *Lumen Gentium* e que nos indicam para onde a reforma da Igreja deve ser orientada. Chamaremos a atenção apenas para as seguintes: "a) a reforma da Igreja em saída missionária; (...) c) a Igreja vista como a totalidade do Povo de Deus que evangeliza; (...) e) a inclusão

---

[1] María Isabel Gil Espinosa é Doutora e Mestra em Teologia (Pontifícia Universidad Javeriana – PUJ – Bogotá – Colombia), Especialista em Bioética (PUJ) e Professora de Teologia Moral na Faculdade de Teologia da PUJ. Tradução do espanhol: María Fernanda Narvaez Molano.

social dos pobres".² Essas três linhas já nos indicam o modelo da Igreja a partir do qual devemos nos orientar, isto é, a Igreja compreendida como "a totalidade do Povo de Deus que evangeliza"; uma Igreja "em saída missionária", em que "a inclusão social dos pobres" não é uma questão marginal, mas uma questão essencial que diz respeito à sua identidade e ao seu próprio ser como Povo de Deus e comunhão.

Partir de um modelo de Igreja Povo de Deus muda totalmente o horizonte do exercício do poder e marca a diferença com um protótipo de uma Igreja piramidal, imperial e monárquica. É a partir desse modelo que se faz necessário rever várias questões que se referem diretamente ao poder (leigos – mulheres – ministérios – sacramentos – consciência – etc., etc.) e percorrer um caminho de sincera conversão, como pede o papa Francisco.

Por conseguinte, a reflexão sobre o poder deve situar-se no contexto de uma Igreja, já não reduzida apenas a uma parte dela (o clero – a hierarquia – o primado), mas plenamente entendida como comunhão, Povo de Deus que evangeliza. Situar aqui a questão do poder, tem de mudar, ou deveria mudar, a própria perspectiva e a compreensão do exercício do poder na Igreja.

Por fim, qual é ou qual deveria ser a imagem e o testemunho de uma Igreja comunhão-Povo de Deus, uma Igreja profética enraizada na Trindade e guiada pelo Espírito Santo? Necessariamente, deveria ser uma "Igreja em saída missionária", na qual "a inclusão social dos pobres" não seja considerada apenas uma questão secundária, mas parte essencial da sua identidade

---

² FRANCISCO, Papa. *Evangelii Gaudium*. Exortação Apostólica sobre o anúncio do Evangelho no mundo atual. São Paulo: Paulus/Loyola, 2013, n. 17. Daqui em diante = EG.

e do seu ser profundo. Sendo assim, será inevitável a revisão e a reforma das suas estruturas, porque, como diz o Papa, "há estruturas eclesiais que podem chegar a condicionar um dinamismo evangelizador".[3]

Há estruturas eclesiais que respondem mais a um modelo de Igreja piramidal, imperial e monárquica, do que a um modelo em que a Igreja é "vista como a totalidade do Povo de Deus, que evangeliza";[4] estruturas eclesiais que condicionam um dinamismo evangelizador, porque o seu critério hermenêutico não é a misericórdia, assim como a sua imagem, testemunho e profecia não são de uma Igreja que se sai ao encontro, promove e integra, escuta, acolhe e acompanha todos, de maneira especial os pobres e os que sofrem.[5] O exercício do poder, portanto, não é serviço ao Povo de Deus que evangeliza e sim domínio e controle, até da sua consciência, em alguns casos.

1. Marco eclesiológico

Ao abordar a relação entre Igreja e poder, a pergunta que devemos fazer é a respeito do modelo de Igreja a partir do qual abordamos tal relação. Essa relação não tem sido simples, e podemos ver como ao longo da história a Igreja teve características de uma instituição de poder. Como exemplo, temos alguns dados, como os estados pontifícios, as cruzadas, as guerras religiosas, a inquisição. A afirmação *extra eclesiam nulla salus*, afirmação de quem julga possuir a verdade, foi, sem dúvida

---
[3] EG 26.
[4] EG 17.
[5] *Gaudium et Spes.* Constituição Pastoral sobre a Igreja no mundo de hoje. In: COMPÊNDIO DO VATICANO II. *Constituições, Decretos, Declarações.* VIER, Frederico (Coord.). 29 ed. Petrópolis: Vozes, 2000, n. 1. Daqui em diante = GS.

alguma, uma reforma de poder não menos agressiva para com os não cristãos. Esses são apenas alguns exemplos de muitos outros que poderíamos mencionar. Diante desses fatos, é inegável que a imagem da Igreja aparece mais como poder do que como carisma e testemunho. Esse poder dentro da Igreja é exercido pela chamada hierarquia, investida de uma *sacra potestas* (LG 18).[6]

Historicamente, podemos identificar, em primeiro lugar, o modelo de Igreja do cristianismo primitivo, o cristianismo judaico-cristão que corresponde ao primeiro milênio, e dizer que nesse primeiro período as características que se destacam na Igreja são as da comunhão e colegialidade. Em segundo lugar, identificamos a mudança mais radical e a maior revolução que ocorreu na concepção da Igreja, no segundo milênio. Um primeiro fato que produzirá essa mudança no modelo da Igreja é a reforma gregoriana com o papa Gregório VII. Em segundo lugar, temos um outro acontecimento, que é o Concílio de Trento em resposta a Lutero e aos reformadores e, finalmente, o inconcluso Concílio Vaticano I.[7] É evidente que esses três acontecimentos, entre outros, mudaram a concepção da Igreja, que deixou de ser *Ek-klesia*, isto é, aqueles que são chamados, convocados, reunidos ou congregados pelo Senhor. Então a Igreja se papalizou e se identificou com o clero. O Papa era considerado um monarca que exerce um poder absoluto sobre toda a Igreja, e, diante dele, todos estavam subordinados. Os

---

[6] Ver: CODINA, Víctor. *Iglesia y poder*. In: ARANGO, José Roberto (Compilador). *El poder en perspectiva teológica*. VI reunión de la Comisión teológica de la Compañía de Jesús en América Latina, (Santa Cruz de la Sierra 2003). Bogotá: Digiprint, 2004, p. 219-220.
[7] Ver: O'MALLEY, John W. *La reforma en la vida de la Iglesia. El concilio de Trento y el Vaticano II*. In: SPADARO, Antonio; GALLI, Carlos María (Eds.). *La reforma y las reformas en la Iglesia*. Madrid: Sal Terrae, 2016, p. 97-117.

bispos não são mais os *episkope* e *episkopos* da Igreja do primeiro milênio e passam a ser príncipes que vivem em palácios episcopais. Como Estrada afirma:

> O Papa assimilou as prerrogativas do poder imperial simbolizado pela tripla mitra à qual Paulo VI renunciou durante o Concílio. Logo se assemelhou às monarquias absolutas em sua qualidade de soberano pontífice, e finalmente estendeu suas prerrogativas de primazia da Igreja Universal no Concílio Vaticano I. (...) O resultado, no entanto, foi que o papel do Papa se tornou o assunto mais conflituoso da Igreja.
>
> (...) Desenvolveu-se um governo romano, monárquico e centralizado. (...) Todas as competências eclesiais centraram-se no Papa que estava acima da lei e da tradição. (...) Perdeu-se a eclesiologia de comunhão em favor de uma Igreja universal com um bispo, também universal, que baseava suas prerrogativas em seu título de representante de Cristo.[8]

Finalmente, temos o paradigma ou modelo de Igreja proposto pelo Concílio Vaticano II, que ainda está, em grande parte, a ser desenvolvido. É o paradigma de uma Igreja entendida como Povo Deus,[9] uma Igreja pobre e para os pobres,[10] uma Igreja de comunhão na pluralidade e não na homogeneidade e uniformidade, que é o que se tentou manter ao longo da tradição europeia. Este modelo de Igreja, Povo de Deus, levanta alguns problemas, como o sacerdócio, os ministérios, os leigos e as mulheres. Problemas que, naturalmente, não podem ser levantados, a não ser por uma revisão da estrutura da Igreja e seus fundamentos. Nesse sentido, Codina aponta:

---

[8] ESTRADA, Juan Antonio. *El cristianismo en una sociedad laica*. Cuarenta años después del Concilio Vaticano II. Bilbao: DDB, 2006, p. 61-62.
[9] *Lumen Gentium*. Constituição Dogmática sobre a Igreja. In: COMPÊNDIO DO VATICANO II. *Constituições, Decretos, Declarações*. VIER, Frederico (Coord.). 29 ed. Petrópolis: Vozes, 2000, Capítulo II. Daqui em diante = LG.
[10] GS 1.

> O Vaticano II retornou à eclesiologia de comunhão, à eclesiologia do primeiro milênio, à Igreja da Trindade, comunidade de fiéis consagrados ao Pai, ao Filho e ao Espírito (LG 4). O Vaticano deixou a categoria de Igreja clerical para abraçar a categoria do Povo de Deus (LG II). Abandonou uma eclesiologia triunfalista para admitir que uma Igreja peregrina (...) substituiu o conceito juridicista de Igreja como sociedade perfeita pelo de Igreja Sacramento de Salvação (LG 1,9,48). Mas o Vaticano II não foi capaz de mediar estruturas suficientes de comunhão que tornassem possível a transição real de uma eclesiologia de poder para outra de comunhão.[11]

Nesse sentido, é necessário esclarecer que, como afirma Kasper, "o último Concílio não chegou a uma síntese satisfatória ou a soluções concretas (sobre o primado). O Vaticano II é, mais do que o cume de uma evolução, o ponto de partida de uma nova configuração histórica do primado para o terceiro milênio".[12] E poderíamos dizer que é também o ponto de partida de uma nova configuração da Igreja e de uma reforma em todos os níveis de sua estrutura.

É claro, então, de onde viemos, onde estamos e que o Concílio, em sintonia com o Evangelho, marca claramente o horizonte para onde devemos ir como Igreja, e quais são algumas tarefas urgentes que estão pendentes para fazer com que se torne realidade o modelo de Igreja Povo de Deus, comunhão. A Igreja tem de se reencontrar com seu caráter de comunidade, a Igreja do cristianismo primitivo. O clero faz parte da Igreja, uma parte importante, sem dúvida, mas a Igreja não se reduz a ele. E nesse reducionismo – identificar a Igreja com uma parte

---

[11] CODINA. *Iglesia y poder*, p. 223.
[12] Citado por PIE-NINOT, Salvador. *Hacia un ordo communionis primatus como primado diaconal*. In: SPADARO, Antonio; GALLI, Carlos María (Eds.). *La reforma y las reformas en la Iglesia*. Madrid: Sal Terrae, 2016, p. 326.

– consistiu o seu drama. Francisco tem razão quando afirma que o todo é superior à parte.[13]

É necessário ressaltar que, na abordagem do Concílio, essa nova configuração pretende criar uma Igreja em que o ponto de partida é a comunidade, o Povo de Deus.[14] Comunidade que tem uma pluralidade de ministérios e uma pluralidade de carismas suscitados pelo Espírito Santo e que estão em função e ao serviço da comunidade. Nesse sentido, a Igreja é apostólica, ministerial, profética e carismática. Ressalta Dianich:

> (...) Tem crescido na consciência dos fiéis a exigência da participação de todos naquilo que interessa a todos e, consequentemente, a necessidade de renovar as práticas sinodais em todos os níveis, até que tenha sido superada a concentração da autoridade na figura do Papa e nas instituições da Santa Sé, para um exercício mais robusto da colegialidade episcopal.
>
> (...) A dinâmica reformadora não acontece senão pelo trabalho de vários protagonistas.
>
> (...) O sujeito de partida é o povo de Deus, com as exigências que emergem da vida eclesial normal, com o foco em uma renovada promoção da evangelização no mundo contemporâneo.[15]

O papado deve-se configurar na perspectiva de uma Igreja entendida como Povo de Deus. O papado é um ministério que foi estabelecido no primeiro milênio para zelar pela unidade da Igreja, sem intervir em outras questões. No segundo milênio, o Papa tor-

---

[13] EG 234-237; FRANCISCO, Papa. *Laudato Si'*. Carta Encíclica sobre o cuidado da casa comum. São Paulo: Paulo/Loyola, 2015, n. 141.
[14] LG II.
[15] DIANICH, Severino. *Primado y colegialidad episcopal: problemas y perspectivas*. In: SPADARO, Antonio; GALLI, Carlos María (Eds.). *La reforma y las reformas en la Iglesia*. Madrid: Sal Terrae, 2016, p. 98.

nou-se um monarca autoritário, que exerceu seu poder sobre toda a Igreja. Da mesma forma, a partir desse marco, devem ser revisadas as outras estruturas da Igreja, estruturas que estão mais alinhadas com o poder do que com o serviço à missão evangelizadora, porque, como afirma o papa Francisco, "há estruturas eclesiais que podem chegar a condicionar um dinamismo evangelizador".[16]

No entanto, é fato que estamos testemunhando uma nova visão da Igreja propiciada, em primeiro lugar, pelas mudanças que ocorreram na Teologia nestes últimos cinquenta e quatro anos, e que está marcada pelo horizonte apresentado pelo Concílio Vaticano II. De modo especial, este horizonte é apresentado pelo Concílio, na Constituição Dogmática *Lumen Gentium*, sobre a Igreja, e na Constituição pastoral *Gaudium et Spes*, sobre a Igreja no mundo de hoje. Em segundo lugar, essa nova visão da Igreja também foi produzida pelas mudanças que surgiram na sociedade. Em terceiro lugar, pela perda de prestígio da Igreja por causa dos escândalos financeiros, sexuais e da luta pelo poder que existe dentro de setores da Igreja. Todos esses eventos vêm gerando uma crise na instituição, mais estrutural do que apenas periférica. Por fim, outro fator que vem favorecendo essa nova visão da Igreja nos últimos anos tem sido os esforços do papa Francisco para reformar a Igreja com base em critérios mais evangélicos e conciliares.

2. O problema do poder em uma Igreja comunhão-Povo de Deus

Neste segundo ponto, procurarei situar o problema do poder em uma eclesiologia de comunhão e as implicações que

---
[16] EG 26.

ele tem na relação com o dinheiro, os ministérios, os leigos, a mulher, o conhecimento teológico e a consciência, só para citar alguns exemplos.

Já dissemos antes que o sujeito de partida para pensar em uma nova configuração da Igreja é o povo de Deus. A razão é que o Concílio denomina a Igreja como Povo de Deus, e em nenhum momento a *Lumen Gentium* designa a hierarquia e o clero como a totalidade da Igreja. O Concílio retorna à concepção da Igreja do Novo Testamento, a Igreja das origens. Para o Concílio, a Igreja como um todo é o Povo de Deus e todos são também responsáveis pela evangelização. Por isso, os leigos e as mulheres são considerados, não apenas destinatários, mas protagonistas com plenos direitos e deveres, porque são Igreja. Em relação ao debate sobre os leigos na Igreja, lembro-me de uma história com a qual Congar faz a introdução ao seu livro *Jalones para una teologia del laicado:*

> O Cardeal Gasquet narra esta história: um catecúmeno perguntou a um sacerdote católico qual era a posição do leigo em nossa Igreja. Respondeu o sacerdote: é dupla: ajoelhar-se diante do altar é a primeira; sentar-se em frente ao púlpito é a segunda. O Cardeal Gasquet acrescenta: esqueceu uma terceira: colocar a mão na carteira.
> De certa forma, nada mudou, nem nunca mudará. Os leigos sempre estarão ajoelhados diante do altar, sentados em frente ao púlpito e por muito tempo continuarão colocando a mão na carteira.[17]

No entanto, logo após essas declarações de Congar, segundo Pottmeyer, o Concílio dá uma volta de 180 graus, porque:

---

[17] CONGAR, Yves M.-J. *Jalones para una teología del laicado*. Barcelona: Herder, 1961, p. 7. Em português: CONGAR, Yves M.-J. *Os leigos na Igreja*: escalões para uma teologia do laicato. São Paulo: Herder, 1966.

> Para o Concílio, todos os membros do Povo de Deus formam uma comunidade sacerdotal (LG 11), na qual há uma genuína igualdade entre todos em termos de dignidade e ação comum a todos os fiéis para a edificação do corpo de Cristo (LG 32). O Concílio fundamentou a Igreja como Povo de Deus em sentido pneumatológico (LG 12). Durante séculos, a hierarquia e seu magistério reivindicaram o monopólio da posse do Espírito Santo. Mas o Espírito Santo concede aos fiéis de qualquer estado – como o Concílio enfatiza – carismas dos mais extraordinários aos mais comuns e difundidos (LG 12).[18]

Consequentemente, as tarefas que surgem, a partir dessa compreensão da Igreja como Povo de Deus, são, entre tantas outras: ampliar ou rever as competências das conferências episcopais; revisar a liturgia; reestruturar o centralismo, o eurocentrismo, o primado do Papa (entendido mais em sentido imperial e monárquico), e transformá-lo na primazia da comunhão. A comunhão entre os membros do Povo de Deus só pode crescer na medida em que cresce a comunhão de cada um deles com o Deus trinitário.[19] Nesse sentido, o papa Francisco enfatiza que:

> A evangelização é dever da Igreja. Este sujeito da evangelização, porém, é mais do que uma instituição orgânica e hierárquica; é, antes de tudo, um povo que peregrina para Deus. Trata-se certamente de um *mistério* que mergulha as raízes na Trindade, mas tem a sua concretização histórica num povo peregrino e evangelizador, que sempre transcende toda a necessária expressão institucional.[20]

---

[18] POTTMEYER, Hermann. *La Iglesia en camino para configurarse como pueblo de Dios.* In: SPADARO, Antonio; GALLI, Carlos María (Eds.). *La reforma y las reformas en la Iglesia.* Madrid: Sal Terrae, 2016, p. 90.
[19] Ver: POTTMEYER. *La Iglesia en camino para configurarse como pueblo de Dios,* p. 82-93.
[20] EG 111.

Entende-se então por que na *Lumen Gentium* o Concílio evitou a palavra poder ao se referir à hierarquia, preferindo a palavra *"munus"*, isto é, ofício, ou palavras que significam serviço. É evidente que evitou voluntariamente a palavra 'poder' (exceto em alguns casos como em LG 18, em que a expressão 'poder sagrado' é imediatamente suavizada pela palavra 'serviço').[21]

É claro que a identificação entre poder e serviço não vem do Novo Testamento. Essa identificação tem sua origem em uma ideologia imperial e monárquica. É também evidente que o poder incluído nesse quadro é totalmente incompatível com o modelo de Igreja apresentado pelo Concílio como comunhão--Povo de Deus.

No entanto, apesar de o Vaticano II ter definido a Igreja como Povo de Deus (LG II), ela, na prática, é identificada com a hierarquia, com o clero, e, como diria Congar, não é fácil mudar essa realidade; portanto, por muito tempo ainda as coisas permanecerão como sempre foram. Mas como é possível conciliar esta visão de uma Igreja poderosa com o Evangelho, com a opção pelos pobres, com a *kénosis* de Jesus (Fl 2,7), com a sua mansidão e humildade, com o seu mistério pascal feito de cruz e ressurreição? O que significa a advertência que Jesus fez aos seus discípulos para que não fossem como os grandes deste mundo, ou como os reis das nações que oprimem e avassalam e se fazem chamar de benfeitores?[22] "Mas, vocês não serão assim. Pelo contrário, o maior entre vocês deverá ser o menor; e aquele que governa como quem serve" (Lc 22,26). O que signi-

---

[21] Ver: COMBLIN, José. Sobre el poder en la Iglesia. Por José Comblin (1923-2011). *In Memoriam* (29.03.2015). Disponível em: https://www.atrio.org/2015/03/sobre-el-poder-en-la-iglesia-por-jose-comblin-1923-2011-in-memoriam/. Acesso em: 20 jul. 2019.
[22] CODINA. *Iglesia y poder*, p. 220.

fica e o que implica para uma reforma da Igreja que "o Filho do Homem não veio para que o servissem, mas para servir e dar a sua vida em resgate de muitos" (Mc 10,45)? O que significa o lava-pés como um ato de humilde serviço aos discípulos? Será esta a essência do que deve ser a Igreja? Porque o poder de Jesus é de entrega, amor, serviço.[23]

Consequentemente, a reforma da Igreja, tema que está sobre a mesa no Magistério do papa Francisco, deve ser uma reforma com vista à comunhão, em que "o sujeito de partida (seja) o povo de Deus".[24] Nesse sentido, aponta Galli:

> Algumas atitudes propostas por Francisco para a reforma da Igreja são: a centralidade do amor numa chave evangelizadora (EG 10,121,156); a comunhão como harmonia das diferenças na totalidade (EG 117, 228, 237); a paciência com os processos e os limites (EG 24, 44, 223); a renovação do kerigma evangélico vivido na tradição eclesial (EG 26, 116, 164).[25]

No marco de um modelo de Igreja comunhão-Povo de Deus, proposto pelo Concílio Vaticano II, e no contexto de uma reforma da Igreja, não apenas cosmética mas estrutural, que esteja em sintonia com o Evangelho, devemos nos perguntar muito sinceramente se o primado é uma questão de poder. É evidente que para o papa Francisco é um assunto importante que deve ser revisto, como afirmado em *Evangelii Gaudium:*

---

[23] CODINA. *Iglesia y poder*, p. 220.
[24] DIANICH. *Primado y colegialidad episcopal: problemas y perspectivas*, p. 98.
[25] GALLI, Carlos María. *La reforma de la Iglesia según el Papa Francisco. La eclesiología del Pueblo de Dios evangelizador*. In: SPADARO, Antonio; GALLI, Carlos María (Eds.). *La reforma y las reformas en la Iglesia*. Madrid: Sal Terrae, 2016, p. 69.

> Dado que sou chamado a viver aquilo que peço aos outros, devo pensar também numa conversão do papado. Compete-me, como Bispo de Roma, permanecer aberto às sugestões tendentes a um exercício do meu ministério que o torne mais fiel ao significado que Jesus Cristo pretendeu dar-lhe e às necessidades atuais da evangelização. O Papa João Paulo II pediu que o ajudassem a encontrar "uma forma de exercício do primado que, sem renunciar de modo algum ao que é essencial da sua missão, se abra a uma situação nova". Pouco temos avançado nesse sentido. Também o papado e as estruturas centrais da Igreja universal precisam ouvir este apelo a uma conversão pastoral. O Concílio Vaticano II afirmou que, à semelhança das antigas Igrejas patriarcais, as conferências episcopais podem "aportar uma contribuição múltipla e fecunda, para que o sentimento colegial leve a aplicações concretas". No entanto, este desejo não se realizou plenamente, porque ainda não foi suficientemente explicitado um estatuto das conferências episcopais que as considere como sujeitos de atribuições concretas, incluindo alguma autêntica autoridade doutrinal. Uma centralização excessiva, em vez de ajudar, complica a vida da Igreja e a sua dinâmica missionária.[26]

Da mesma forma, perguntemo-nos se o ministério presbiteral, da maneira como é concebido hoje, não será também uma questão de poder? O relacionamento leigos-religiosos-clérigos, hierarquia, será uma questão de poder? Os ministérios na Igreja são uma questão de poder? A participação autêntica dos leigos e das mulheres na Igreja é uma questão de poder? Sobre isso, afirma Congar:

> Não é ter uma condição subordinada que faz o proletariado; mas, segundo Toybbee, é o fato de fazer parte de uma sociedade com o sentimento de não ser organicamente um membro ativo e um sujeito de direito. Os leigos sempre formarão, na Igreja, uma ordem subordinada (...).[27]

---
[26] EG 32.
[27] CONGAR. *Jalones para una teología del* laicado, p. 7.

Em uma carta enviada ao cardeal Marc Ouellet, presidente da Pontifícia Comissão para a América Latina, o papa Francisco levanta essas questões de maneira muito direta e clara:

> Olhar para o Santo Povo fiel de Deus e sentirmo-nos parte integrante dele posiciona-nos na vida e, portanto, nos temas que tratamos, de maneira diversa. Isto ajuda-nos a não cair em reflexões que podem, por si só, ser muito úteis, mas que acabam por homologar a vida do nosso povo ou por teorizar de tal modo que a especulação acaba por matar a ação. Olhar continuamente para o Povo de Deus salva-nos de certos nominalismos declarativos (slogan) que são frases bonitas mas não conseguem apoiar a vida das nossas comunidades. Por exemplo, recordo a famosa frase: "Chegou a hora dos leigos" mas parece que o relógio parou.
> Olhar para o povo de Deus, é lembrar que todos entramos na Igreja como leigos. O primeiro sacramento, aquele que sempre sela nossa identidade e de que devemos sempre nos orgulhar, é o do batismo. Através dele e com a unção do Espírito Santo, (os fiéis) são consagrados como casa espiritual e sacerdócio santo (LG 10). Nossa primeira e fundamental consagração tem suas raízes em nosso batismo. Ninguém foi batizado padre, nem bispo. Nós fomos batizados leigos e é o sinal indelével que ninguém pode eliminar. É bom lembrarmos que a Igreja não é uma elite de sacerdotes, dos consagrados, dos bispos, mas que todos nós formamos o Santo Povo fiel de Deus. Esquecer isso implica vários riscos e deformações tanto em nossa própria experiência pessoal e comunitária do ministério que a Igreja nos confiou. Nós somos, como o Concílio Vaticano II assinala, o Povo de Deus, cuja identidade é a dignidade e a liberdade dos filhos de Deus, em cujos corações habita o Espírito Santo como em um templo (LG 9). O Santo Povo Fiel de Deus está ungido com a graça do Espírito Santo, portanto, na hora de refletir, pensar, avaliar, discernir, devemos estar muito atentos a essa unção.
> Não podemos refletir sobre a questão dos leigos, ignorando uma das mais fortes deformações que a América Latina tem de enfrentar – e para a qual peço atenção especial – o clericalismo. Essa atitude não apenas anula a personalidade dos cristãos, mas tem a tendência de diminuir e desvalorizar a graça batismal que o Espírito Santo colocou no co-

ração de nosso povo. O clericalismo leva à funcionalização dos leigos; tratando-o como "líderes", restringe as diferentes iniciativas, esforços e até atrevo-me a dizer, ousadias necessárias para poder levar a Boa-Nova do Evangelho a todas as áreas do trabalho social e especialmente político. O clericalismo longe de promover as diferentes contribuições, propostas, pouco a pouco extingue o fogo profético que toda a Igreja é chamada a testemunhar no coração de seus povos. O clericalismo esquece que a visibilidade e o sacramental da Igreja pertencem a todo o povo de Deus (cf. LG 9-14) e não só a alguns escolhidos e iluminados.[28]

Da mesma forma, devemos nos perguntar se o debate sobre as mulheres e sua pertença à Igreja não é também uma questão de poder; e digo pertença no sentido de identidade, no sentido de fazer parte, com plenos direitos de funções e obrigações, porque não acredito que seja simplesmente de colaboração, que é o que indica o termo participação, porque a colaboração não faz necessariamente nem as mulheres nem os leigos "parte de". Nesse mesmo sentido, devemos nos perguntar se a ignorância teológica, a que o povo de Deus está sujeito, não será também uma questão de poder!

3. Imagem, testemunho e profecia: uma Igreja fundada na Trindade e guiada pelo Espírito Santo

Uma Igreja comunhão-Povo de Deus tem de ser uma Igreja fundamentada na Trindade e guiada pelo Espírito Santo. Esta é a sua imagem, nisto consiste o seu testemunho e nisso também deve consistir o seu anúncio. A comunhão da Igreja não é somente o resultado do esforço humano, mas, principalmente, obra

---

[28] FRANCISCO, Papa. *Carta ao Cardeal Marc Ouellet,* Presidente da Pontifícia Comissão para a América Latina (19.03.2016). Disponível em: http://w2.vatican.va/content/francesco/pt/letters/2016/documents/papa-francesco_20160319_pont--comm-america-latina.html. Acesso em: 22 jul. 2019.

do Espírito Santo.²⁹ É necessário retornar àquilo que a dimensão trinitária, a dimensão pneumatológica e a dimensão eucarística da Igreja significam e implicam. Se a dimensão trinitária não for além de ser um simples modelo, o Espírito Santo, na prática, será o grande ausente e a Eucaristia, reduzida a um simples rito, que nada significará na maioria das vezes. Dessa forma, o cristomonismo continuará sendo o fundamento real, a partir do qual a Igreja é entendida e a partir do qual seu poder se fundamenta.

Ao nos referirmos à Igreja como comunhão, devemos voltar a reconhecer o valor que emerge do conceito *koinonía,* como conceito teológico. *Koinonía* é a palavra grega original na versão grega da Escritura e na tradição patrística e tem um significado que deve ser seriamente considerado na reforma das estruturas da Igreja. A *koinonía* não resulta da experiência sociológica, nem da experiência ética, mas da fé num Deus trinitário que, por definição, é um ser relacional. O fundamento da Igreja é uma teologia trinitária que necessariamente se transforma numa Igreja de comunhão. O Espírito Santo é um espírito de *koinonía*. A Igreja guiada pelo Espírito Santo não pode ser outra coisa senão *koinonía*. Sendo assim, como a noção de *koinonía* afeta a identidade da Igreja, sua estrutura e seu ministério no mundo? Podemos responder que a identidade da Igreja é relacional, que a estrutura da Igreja é relacional, que a autoridade na Igreja, e não o poder, é relacional e, evidentemente, que a missão da Igreja é relacional.³⁰

Ao nos referirmos à Igreja como comunhão, devemos ter presente a Eucaristia, porque a Eucaristia faz a Igreja e a Igreja constitui

---

²⁹ Ver: MELONE, Mary. *El Espíritu y el Evangelio:* fuentes permanentes de renovación de la Iglesia. In: SPADARO, Antonio; GALLI, Carlos María (Eds.). *La reforma y las reformas en la Iglesia.* Madrid: Sal Terrae, 2016, p. 616.
³⁰ Ver: ZIZIOULAS, Ioannis. *L'uno e i molti. Saggi su Dio, l'uomo, la Chiesa e il mondo di oggi.* Roma: Lipa, 2018, p. 54-55.

a Eucaristia. A Eucaristia significa, simultaneamente, o corpo de Jesus e o corpo da Igreja. Se pudéssemos compreender que a natureza da Eucaristia determina a natureza da Igreja, entenderíamos que todos os tipos de divisão levam à sua destruição.[31] Para Zizioulas:

> A Igreja não é simplesmente uma instituição. É um "modo de existência", um modo de ser. O mistério da Igreja, também na sua dimensão institucional, está profundamente ligado ao ser do homem, ao ser do mundo e ao próprio ser de Deus. Em virtude desse vínculo, tão característico do pensamento patrístico, a eclesiologia assume uma importância notável, não apenas para todos os aspectos da teologia, mas também para as necessidades existenciais do homem de cada época.
>
> Em primeiro lugar, o ser eclesial está unido ao próprio ser de Deus. Partindo do fato de que um ser humano é membro da Igreja, este se torna "imagem de Deus", existe como o próprio Deus existe, adota "o modo de ser" de Deus. Este modo de ser não é uma conquista moral, algo que o homem faz. É um modo de relação com o mundo, com outras pessoas e com Deus, um acontecimento de comunhão, e é por isso que não pode ser feito como a realização de um indivíduo, mas apenas como um fato eclesial.
>
> No entanto, para que a Igreja possa oferecer esse modo de existência, ela mesma deve ser imagem do modo de ser de Deus. Toda sua estrutura, seus ministérios etc. devem expressar esse modo de ser. E isso significa, acima de tudo, que a Igreja deve ter uma fé correta, uma visão adequada quanto ao ser de Deus. Ser ortodoxo quanto ao ser de Deus não é um luxo para a Igreja e para o homem: é uma necessidade existencial.
>
> O ser de Deus é um ser relacional: sem o conceito de comunhão não seria possível falar do ser de Deus (...).[32]

---

[31] Ver: ZIZIOULAS. *L'uno e i molti*, p. 73; ZIZIOULAS, Ioannis. *Comunión y alteridad. Persona e Iglesia*. Salamanca: Sígueme, 2009. Neste livro, Zizioulas apresenta importantes reflexões sobre o conceito de Igreja como comunhão na perspectiva da dimensão eucarística da Iglesia.

[32] ZIZIOULAS, Ioannis. *El ser eclesial. Persona, comunión, Iglesia*. Salamanca: Sígueme, 2003, p. 29.31.

Consequentemente, a estrutura da Igreja deve ser um reflexo da comunhão de Deus com o homem em Cristo através do Espírito Santo, e todo o ministério pode ser autoritativo somente no sentido de que realiza a autoridade que resulta da comunhão.[33] Portanto, como afirma Pie-Ninot:

> O eixo transversal de toda essa eclesiologia é a necessidade de que a comunhão se expresse como sinodalidade intraeclesial. De fato, sinodalidade significa "caminhar em comum", tema ao qual João Crisóstomo se refere maravilhosamente quando afirma que "a Igreja tem o nome de sínodo, não em vão, a sinodalidade é o fruto normal de uma Igreja-comunhão". Seu fundamento está no sacerdócio comum de todo o povo de Deus, que tem várias formas de expressão sinodal, entre as quais a corresponsabilidade batismal, particularmente exercida pelos leigos e leigas na vida eclesial, a cooperação presbiteral com o próprio bispo e a colegialidade entre os bispos e com o bispo de Roma. Trata-se de ressituar o ministério pastoral do papa, dos bispos e dos presbíteros como "um verdadeiro serviço que, nas Escrituras, recebe significativamente o nome de *diaconía* ou ministério" (LG 24). Assim, esta sinodalidade permite expressar a comunhão eclesial de todos os crentes como testemunho da "singular unidade de espírito e em comum acordo entre pastores e fiéis (...).[34]

A sinodalidade é uma consequência lógica da comunhão e, com razão, o papa Francisco afirma que:

> Aquilo que o Senhor nos pede, de certo modo está já tudo contido na palavra "Sínodo". Caminhar juntos – leigos, pastores, bispo de Roma – é um conceito fácil de exprimir em palavras, mas não é assim fácil pô-lo em prática.
> (...)

---
[33] Ver: ZIZIOULAS. *L'uno e i molti*, p. 191.
[34] PIE-NINOT, Salvador. *Eclesiología:* la sacramentalidad de la comunidad cristiana. Salamanca: Sígueme, 2007, p. 15.

Uma Igreja sinodal é uma Igreja da escuta, ciente de que escutar "é mais do que ouvir".[12] É uma escuta recíproca, onde cada um tem algo a aprender. Povo fiel, Colégio Episcopal, bispo de Roma: cada um à escuta dos outros; e todos à escuta do Espírito Santo, o "Espírito da verdade" (Jo 14, 17), para conhecer aquilo que Ele "diz às Igrejas" (Ap 2,7).
(...)
Nunca nos esqueçamos disto! Para os discípulos de Jesus, ontem, hoje e sempre, a única autoridade é a autoridade do serviço, o único poder é o poder da cruz, segundo as palavras do Mestre: "Sabeis que os chefes das nações as governam como seus senhores, e que os grandes exercem sobre elas o seu poder. Não seja assim entre vós. Pelo contrário, quem entre vós quiser fazer-se grande, seja o vosso servo; e quem no meio de vós quiser ser o primeiro, seja vosso servo" (Mt 20,25-27). "Não seja assim entre vós": nesta frase, chegamos ao próprio coração do mistério da Igreja – "não seja assim entre vós" – e recebemos a luz necessária para compreender o serviço hierárquico.[35]

E, no mesmo sentido, a Comissão Teológica Internacional, no documento sobre "A sinodalidade na vida e na missão da Igreja", retomando o compromisso programático do papa Francisco, afirma:

> Com efeito, a eclesiologia do Povo de Deus destaca a comum dignidade e missão de todos os batizados no exercício da multiforme e ordenada riqueza de seus carismas, de sua vocação e de seus ministérios. O conceito de comunhão expressa, neste contexto, a substância profunda do mistério e da missão da Igreja, que tem a sua fonte e o seu ápice no banquete eucarístico. Este conceito designa a *res* do *Sacramentum Ecclesiae:* a união com Deus Trindade e a unidade entre as pessoas humanas, realizada por meio do Espírito Santo, em Cristo Jesus. A sinodalidade, neste contexto eclesiológico, indica o modo específico de viver e trabalhar (*modus vivendi et operandi*) da Igreja Povo de

---

[35] FRANCISCO, Papa. Discurso em comemoração do cinquentenário da instituição do Sínodo dos Bispos (17.10.2015). Disponível em: http://w2.vatican.va/content/francesco/pt/speeches/2015/october/documents/papa-francesco_20151017_50--anniversario-sinodo.html. Acesso em: 22 jul. 2019.

Deus que manifesta e realiza concretamente o seu ser comunhão no caminhar juntos, no reunir-se em assembleia e na participação ativa de todos os seus membros em sua missão evangelizadora.[36]

A imagem da Igreja, seu testemunho e sua profecia devem estar em sintonia com o Pacto das Catacumbas: em direção a uma Igreja mais pobre, fraterna e inculturada. Esse Pacto foi assumido por mais de 40 bispos de quase todos os lugares, em 16.11.1965:

> **Pacto das Catacumbas da
> Igreja serva e pobre**
>
> Nós, Bispos, reunidos no **Concílio Vaticano II**, esclarecidos sobre as deficiências de nossa vida de pobreza segundo o Evangelho; incentivados uns pelos outros, numa iniciativa em que cada um de nós quereria evitar a singularidade e a presunção; unidos a todos os nossos Irmãos no Episcopado; contando sobretudo com a graça e a força de Nosso Senhor Jesus Cristo, com a oração dos fiéis e dos sacerdotes de nossas respectivas dioceses; colocando-nos, pelo pensamento e pela oração, diante da Trindade, diante da Igreja de Cristo e diante dos sacerdotes e dos fiéis de nossas dioceses, na humildade e na consciência de nossa fraqueza, mas também com toda a determinação e toda a força de que Deus nos quer dar a graça, comprometemo-nos ao que se segue:
>
> I) Procuraremos viver segundo o modo ordinário da nossa população, no que concerne à habitação, à alimentação, aos meios de locomoção e a tudo que daí se segue. Cf. Mt 5,3; 6,33s; 8,20.

---

[36] COMISIÓN TEOLÓGICA INTERNACIONAL. *La sinodalidad en la vida y en la misión de la Iglesia* (2018), n. 6. Disponível em: http://www.vatican.va/roman_curia/congregations/cfaith/cti_documents/rc_cti_20180302_sinodalita_sp.html. Acesso em: 22 jul. 2019.

2) Para sempre renunciamos à aparência e à realidade da riqueza, especialmente no traje (fazendas ricas, cores berrantes), nas insígnias de matéria preciosa (devem esses signos ser, com efeito, evangélicos). Cf. Mc 6,9; Mt 10,9s; At 3,6. Nem ouro nem prata.

3) Não possuiremos nem imóveis, nem móveis, nem conta em banco, etc., em nosso próprio nome; e, se for preciso possuir, poremos tudo no nome da diocese, ou das obras sociais ou caritativas. Cf. Mt 6,19-21; Lc 12,33s.

4) Cada vez que for possível, confiaremos a gestão financeira e material em nossa diocese a uma comissão de leigos competentes e cônscios do seu papel apostólico, em mira a sermos menos administradores do que pastores e apóstolos. Cf. Mt 10,8; At 6,1-7.

5) Recusamos ser chamados, oralmente ou por escrito, com nomes e títulos que signifiquem a grandeza e o poder (Eminência, Excelência, Monsenhor...). Preferimos ser chamados com o nome evangélico de Padre. Cf. Mt 20,25-28; 23,6-11; Jo 13,12-15.

6) No nosso comportamento, nas nossas relações sociais, evitaremos aquilo que pode parecer conferir privilégios, prioridades ou mesmo uma preferência qualquer aos ricos e aos poderosos (ex.: banquetes oferecidos ou aceitos, classes nos serviços religiosos). Cf. Lc 13,12-14; 1Cor 9,14-19.

7) Do mesmo modo, evitaremos incentivar ou lisonjear a vaidade de quem quer que seja, com vistas a recompensar ou a solicitar dádivas, ou por qualquer outra razão. Convidaremos nossos fiéis a considerarem as suas dádivas como uma participação normal no culto, no apostolado e na ação social. Cf. Mt 6,2-4; Lc 15,9-13; 2Cor 12,4.

8) Daremos tudo o que for necessário de nosso tempo, reflexão, coração, meios, etc., ao serviço apostólico e pastoral das pessoas e dos grupos laboriosos e economicamente fracos e subdesenvolvidos, sem que isso prejudique as outras pessoas e grupos da diocese. Ampararemos os leigos, religiosos, diáconos ou sacerdotes que o Senhor chama a evangelizarem os pobres e os operários compartilhando a vida operária e o trabalho. Cf. Lc 4,18s; Mc 6,4; Mt 11,4s; At 18,3s; 20,33-35; 1Cor 4,12 e 9,1-27.

9) Cônscios das exigências da justiça e da caridade, e das suas relações mútuas, procuraremos transformar as obras de "beneficência" em obras sociais baseadas na caridade e na justiça, que levam em conta todos e todas as exigências, como um humilde serviço dos organismos públicos competentes. Cf. Mt 25,31-46; Lc 13,12-14 e 33s.

10) Poremos tudo em obra para que os responsáveis pelo nosso governo e pelos nossos serviços públicos decidam e ponham em prática as leis, as estruturas e as instituições sociais necessárias à justiça, à igualdade e ao desenvolvimento harmônico e total do homem todo em todos os homens, e, por aí, ao advento de uma outra ordem social, nova, digna dos filhos do homem e dos filhos de Deus. Cf. At 2,44s; 4,32-35; 5,4; 2Cor 8 e 9 inteiros; 1Tm 5,16.

11) Achando a colegialidade dos bispos sua realização a mais evangélica na assunção do encargo comum das massas humanas em estado de miséria física, cultural e moral – dois terços da humanidade – comprometemo-nos:
- ✓ a participarmos, conforme nossos meios, dos investimentos urgentes dos episcopados das nações pobres;
- ✓ a requerermos juntos ao plano dos organismos internacionais, mas testemunhando o Evangelho, como o fez o **Papa Paulo VI** na **ONU**, a adoção de estruturas econômicas e culturais que não mais fabriquem nações proletárias num mundo cada vez mais rico, mas sim permitam às massas pobres saírem de sua miséria.

12) Comprometemo-nos a partilhar, na caridade pastoral, nossa vida com nossos irmãos em **Cristo**, sacerdotes, religiosos e leigos, para que nosso ministério constitua um verdadeiro serviço; assim:
- ✓ esforçar-nos-emos para "revisar nossa vida" com eles;
- ✓ suscitaremos colaboradores para serem mais uns animadores segundo o espírito, do que uns chefes segundo o mundo;
- ✓ procuraremos ser o mais humanamente presentes, acolhedores...;

✓ mostrar-nos-emos abertos a todos, seja qual for a sua religião. Cf. Mc 8,34s; At 6,1-7; 1Tm 3,8-10.

13) Tornados às nossas dioceses respectivas, daremos a conhecer aos nossos diocesanos a nossa resolução, rogando-lhes ajudar-nos por sua compreensão, seu concurso e suas preces.

Ajude-nos Deus a sermos fiéis.[37]

Considerações finais

Depois de abordar a questão da Igreja e do poder no contexto de uma Igreja entendida não a partir de um modelo piramidal e monárquico, mas "como a totalidade do povo de Deus que evangeliza",[38] percebemos que existem muitas tarefas pendentes, sobretudo se se considera seriamente reformar as estruturas a fim de que respondam efetivamente a uma Igreja que promove, dialoga, integra, sai ao encontro, escuta e acompanha, especialmente os pobres e os sofredores. Uma Igreja que, seguindo o exemplo do Deus que se revelou em Jesus, exerce seu poder amando e servindo, como afirma Kolvenbach:

> Tudo o que refere, de perto ou de longe, à autoridade, seu exercício e seus abusos gira em torno de um paradoxo. O próprio Jesus o sintetizou nesta afirmação: "Vocês me chamam 'Mestre' e 'Senhor', e com razão, pois eu o sou. Pois bem, se eu, sendo Senhor e Mestre de vocês, lavei-lhes os pés, vocês também devem lavar os pés uns dos outros" (Jo 13,13-14). Se, por um lado, sua "autoridade" é

---

[37] PIKAZA, Xabier José; SILVA, Antunes da (Eds.). *El Pacto de las Catacumbas. La misión de los pobres en la Iglesia*. Estella-Navarra: Verbo Divino, 2015, p. 21-23. Versão em português: In: *Instituto Humanitas Unisinos* (17.11.2012). Disponível em: http://www.ihu.unisinos.br/noticias/515573-o-pacto-das-catacumbas-para-uma-igreja--serva-e-pobre. Acesso em: 22 jul. 2019.
[38] EG 17.

afirmada (Mc 1,22), por outra, no exercício dessa autoridade, o Mestre se doa e não domina, sendo o primeiro a se colocar aos pés dos últimos de seus discípulos.[39]

Entre as muitas tarefas pendentes em vista de uma reforma da Igreja, como mencionamos ao longo desta reflexão, na perspectiva do horizonte que compreende a Igreja "como a totalidade do povo de Deus que evangeliza", e que, indiscutivelmente, tem uma relação íntima com o poder, está a participação real e pública dos leigos. O papa Francisco aponta os seguintes aspectos:

> Evocar o Santo Povo fiel de Deus é evocar o horizonte para o qual somos convidados a olhar e sobre o qual refletir. É para o Santo Povo fiel de Deus que como pastores somos continuamente convidados a olhar, proteger, acompanhar, apoiar e servir. (...) Olhar para o Santo Povo fiel de Deus e sentirmo-nos parte integrante dele posiciona-nos na vida e, portanto, nos temas que tratamos, de maneira diversa. (...) Olhar continuamente para o Povo de Deus salva-nos de certos nominalismos declarativos (slogan) que são frases bonitas mas não conseguem apoiar a vida das nossas comunidades. Por exemplo, recordo a famosa frase: "Chegou a hora dos leigos" mas parece que o relógio parou.
> Não podemos refletir sobre o tema do laicado ignorando uma das maiores deformações que a América Latina deve enfrentar – e para a qual peço que dirijais uma atenção particular – o clericalismo. Esta atitude não só anula a personalidade dos cristãos, mas tende também a diminuir e a subestimar a graça batismal que o Espírito Santo pôs no coração do nosso povo. O clericalismo leva a uma homologação do laicado; tratando-o como "mandatário" limita as diversas iniciativas e esforços e, ousaria dizer, as audácias necessárias para poder anunciar a Boa-Nova do Evangelho em todos os âmbitos da atividade social e, sobretudo, política. O clericalismo, longe de dar impulso aos

---

[39] KOLVENBACH, Peter-Hans. *La tentación del poder.* In: ARANGO, José Roberto (Compilador). El poder en perspectiva teológica. VI reunión de la Comisión teológica de la Compañía de Jesús en América Latina, (Santa Cruz de la Sierra 2003). Bogotá, Digiprint, 2004, p. 13.

> diversos contributos e propostas, apaga pouco a pouco o fogo profético do qual a inteira Igreja está chamada a dar testemunho no coração dos seus povos. O clericalismo esquece que a visibilidade e a sacramentalidade da Igreja pertencem a todo o povo de Deus (cf. *Lumen gentium*, 9-14) e não só a poucos eleitos e iluminados.
> Confiemos no nosso Povo, na sua memória e no seu "olfato", confiemos que o Espírito Santo aja em e com ele, e que este Espírito não é só "propriedade" da hierarquia eclesial. (...) Não é o pastor que deve dizer ao leigo o que fazer e dizer, ele sabe tanto e melhor que nós. (...) Discernindo com o nosso povo e nunca para o nosso povo nem sem o nosso povo. Como diria santo Inácio, "segundo as necessidades de lugares, tempos e pessoas".[40]

Sem dúvida alguma, as palavras do papa Francisco resumem muito bem um problema que evidentemente está na raiz do poder, que não é uma questão isolada, mas forma uma cadeia interminável de consequências:

> Aquilo que o Senhor nos pede, de certo modo está já tudo contido na palavra "Sínodo". Caminhar juntos – leigos, pastores, bispo de Roma – é um conceito fácil de exprimir em palavras, mas não é assim fácil pô-lo em prática. (...) Uma Igreja sinodal é uma Igreja da escuta, ciente de que escutar "é mais do que ouvir". É uma escuta recíproca, onde cada um tem algo a aprender. Povo fiel, Colégio Episcopal, bispo de Roma: cada um à escuta dos outros; e todos à escuta do Espírito Santo, o "Espírito da verdade" (Jo 14,17), para conhecer aquilo que Ele "diz às Igrejas" (Ap 2,7). (...) Nunca nos esqueçamos disto! Para os discípulos de Jesus, ontem, hoje e sempre, a única autoridade é a autoridade do serviço, o único poder é o poder da cruz, segundo as palavras do Mestre: "Sabeis que os chefes das nações as governam como seus senhores, e que os grandes exercem sobre elas o seu poder. Não seja assim entre vós. Pelo contrário, quem entre vós quiser fazer-se grande, seja o vosso servo; e quem no meio de vós quiser ser o primeiro, seja vosso servo" (Mt 20,

---

[40] FRANCISCO. *Carta ao Cardeal Marc Ouellet.*

25-27). "Não seja assim entre vós": nesta frase, chegamos ao próprio coração do mistério da Igreja – "não seja assim entre vós" – e recebemos a luz necessária para compreender o serviço hierárquico. (...) Estou convencido de que, numa Igreja sinodal, também o exercício do primado petrino poderá receber maior luz. O Papa não está, sozinho, acima da Igreja; mas, dentro dela, como batizado entre batizados e, dentro do Colégio Episcopal, como bispo entre os bispos, chamado simultaneamente – como Sucessor do apóstolo Pedro – a guiar a Igreja de Roma que preside no amor a todas as Igrejas. Ao mesmo tempo que reitero a necessidade e a urgência de pensar "numa conversão do papado" (...).[41]

Referências bibliográficas

CODINA, Víctor. *Iglesia y poder.* In: ARANGO, José Roberto (Compilador). *El poder en perspectiva teológica.* VI reunión de la Comisión teológica de la Compañía de Jesús en América Latina (Santa Cruz de la Sierra 2003). Bogotá: Digiprint, 2004, p. 219-227.

COMBLIN, José. Sobre el poder en la Iglesia. Por José Comblin (1923-2011). *In Memoriam* (29.03.2015). Disponível em: https://www.atrio.org/2015/03/sobre-el-poder-en-la-iglesia-por-jose--comblin-1923-2011-in-memoriam/. Acesso em: 20 jul. 2019.

COMISIÓN TEOLÓGICA INTERNACIONAL. *La sinodalidad en la vida y en la misión de la Iglesia* (2018). Disponível em: http://www.vatican.va/roman_curia/congregations/cfaith/cti_documents/rc_cti_20180302_sinodalita_sp.html. Acesso em: 22 jul. 2019.

COMPÊNDIO DO VATICANO II. *Constituições, Decretos, Declarações.* VIER, Frederico (Coord.). 29 ed. Petrópolis: Vozes, 2000.

CONGAR, Yves M.-J. *Jalones para una teología del laicado.* Barcelona: Herder, 1961.

---

[41] FRANCISCO. Discurso em comemoração do cinquentenário da instituição do Sínodo dos Bispos.

DIANICH, Severino. *Primado y colegialidad episcopal:* problemas y perspectivas. In: SPADARO, Antonio; GALLI, Carlos María (Eds.). *La reforma y las reformas en la Iglesia*. Madrid: Sal Terrae, 2016, p. 297-317.

ESTRADA, Juan Antonio. *El cristianismo en una sociedad laica*. Cuarenta años después del Concilio Vaticano II. Bilbao: DDB, 2006.

FRANCISCO, Papa. *Carta ao Cardeal Marc Ouellet,* Presidente da Pontifícia Comissão para a América Latina (19.03.2016). Disponível em: http://w2.vatican.va/content/francesco/pt/letters/2016/documents/papa-francesco_20160319_pont-comm-america-latina.html. Acesso em: 22 jul. 2019.

FRANCISCO, Papa. *Discurso em* comemoração do cinquentenário da instituição do Sínodo dos Bispos (17.10.2015). Disponível em: http://w2.vatican.va/content/francesco/pt/speeches/2015/october/documents/papa-francesco_20151017_50--anniversario-sinodo.html. Acesso em: 22 jul. 2019.

FRANCISCO, Papa. *Evangelii Gaudium*. Exortação Apostólica sobre o anúncio do Evangelho no mundo atual. São Paulo: Paulus/Loyola, 2013.

FRANCISCO, Papa. *Laudato Si'*. Carta Encíclica sobre o cuidado da casa comum. São Paulo: Paulo/Loyola, 2015.

GALLI, Carlos María. *La reforma de la Iglesia según el Papa Francisco*. La eclesiología del Pueblo de Dios evangelizador. In: SPADARO, Antonio; GALLI, Carlos María (Eds.). *La reforma y las reformas en la Iglesia*. Madrid: Sal Terrae, 2016, p. 51-69.

KOLVENBACH, Peter-Hans. *La tentación del poder.* In: ARANGO, José Roberto (Compilador). *El poder en perspectiva teológica*. VI reunión de la Comisión teológica de la Compañía de Jesús en América Latina (Santa Cruz de la Sierra 2003). Bogotá: Digiprint, 2004, p. 13-17.

MELONE, Mary. *El Espíritu y el Evangelio:* fuentes permanentes de renovación de la Iglesia. In: SPADARO, Antonio; GALLI, Carlos María (Eds.). *La reforma y las reformas en la Iglesia.* Madrid: Sal Terrae, 2016, p. 609-619.

O'MALLEY, John W. *La reforma en la vida de la Iglesia. El concilio de Trento y el Vaticano II.* In: SPADARO, Antonio; GALLI, Carlos María (Eds.). *La reforma y las reformas en la Iglesia.* Madrid: Sal Terrae, 2016, p. 97-117.

PIE-NINOT, Salvador. *Eclesiología: la sacramentalidad de la comunidad cristiana.* Salamanca: Sígueme 2007.

PIE-NINOT, Salvador. *Hacia un ordo communionis primatus como primado diaconal.* In: SPADARO, Antonio; GALLI, Carlos María (Eds.). *La reforma y las reformas en la Iglesia.* Madrid: Sal Terrae, 2016, p. 319-333.

PIKAZA, Xabier José; SILVA, Antunes da (Eds.). *El Pacto de las Catacumbas. La misión de los pobres en la Iglesia.* Estella--Navarra, Verbo Divino, 2015.

POTTMEYER, Hermann. *La Iglesia en camino para configurarse como pueblo de Dios.* In: SPADARO, Antonio; GALLI, Carlos María (Eds.). *La reforma y las reformas en la Iglesia.* Madrid: Sal Terrae, 2016, p. 79-93.

ZIZIOULAS, Ioannis D. *El ser eclesial.* Persona, comunión, Iglesia. Salamanca: Sígueme, 2003.

ZIZIOULAS, Ioannis D. *L'uno e i molti.* Saggi su Dio, l'uomo, la Chiesa e il mondo di oggi. Roma: Lipa. 2018.

14

Sonhar uma teologia moral ao alcance do povo

André Luiz Boccato de Almeida[1]

Introdução

O tema a ser refletido no contexto geral desta obra é de amplo alcance, pois somos chamados a rever continuamente, em modo de diálogo, as realidades relacionadas à ética cristã as quais sempre sofreram muito com o mau uso da autoridade, a saber: a ética, o poder e a própria autoridade, que deveriam ser pensadas e vividas como um modo de viver a comunhão, a amizade e o serviço (Jo 13). Sonhar o poder e a autoridade, no contexto eclesial, é sempre algo desafiante e até mesmo fantasioso.

O itinerário reflexivo da ética, do ponto de vista histórico, foi o de conciliar a tendência social de ajustamento ao *status quo* da realidade com seus valores e o de garantir a preservação

---
[1] André Luiz Boccato de Almeida tem Pós-Doutorado em Teologia (Pontifícia Universidade Católica do Paraná - Curitiba), é Doutor em Teologia Moral (Academia Alfonsiana - Roma), Mestre em Teologia (Pontifícia Universidade Católica de São Paulo), Especialista em Educação Sexual (Centro Universitário Salesiano de São Paulo) e Professor na PUC-SP e no UNISAL.

da autonomia do sujeito.[2] Desde Sócrates até as atuais configurações teóricas, inclusive as teológicas, a conflitualidade permanece no contexto do *humanum* e continua sendo insolúvel. O poder e a autoridade, com seus mecanismos e dispositivos complexos usados em referência à ordem social e moral, nem sempre levaram em consideração a realidade misteriosa da pessoa e da consciência como "produtora" ou criadora de sonhos. Pelo contrário, a consciência, contexto e "ninho" dos sonhos e das fantasias, em situações culturais estritamente autoritárias, sofreu repressões, impedindo muitas vezes de explicitar o não dito, mediante uma idealização estéril.

Proponho-me a falar sobre o sonho como uma realidade antropológica, precedente à elucubração teológica, reveladora do desejo humano de viver segundo as profundidades mais abscônditas do coração, em detrimento de certa tendência externa representada no poder e na autoridade enquanto palavra final das decisões. Não pretendo deslegitimar o poder propriamente dito, mas ressignificá-lo a partir do seu sentido último: o serviço. Para isso, vou me servir de algumas terminologias específicas e próprias da psicanálise, da psicologia do profundo como instrumentos que ajudam a retomar essa importante inspiração humana.

Aprender a sonhar é uma realidade redentora da humanidade, na perspectiva do papa Francisco.[3] Os anciãos, os jovens, as crianças e as mulheres, todos precisam aprender a sonhar. Também nós, teólogos moralistas, precisamos reaprender a so-

---

[2] CORTINA, Adela. Ética. São Paulo: Loyola, 2005, p. 19. Uma abordagem semelhante também pode ser encontrada em DROIT, Roger-Pol. Ética. Uma primeira conversa. São Paulo: Martins Fontes, 2012.
[3] FRANCISCO, Papa. Encontro do Papa Francisco com os jovens italianos em vista do sínodo (Roma – Circo Máximo, 11.08.2018). Disponível em: http://w2.vatican.va/content/francesco/pt/speeches/2018/august/documents/papa-francesco_20180811_giovani-italiani.html. Acesso em: 18 jun. 2019.

nhar continuamente diante de realidades complexas, frágeis, difíceis e de dura análise, com respostas ambivalentes. Precisamos aprender a sonhar junto com o povo e, mais ainda, sonhar uma ética teológica que seja compreendida e assumida como expressão do serviço que procuramos desempenhar na Igreja. Mas o que é o sonhar? Como sonhar uma teologia moral ao alcance do povo? É possível sonhar com os olhos abertos mesmo sabendo que seremos bombardeados por situações frustrantes?

1. Sonhar a realidade: onde se encontra a reflexão teológico-moral?

O que caracteriza o sonho? Por que o ser humano sonha? Quando se origina o sonho? Essas e outras questões emergem a partir do tema central desta obra – *Ética entre poder e autoridade: perspectivas de teologia cristã*. Questionar o modo de viver o "poder e a autoridade" na Igreja é uma empreitada difícil e bem pontuada pelos teólogos.[4]

Associar a reflexão teológico-moral aos sonhos, à vida onírica propriamente ainda é um desafio aos moralistas que tanto estão empenhados em propor, à luz da fé, um sentido de vida feliz às pessoas que vivem problemas concretos e reais. Aliás, em nossa época, que valoriza e até ratifica de forma acentuada a visão científica (positivista), talvez muitos cristãos e teólogos estejamos um pouco distantes de uma leitura da realidade que valoriza o desejo mais profundo das pessoas. De qualquer modo,

---
[4] Refiro-me aqui, ao menos, a KÜNG, HANS. *A Igreja tem salvação?* São Paulo: Paulus, 2012. Nessa obra, o autor faz uma dura crítica ao modo como o modelo de poder do império romano decadente foi sendo assumido pela Igreja no contexto dos primeiros séculos, após a experiência do martírio nas comunidades primitivas.

queremos "sonhar" uma ética teológica, não fugindo da conflitualidade real, mas arriscando palpitar sobre o sentido e o futuro esperançoso de uma reflexão que deve entusiasmar as pessoas. Contudo, é possível, sim, relacionar a vida moral aos sonhos, na medida em que ambas realidades tocam em uma dimensão humana ainda a ser constantemente decifrada e compreendida: a conflitualidade.[5] Na busca de sua alma e do sentido de sua vida, o ser humano vem descobrindo novos caminhos que o levam para a sua interioridade. O seu espaço interior torna-se um novo lugar de experiência, a sua própria casa e o seu próprio *ethos* (moradia e caráter).[6]

Se o objeto privilegiado de estudo do teólogo moralista é o ser humano em sua busca de realização, mediante sua própria constituição e vocação[7] ao seguimento de Jesus Cristo, o tema do sonho (da realidade do desejo interior) ou o sonho experimentado como "sonhar" é um *locus* privilegiado segundo o qual podemos compreender a experiência moral dos sujeitos. A dimensão soteriológica – imanente e transcendente – do Reino pregado por Jesus é o indicativo que se torna um imperativo para o cristão. Eis porque Ele – Jesus Cristo e o que Ele significa – é o evento essencial para todo cristão[8] que se coloca como discípulo em um itinerário de seguimento.[9] Sonhar uma ética teológica, própria-

---

[5] ABRAHAM, Giorgio. *Sonhos do dia e sonhos da noite*. As misteriosas relações entre o sono e a vida consciente. São Paulo: Paulinas, 2003, p. 54.
[6] LA TAILLE, Yves de. *Moral e ética*. Dimensões intelectuais e afetivas. Porto Alegre: Artmed, 2006, p. 36.
[7] GATTI, Guido. *Manuale di Teologia Morale*. Torino: Elledici, 2013, p. 22.
[8] JUNGES, José Roque. *Evento Cristo e Ação Humana*. Temas fundamentais de ética teológica. São Leopoldo: UNISINOS, 2001. Nesta obra, o autor se propõe a apresentar uma fundamentação cristológica moral a partir do "evento Jesus Cristo" como o critério ético da vida dos cristãos no contexto de uma teologia pública.
[9] FUMAGALLI, Aristide (Ed.). *Il cristiano nel mondo*. Introduzione alla teologia morale. Roma: Ancora, 2010, p. 17. A categoria de *"sequela Christi"* é central para o autor no atual contexto pós-moderno no qual é central a subjetividade movida pela busca do sujeito.

mente, exige partir do grande sonho de Deus para a humanidade: fazer-se presente no coração dos seus filhos.

Desse modo, o importante não é tanto seguir um elenco de normas e valores, mas assumir a confissão de fé fundamentada no amor trinitário e empenhar-se para transformá-la em vida. Além disso, cabe ao sujeito ético assumir uma perspectiva profética de denúncia de todo tipo de situação que obstaculiza o ser humano de sonhar e ser mais, que refuta a imagem e semelhança de Deus segundo a qual ele foi criado. Urge estudar e dar a devida atenção à realidade dos sonhos, mas muito mais repropor aos teólogos moralistas conjugar em primeira pessoa o verbo "sonhar" a partir da realidade conflituosa que é o ser humano, como caminho hermenêutico da ética, entre o poder e a autoridade.

A Igreja cristã primitiva via nos sonhos uma das maneiras mais centrais e significativas de Deus revelar sua vontade aos seres humanos; acreditava-se que os sonhos abriam caminho às pessoas para uma realidade, cujo contato seria muito mais difícil por qualquer outro meio. Essa não é apenas a visão do Antigo Testamento, mas também do Novo e dos Padres da Igreja até Tomás de Aquino,[10] podendo ser encontrada quase em todas as grandes religiões do mundo. Essa perspectiva encontrou interpretações distintas. Enquanto que para a filosofia clássica era perceptível uma verdade objetiva que o homem, por meio da razão, conhece e comunica, na filosofia moderna, com Descartes, foram postas as bases para fragmentar a unidade do ser humano, liquidando a centralidade da verdade objetiva,[11] substituindo-a pela

---

[10] KELSEY, Morton T. *Deus, sonhos e revelação.* Interpretação cristã dos sonhos. São Paulo: Paulus, 1996, p. 24.
[11] GALANTINO, Nunzio. *Dizer homem hoje.* Novos caminhos da antropologia filosófica. São Paulo: Paulus, 2003, p. 92.

verdade do sujeito (virada subjetivista ou antropocêntrica) que se torna, desse modo, uma subjetividade constitutiva.

A ciência teológica – no âmbito da moralidade – vem aprendendo lentamente que o método indutivo é o mais viável para se compreender o seu objeto de estudo, devido à complexidade fenomenológica do *ethos*. Desse modo, por trás de um sujeito que cultiva sua fé no amor trinitário, há também um sujeito construtor de sonhos, utopias, que deseja e fantasia o mundo segundo sua experiência pessoal. Essa dimensão antropológica nem sempre foi assumida pela reflexão teológico-moral, haja vista a longa tradição científica,[12] casuística e dedutivística que se impôs na tradição eclesial, desconfiando, assim, da experiência do sujeito em sua singularidade, com seus sonhos e a sua vida onírica. Eis por que é urgente, em tempos como os nossos, marcados por um retorno saudosista do exercício do poder e da autoridade para projetos até desumanizantes, reempoderar as pessoas e a própria reflexão ético-teológica por meio dos sonhos.

Partirmos de uma constatação real e antropológica segundo a qual na vida de cada pessoa existe uma metade que vive durante o dia. Esta é consciente, vigilante, atenta, repleta de boas e más intenções; como quer que se comporte, julga sempre saber o que está fazendo. Depois, com a tarde, cai a noite e surge a outra metade. Adormece-se, perde-se a consciência e a única e efetiva realidade são os sonhos.[13] Assim funciona a realidade pessoal de cada ser humano ao longo da existência, nem sempre assumida pela reflexão teológico-moral, mas fundamental para compreender o *humanum* em seu dinamismo progressivo. As duas partes

---

[12] BACHELARD, Gaston. *A formação do espírito científico*. Contribuição para uma psicanálise do conhecimento. Rio de Janeiro: Contraponto, 1996, p. 29-68.
[13] ABRAHAM. *Sonhos do dia e sonhos da noite*, p. 17.

do humano – a diurna e a noturna – "divididas" não estão, porém, completamente separadas entre si.[14] Entrelaçam-se, fundem-se e interpenetram-se como um elaborado mosaico que representa a alma humana. É nessa realidade complexa que o ser humano sonha. Podemos, desse modo, sonhar; podemos criar a possibilidade de redenção em nossa própria estrutura pessoal.

O conjunto da realidade psíquica – com suas crises e seus desenvolvimentos – designa propriamente a pessoa e a sua subjetividade (o ser humano), naquilo que ela tem de único, exclusivo e intransferível: a consciência e a liberdade. A subjetividade, absolutamente singular e irrepetível, revela-se, manifesta-se em público por meio dos comportamentos da pessoa, do exercício dos talentos, da concretização de interesses, da explosão de paixões e da satisfação das necessidades.

Dessa realidade "sonhadora" da consciência (ou inconsciente) da pessoa e do sujeito, brotam os desejos mais abscônditos. Talvez esteja aqui a dificuldade que ainda temos em pensar a moral: partir do dado objetivo, da obrigatoriedade da lei e das exigências externas e não da consciência e dos sonhos da pessoa. Será que a nossa teologia moral está ao alcance do povo? Será que a linguagem moral leva em consideração os dramas e sonhos vividos pelas pessoas em sua singularidade ou apenas reproduzimos uma moral sem conflitos e com respostas que não tocam nos sonhos e anseios do povo? A nós, teólogos moralistas, é dada também a grande possibilidade de criarmos com coragem uma reflexão que vá além do modo tradicional de se ensinar e pesquisar a ética teológica: sonhar o Deus de Jesus Cristo para as pessoas.

---

[14] Esta abordagem pode ser mais aprofundada em LARCHET, Jean-Claude. *O inconsciente espiritual*. São Paulo: Loyola, 2009.

A(s) resposta(s) para essas questões precedentes são de difícil análise, pois estamos lidando com uma pluralidade de morais que representam respostas aos dilemas em seus aspectos múltiplos e multifacetados. Por trás do sonho de uma *"teologia moral ao alcance do povo"*, esconde-se um dilema: qual teologia moral – tendo presente os modelos teórico-práticos, a linguagem, os conteúdos e a explicitação – pode ser acessível ao povo?

Embora saibamos que sonhar é uma realidade pessoal, ela não pode ser isolada do conjunto em que se vive, principalmente, quando esta é marcada por um certo modelo de sociedade técnico-científica que se caracteriza pela constituição de sistemas supra-individuais que, construídos pelo homem para serem instrumentos de poder sobre o próprio homem, funcionam por conta própria e escapam do seu controle.[15]

Sonhar é, ao mesmo tempo, uma atividade marcadamente pessoal e criativa, mas não está isenta de conflitualidade com o que o sujeito é, com o seu modo de viver e com o fato de ir tomando consciência enquanto se conscientiza ou é manipulado. Eis por que as pessoas são sonhadoras de um mundo melhor, de mudanças que explicitem seus esforços, mesmo que explicitem também uma conflitualidade incontrolável. Uma teologia moral que apenas dá respostas – que não leva em consideração a "utopia sonhadora"[16] das pessoas e não provoca o ato constante

---

[15] LORENZETTI, Luigi. Poder – Política. In: COMPAGNONI, Francesco; PIANA, Giannino; PRIVITERA, Salvatore (Orgs.). *Dicionário de Teologia Moral*. São Paulo: Paulus, 1997, p. 969.

[16] CANTO-SPERBER, Monique. *A inquietude moral e a vida humana*. São Paulo: Loyola, 2005, p. 34-38. Nestas páginas, a autora, de forma crítica, faz uma diferença terminológica entre "moral" e "ética". Embora essa distinção – a rigor, técnica – não seja aceita por todos, convém dizer que enquanto *"a moral remete antes, e de modo não exclusivo, à presença de regras e de uma lei, a ética, por sua vez, é associada ao bem, às virtudes ou às práticas"* (p. 35-36). A autora parece sugerir que somos herdeiros de uma perspectiva de moral que apenas aponta para regras, leis e

do sonhar – poderá castrar e reprimir as pessoas, reduzindo-as a viverem imperativos heterônomos. Mas não podemos nos esquecer de que também somos impactados pela impossibilidade de sonhar uma realidade sem sentido, diante dos excessos de controles racionais ou não.

O próprio papa Francisco, no discurso dirigido aos professores e estudantes da Academia Afonsiana de Roma – Instituto Superior de Teologia –, em 9 de fevereiro de 2019, por ocasião dos seus 70 anos, convidou a todos para "sonhar" uma teologia moral ao alcance do povo, propondo alguns indicativos fundamentais a serem considerados. O pontífice convidou a sonhar, ou, como ele mesmo disse, a "olhar para a frente", a "projetar passos corajosos para responder melhor às expectativas do povo de Deus".[17]

2. Por uma ética teológica do "sonhar" e da comunhão ao alcance do povo

Partimos da ideia de que todas as "morais" estão em um momento de inquietude e descrédito, já que não provocam o "sonhar" das pessoas e do povo. Essa é a crítica mais contundente dos mestres da suspeita.[18] As morais – dentre as quais as de cunho teológico – carecem de uma dimensão utópica ou so-

---

dever, não cultivando o desabrochar de uma pedagogia do sonho, realidade mais profunda presente no coração e na consciência das pessoas.

[17] FRANCISCO, Papa. Discurso aos professores e aos estudantes da Academia Afonsiana – Instituto Superior de Teologia (09.02.2019). Disponível em: http://w2.vatican.va/content/francesco/pt/speeches/2019/february/documents/papa-francesco_20190209_accademia-alfonsiana.html. Acesso em: 28 jun. 2019.

[18] Aqui recordamos a perspectiva de Paul Ricoeur, segundo o qual os três principais mestres da suspeita são: Karl Marx, Friedrich Nietzsche e Sigmund Freud.

nhadora (da consciência como diálogo sonhador),[19] já que se revestiram de uma sustentação baseada no poder e na autoridade ou em categorias naturalistas e legalistas. Somos chamados a buscar a fundamentação da "ética do sonhar", que leve em consideração a sabedoria concreta das pessoas[20] em suas peculiares experiências do cotidiano e os apelos éticos mais emergentes do atual contexto.

Na cultura ocidental, tivemos reflexões teóricas idealistas e até utópicas que apontavam para um mundo onde toda a conflitualidade desapareceria, como é o caso de Morus, Campanella, Marx e toda a corrente racionalista. Contudo, a positividade da condição sonhadora ainda é uma referência a ser pensada e gestada, haja vista toda uma crise oriunda da metafísica, das narrativas e das metanarrativas.[21]

A ética teológica, como saber dentro de um setor teológico específico, é chamada a apresentar alguns indicativos práticos que assumam o "sonho" como critério hermenêutico. Deste modo, tanto os teólogos – sujeitos de um sonho reflexivo – como o povo de Deus – sujeito e interlocutor de um sonho real e vivido no cotidiano – podem, reciprocamente, aprender juntos um modo de viver o cristianismo em meio à cultura que

---

[19] Esta constatação baseia-se em uma interpretação a partir de JANKÉLÉVITCH, Vladimir. *O paradoxo da moral*. São Paulo: WMF Martins Fontes, 2008, p. 10, na qual o autor diz que *"a consciência é um diálogo sem interlocutor, um diálogo em voz baixa que, na verdade, é um monólogo"*.

[20] O Papa Francisco, no discurso aos professores e aos estudantes da Academia Afonsiana se refere à teologia moral como "saber moral", isto é, saber *"ao qual compete a difícil, mas indispensável, tarefa de fazer encontrar e acolher Cristo na vida quotidiana concreta, como Aquele, que, libertando-nos do pecado, da tristeza, do vazio interior e do isolamento, faz nascer e renascer em nós a alegria (cf. Exortação Apostólica Evangelii Gaudium, 1)"*. FRANCISCO. Discurso aos professores e aos estudantes da Academia Afonsiana.

[21] OLIVEIRA, Manfredo Araújo de. *Reviravolta linguístico-pragmática na filosofia contemporânea*. 2 ed. São Paulo: Loyola, 2001.

anestesia a capacidade criativa e sonhadora mediante seus dispositivos de cerceamento da consciência crítica.

Proponho, portanto, alguns caminhos concretos – *sonhos de uma ética teológica* –, a partir da meditação, estudo e interpretação do texto bíblico conhecido como *"Parábola do Bom Samaritano"* (Lc 10,25-37).[22] Gostaria de recolher, desse precioso texto lucano, alguns apontamentos ou indicativos – SONHOS – que podem ajudar a responder à questão levantada pelo mestre da lei a Jesus: *Mestre, que farei para herdar a vida eterna?*[23] Sonhar a ética teológica, no atual contexto eclesial, é possível quando percorrermos juntos com Jesus – o grande sonhador e idealizador do Reino do Pai neste mundo amado por Ele – o caminho de conscientização e vivência concreta do Evangelho.

Diga-se que a parábola do bom samaritano, no contexto lucano, brotou do coração de Jesus, que andava pela Galileia muito atento aos mendigos e doentes que encontrava nas valetas dos caminhos. Para Josef Ernst, Lucas insere essa preciosa parábola no contexto de sua viagem para Jerusalém, meta da sua viagem e da sua entrega de amor total.[24] Queria ensinar a todos a andar pela vida com "compaixão", mas pensava, sobre-

---

[22] Usaremos aqui a Bíblia de Jerusalém. Novo Testamento. São Paulo: Paulinas, 1975. Não pretendo me deter nas questões exegéticas e técnicas, mas apenas parafrasear alguns elementos da perícope, contextualizando-a.
[23] Assim como o método teológico dos Padres da Igreja consistia no comentário livre da Sagrada Escritura, extraindo dela uma sabedoria prática para orientar a consciência dos cristãos, aqui usaremos essa mesma perspectiva, contudo, apresentando uma leitura sapiencial fundamentada na teologia conciliar e pós--conciliar. Se a Escritura é a alma da reflexão teológica (DV 24), ela pode ser também o fundamento do "sonho" de uma teologia que fale a língua do povo no atual contexto.
[24] ERNST, Josef. *Il Vangelo secondo Luca.* Volume secondo Luca 9,51-24,53. Brescia: Morcelliana, 1985, p. 490.

tudo, nos dirigentes religiosos.[25] O grande "sonho de Jesus", proveniente do seu coração, sede das intuições mais profundas e dos criativos modos de pensar a realidade, as relações e o mundo – os sonhos –, é que as pessoas possam se compadecer umas das outras assim como o seu Pai é a pura compaixão encarnada. Sonhar uma ética teológica a partir de Jesus significa sonhar a centralidade do amor e da misericórdia vividos a partir de pequenas narrativas feitas pelas pessoas sobre o seu cotidiano. Portanto, dessa perícope, pretendo extrair elementos prático-concretos para *"sonhar uma ética teológica ao alcance do povo":*

1. *"E eis que um mestre da lei se levantou e disse para embaraçá-lo: Mestre, que farei para herdar a vida eterna?"* (v. 25). Esse mestre da lei, que reconhece em Jesus um "Mestre", embora com o desejo de provocá-lo, traz em seu coração o desejo da vida eterna, mas por meio da prática da lei. Ele sonha com um mundo diferente. As pessoas – o povo – hoje também sonham com uma realidade movida pelo amor e pela compaixão. Muitos cristãos, embora vivam os preceitos da religião de modo empenhado e até obrigatório, dentro de seus corações, guardam a capacidade de sonhar com um mundo melhor. A narrativa lucana possui ainda grande acessibilidade ao povo à medida que propicia aos sujeitos cristãos sonharem com um cristianismo capacitador de viver a utopia da misericórdia no cotidiano. O mestre da lei queria herdar a vida eterna. O confronto com Jesus permitiu que ele estivesse aberto a sonhar

---

[25] Esta é a perspectiva de PAGOLA, José Antônio. *O caminho aberto por Jesus.* Petrópolis: Vozes, 2012, p. 180.

um mundo[26] onde ele pudesse viver a bondade interiorizada, mesmo que projetada para a eternidade. A nós seria saudável sermos confrontados pelos novos mestres da lei de hoje, com angústias, esperanças e sonhos. Ele *"se levantou"* (ανεστε) da sua condição de "confrontado" e pôs Jesus à prova; a presença do Mestre Jesus é sempre uma provocação a sonhar com um mundo diferente e melhor; assim como o mestre da lei se levantou, a cultura atual "se levanta", sente-se impelida pelas próprias provocações e ambiguidades, forçando-nos – teólogos moralistas – a fazer o sonho de Jesus acontecer. O mestre da lei era alguém empoderado, dominador de suas próprias atitudes. O lugar "epistêmico" do interlocutor com Jesus é a centralidade da lei, enquanto para Jesus é outra: o amor ao Deus e ao próximo. O mestre da lei tinha o poder e a autoridade a serviço do próprio domínio e esforço da sua perfeição pessoal. Diante dele, Jesus sentiu-se incomodado com uma realidade não dominável pelo poder humano: a vida eterna. Ele é confrontado com a autoridade de Jesus, retornando ao essencial da Torá. Pode ser considerado como a personificação de um paradigma ético-teológico movido pela heteronomia ou por peso da consciência,[27] isto é, por um infantilismo heterônomo, por medo do castigo ou pela busca do prêmio, pela sujeição aos interesses dos poderosos. Por trás dessa pergunta a Jesus, o mestre da lei revela – como muitos na comunidade cristã – um medo de ser livre a

---

[26] Para João Batista Libânio, o homem é um ser utópico. Essa sua condição fundamental provém da tensão insuperável, irredutível, insolúvel de seu ser aberto ao mundo como totalidade e da sua situação concreta em determinada coordenada limitada do tempo e do espaço. LIBÂNIO, João Batista. Esperanza, Utopia, Resurreccion. In: ELLACURÍA, Ignacio; SOBRINO, Jon. *Mysterium Liberationis*. Conceptos fundamentales de la Teología de la Liberación. Tomo II. Madrid: Editorial Trotta, p. 501.

[27] Perspectiva desenvolvida por VIDAL, Marciano. *Nova moral fundamental*. O lar teológico da Ética. São Paulo/Aparecida: Paulus/Santuário, 2003, p. 28-30.

partir da proposta salvífica assumida por Jesus Cristo, revelador da eterna novidade do amor de Deus Pai. Sonhar uma ética teológica ao alcance do povo exige uma profunda crítica epistêmica do lugar de onde se faz teologia. Em síntese, é possível sonhar com uma ética teológica que supere uma perspectiva autorreferencial – própria de um questionamento preocupado única e exclusivamente consigo mesmo – para uma ética teológica que assuma a alteridade, radicalizada no amor a Deus e ao próximo;

2. *"Que está escrito na Lei? Como lês? Ele, então, respondeu: 'Amarás o Senhor teu Deus, de todo o teu coração, de toda a tua alma, com toda a tua força e de todo o entendimento; e a teu próximo como a ti mesmo. Jesus disse: 'Respondeste corretamente; faze isso e viverás'!"* (v. 26-28). Jesus respondeu ao mestre da lei, à sua capciosa pergunta, devolvendo a ele a possibilidade de se interrogar. Jesus recordou àquele mestre da lei (sem nome) qual era o grande sonho de Deus (o maior de todos) para o ser humano: *amar a Deus com todo o coração, toda a alma, toda a força e todo o entendimento e ao próximo como a si mesmo.* Esse é o sonho de Deus para o ser humano, nem sempre possível de ser vivido e realizado devido às várias situações de alienação, dispersão, fuga do essencial e pobreza alarmante.[28] Hoje, para nós teólogos em geral, faz-se urgente encontrar novos modos de ajudar as pessoas a viverem a centralidade desse sonho amoroso a Deus e ao próximo em toda a sua intensidade, em forma de uma real espiritualidade encarnada,[29]

---

[28] CASTILLO, José M. *Los pobres y la teología. ¿Qué queda de la teología de la liberación?* 3 ed. Bilbao: Descleé de Brouwer, 1998, p. 28-29.
[29] GUTIÉRREZ, Gustavo. *Beber no próprio poço.* Itinerário espiritual de um povo. Petrópolis: Vozes, 1984, p. 48.

mas denunciando uma visão de sacralização da instância religiosa como superior à realidade evangélica.[30] Existe a emergência de novos sujeitos eclesiais – afiliados a um paradigma simbólico passado – que buscam conciliar a relativa tranquilidade de um catolicismo proveniente de uma sociedade culturalmente homogênea, em que o centro é a hierarquia e a transmissão de doutrinas e uma moral universal (sem o "inconveniente" da discussão e a conflitualidade), com uma cultura diferente, fragmentada e pluralista,[31] na qual os âmbitos político, cultural, científico, econômico e religioso passam a constituir fontes de sentido. Há na perícope uma ênfase na retomada dos textos de Dt 6, 5; Lv 19, 18. Nestes, insiste-se na centralidade do coração (καρδιασ), da alma (ψυXε), da força (ισXυι) e do entendimento (διανοια). O sonho de Deus só pode ser vivido quando toda a interioridade/consciência pessoal estiver integrada e imbuída desse amor profundo a Deus e ao próximo.[32] Quando o amor for vivido e sonhado de forma concreta, ocorrerá a transformação de todo tipo de poder e autoridade centrados em si mesmos.[33] A resposta de Jesus ao mestre da lei, chamando em causa o coração da *Torah* (Dt e Lv) – obstaculizada pela ce-

---

[30] CASTILLO. *Los pobres y la teología*, p. 34.
[31] MIRANDA, Mário de França. *A Igreja numa sociedade fragmentada*. Escritos Eclesiológicos. São Paulo: Loyola, 2006, p. 61.
[32] Para Ignacio Ellacuria, a utopia de Deus, isto é, o sonho e a sua capacidade de sonhar, só pode ser vivida pela pessoa quando existe uma profunda denúncia profética (radical) de todas as situações de desamor que, no fundo, indicam as formas deturpadas de usar e manipular o poder/autoridade com os outros. ELLACURIA, Ignacio. Utopia y Profetismo. In: ELLACURÍA, Ignacio; SOBRINO, Jon. *Mysterium Liberationis*. Conceptos fundamentales de la Teología de la Liberación. Tomo II. Madrid: Editorial Trotta, p. 402-403.
[33] Segundo Aristide Fumagalli, se a misericórdia, compreendida como compaixão, é o centro do querigma, então Francisco sonha com uma Igreja que inverta a lógica do poder e do exercício da autoridade vividos como autorreferencialidade, para um despojamento quenótico. FUMAGALLI, Aristide. *Camminare nell'amore*. La teologia morale di Papa Francesco. Roma: Libreria Editrice Vaticana, 2017, p. 31.

gueira religiosa e institucional –, pode ser considerada a prova mais radical de que Jesus sonha com o amor, única realidade transformadora do ser humano e da sociedade. Por fim, Jesus elogia o desconhecido mestre da lei e lhe assegura que, vivendo o imperativo máximo da *Torah*, é possível herdar a vida eterna;

3. *"Ele, porém, querendo se justificar, disse a Jesus: 'E quem é meu próximo'?"* (v. 29). Após a explícita declaração da parte de Jesus sobre o coração da *Torah* – a centralidade do amor – entra em cena a dificuldade do legista em compreender quem é o seu próximo (πλεσιον). Na verdade, ele se sente desmascarado, frágil, descentrado de si mesmo, perdendo suas certezas religiosas e racionais sobre como se deveria amar intensamente a Deus. Posteriormente, o Mestre Jesus o ajudará na conscientização de que a pergunta está mal posta. Mais que saber quem é o seu próximo, ele precisa pôr-se no lugar do homem caído à beira da estrada. Aliás, precisa estar junto, ao lado do próximo. O mestre da lei "sonha" com ideias claras, mas Jesus o ajuda a perceber que a realidade precede as ideias. Ao legista faltava uma profunda "espiritualidade" que o ajudasse a ver a vida e a realidade – os dramas humanos – por dentro e não apenas por meio de categorias teóricas. A pergunta retórica que ele faz é o típico questionamento proveniente de uma mentalidade ainda muito em voga em nossos ambientes religiosos, fruto de uma teologia "moral fria de escritório",[34] que exprime a incapacidade de sonhar e se pôr ao lado de quem é chamado a ser o próximo;

4. *"Jesus retomou: 'Um homem descia de Jerusalém a Jericó, e caiu no meio de assaltantes que, após havê-lo despojado e espancado, foram-se deixando-o semimorto. Casual-*

---

[34] FRANCISCO, Papa. *Amoris Laetitia*. Exortação Apostólica Pós-Sinodal sobre o amor na família. São Paulo: Paulinas, 2016, n. 312.

mente, descia por esse caminho um sacerdote; viu-o e passou adiante. Igualmente um levita, atravessando esse lugar, viu-o e prosseguiu. Certo samaritano em viagem, porém, chegou junto dele, viu-o e moveu-se de compaixão. Aproximou-se, cuidou de suas chagas, derramando óleo e vinho, depois, colocou-se em seu próprio animal, conduziu-o à hospedaria e dispensou-lhe cuidados. No dia seguinte, tirou dois denários e deu-os ao hospedeiro, dizendo: 'Cuida dele, e o que gastares a mais, em meu regresso te pagarei'" (v. 30-35). Na parábola do bom samaritano, dois ensinamentos de teor ético são centrais: a) o perfil (os traços e características) do próximo (do mestre da lei); b) a capacidade de compaixão do samaritano ao se defrontar com a situação concreta do ferido na estrada. Não só o conteúdo, mas também o método de ensino colocam em destaque o quanto Jesus se diferencia dos doutores da lei.[35] Desse modo, Jesus tenta indicar de forma concreta e direta ao mestre da lei quem seria o seu próximo.[36] Da indiferença do sacerdote, à cegueira e desprezo do levita, Jesus apresenta a capacidade concreta responsável na forma de compaixão com a atitude do samaritano. Em meio ao jogo de contradições e ambiguidades éticas presente no coração do mestre da lei, o próximo é explicitamente revelado ao presunçoso mestre que estava fechado em seu casuísmo e legalismo teológico. Qual ética teológica brota dessa perícope? Qual o sonho projetivo de uma ética teológica que emana dos personagens e da narrativa? Se da parte do mestre da lei há um sutil biopoder no formato religioso – reduzindo o sentido da

---

[35] ERNST. *Il Vangelo secondo Luca*, p. 492.
[36] Em CARLOTTI, Paolo. *La morale di papa Francesco*. Bologna: Dehoniane, 2017, se "passa da prevalente afirmação da regra normativa à estratégia assunção da ótica promocional da qualidade ética do sujeito situado" (p. 26).

religião a um catálogo de leis a serem observadas por medo da perda da vida eterna –, da parte do sacerdote e do levita, o necropoder é assumido como forma de comportamento justificada social e culturalmente.[37] Se para o mestre da lei o "monolitismo ético",[38] isto é, o ajustamento da vida a partir de certo código religioso, é o universal e o referencial de sua vida, para o samaritano, a prática estrita da lei é secundária, sendo a capacidade de sentir compaixão (εσπλαγΧνιστε) e o cuidado (επεμελετε/ επιμελετετι) a dimensão primeira da sua vida. Desse modo, o grande sonho de uma ética teológica ao alcance do povo seria, à luz dessa perícope, a própria vivência da compaixão e do cuidado como pressupostos de qualquer reflexão. Jesus inverte a lógica do poder e da autoridade, inserida na atitude religiosa e moral do mestre da lei – e também personificada no sacerdote e no levita – e propõe sonhar o seu Reino a partir da misericórdia com uma humanidade ferida.[39] Percebe-se que Jesus gera um desmonte no modelo de religião centrada em uma forma de poder e autoridade, profundamente questionadora ainda em nossos dias. Há um método narrativo nessa parábola, de modo que o interlocutor – o sujeito – é chamado a sonhar e buscar a centralidade ética de sua vida e se posicionar a partir da realidade concreta descrita.[40] Se o atual contexto ético é marca-

---

[37] Biopoder é o poder que gera vida; necropoder é o poder que gera a morte. Para aprofundar os conceitos, ver: BENTO, Berenice. Necrobiopoder: Quem pode habitar o Estado-nação? In: *Cadernos Pagu* 53 (2018). Disponível em: https://periodicos.sbu.unicamp.br/ojs/index.php/cadpagu/article/view/8653413/18511. Acesso em: 20 jul. 2019.
[38] Expressão extraída de VIDAL, Marciano. Esperança ética. In: VIDAL, Marciano. *Dez palavras-chave em moral do futuro.* São Paulo: Paulinas, 2003, p. 76.
[39] CARLOTTI. *La morale di papa Francesco*, p. 67.
[40] SERRADA, Ignacio. Narrare la própria vita: alla ricerca di un orientamento per l'esistenza. In: PÉREZ-SODA, Juan José; DE LA TORRE, Juan Justo Daniel (Orgs.). *Primado del Vangelo e luogo della morale: gerarchia e unità nella proposta cristiana.* Siena: Cantagalli, 2015, p. 201.

do por um pluralismo radical em matéria cultural, religiosa e econômica, pela provisoriedade de respostas e soluções diante da grande crise e pela impossibilidade de uma visão única e integral,[41] convém sonhar com uma ética teológica que sensibilize as consciências e os corações dos novos sujeitos mediante a narrativa de situações reais, catalizadoras de sentido e de interioridade. Essa perspectiva não é nova, mas é visível na metodologia ético-teológica latino-americana[42] e até na metodologia pedagógica;[43]

5. *"'Qual dos três, em tua opinião, foi o próximo do homem que caiu nas mãos dos assaltantes?' Ele respondeu: 'Aquele que usou de misericórdia para com ele'. Jesus então lhe disse: 'Vai, e também tu, faze o mesmo'" (v. 36-37)*. Diante do diálogo e confronto com Jesus, o mestre da lei é tocado pela narrativa plena de valores éticos que elucidam o perfil do próximo e a atitude de compaixão do samaritano. Jesus devolve ao interlocutor a responsabilidade de identificar o próximo. A gênese da ética, nesse sentido, dá-se na interioridade de quem busca o rosto do outro e a alteridade. A verdadeira moralidade está enraizada no coração, de modo que bem e mal procedem da abundância de bem e mal dentro da pessoa. A última parte do diálogo enfatiza que, mais importante do que perguntar quem é o próximo, é fazer-se próximo

---

[41] THEOBALD, Christoph. *La lezione di teologia*. Sfide dell'insegnamento nella postmodernità. Bologna: Dehoniane, 2014, p. 8-11.
[42] Basta ver no ainda pertinente modo de ler o *ethos* feito por LEERS, Bernardino. *Jeito brasileiro e norma absoluta*. Petrópolis: Vozes, 1982. Ver também ANJOS, Márcio Fabri dos (Coord.). *Ética na relação entre Igreja e Sociedade*. Aparecida: Santuário, 1994.
[43] FREIRE, Paulo. *A educação na cidade*. São Paulo: Cortez, 1991. Para ele, uma das tarefas políticas que se deve assumir é viabilizar os sonhos que parecem impossíveis (p. 126). Freire afirma ainda que "sonhar não significa sonhar a impossibilidade, mas significa projetar. Significa arquiteturar, significa conjecturar sobre o amanhã". FREIRE, Ana Maria (Org.). *Pedagogia da tolerância*. São Paulo: UNESP, 2004, p. 293.

de alguém.⁴⁴ Sentir-se tocado e compadecido interiormente pelas feridas, pelos machucados e pela condição real que afeta a consciência fechada em si mesma é o caminho ou o sonho de Jesus na perícope. O poder e a autoridade, ordenados à manutenção de certa moralidade fundada na lei, são certamente secundários diante do imperativo da compaixão e da misericórdia, pois a condição humana e o modo como alguém se coloca diante dela são o centro da vida. No diálogo, Jesus ajuda o mestre da lei a perceber que o poder se exerce na comunhão com o vulnerável, na capacidade de assumir em si mesmo a realidade do outro. O mestre da lei, como alude a parábola, ao menos "teoricamente" soube responder quem era o seu próximo. Não sabemos se isso o fez mudar de vida, pois o "orgulho religioso"⁴⁵ é uma forma de ser que impede a pessoa de se rebaixar e se colocar no lugar do outro.

Considerações finais

Para o educador e pensador Paulo Freire, o ser humano é capaz de realizar um sonho possível, mas esse sonho deve partir da sua própria capacidade de ser um produtor de sonhos. O pensar crítico e a busca por sonhos possíveis passam necessariamente pela consciência das utopias e das ideologias a serem superadas, pois passam pela ética e pela política.⁴⁶

---

⁴⁴ MATERA, Frank J. *Ética do Novo Testamento*. Os legados de Jesus e de Paulo. São Paulo: Paulus, p. 119.
⁴⁵ Este tema foi bem desenvolvido por Castillo. No capítulo "Contra o orgulho religioso", ele aponta que por trás desta atitude religiosa e sacralizada por um modelo religioso, escondem-se três tipos de perversões: ética, teológica e antropológica. Para Castillo, este tema deveria ser mais levado a sério por nossas Igrejas e pelos teólogos. O termo em grego aparece 64 vezes no Novo Testamento, sendo uma constante no enfrentamento de Jesus com os grupos religiosos de seu tempo. CASTILLO. *Los pobres y la teología*, p. 125-164.
⁴⁶ FREIRE, Ana Maria (Org.). *Pedagogia dos sonhos possíveis*. São Paulo: UNESP, 2001, p. 15.

No que se refere à ética teológica, há muito que sonhar. Ainda somos reféns de um modo de fazer teologia colonialista, patriarcal e capitalista, cujo olhar é a partir da ordem, do poder e da autoridade constituída e não tanto das outras epistemologias de resistências e das vítimas,[47] embora a teologia da libertação tenha significado um grande avanço na forma interpretar o *ethos*. Se a ética teológica é uma produção de sentido relacionado à crítica das várias imagens de Deus assumidas pelos sujeitos em sua práxis histórica eminentemente política, essa forma de refletir, ao mesmo tempo em que busca desmascarar os excessos do poder também, propicia a retomada do essencial.

O Reino pregado por Jesus é o grande sonho de viver a presença do Pai e o seu amor em meio a poderes dissimulados e opressivos. Na parábola do "bom samaritano", encontra-se o sonho que se faz prática, na medida em que se busca superar uma visão sacralizada do poder, incapaz de tocar o coração humano. O poder, desse modo, é sonhado por Jesus – mediante a história contada por ele mesmo – afirmando o primado do humano e do social sobre a incapacidade de sentir a compaixão, sentimento que une a humanidade. Ainda é necessário superar esse mecanismo presente nas consciências "religiosas", sonhando com uma ética teológica que supera certa sacralização da obediência – modelo ainda em voga –, um modelo mais personalista baseado na consciência livre e responsável dos sujeitos.

Sonhamos com uma ética teológica que não ceda à tentação de pensar a formação moral como meio para se obter pessoas

---

[47] MENDONZA-ÁLVAREZ, Carlos. Decolonialidad como praxis desde las víctimas y sus resistencias. Cuestiones epistemológicas y distinción de conceptos. In: KUZMAN, Cesar; ANDRADE, Paulo Fernando Carneiro de (Orgs.). *Decolonialidade e práticas emancipatórias*. Novas perspectivas para a área de Ciências da Religião e Teologia (SOTER). São Paulo: Paulinas, 2019, p. 13-28.

submissas e obedientes, mas sujeitos capazes de viver criticamente na sociedade, valorizar o seu estar no mundo, ser construtores do Reino, sem fugir da conflitualidade, mas assumindo-a como uma forma amadurecida de seguir a Jesus Cristo.

Sonhamos com cristãos que sejam sujeitos conscientes, que assumam a justiça social como um valor ético insubstituível. Sonhamos, portanto, com uma "teologia conflitiva" que propicie uma acurada análise do tipo de poder que exercemos para distinguirmos o quanto ele está a serviço dos outros ou de uma instituição que "narcisicamente" afirma privilégios e dá visibilidade a sujeitos que não se colocam como seguidores do reinado de Jesus Cristo.

Sonhamos, ainda, com uma ética teológica que leve a sério o "cristianismo como modo de vida compartilhado numa ampla variedade de maneiras por uma rede global diversificada de associações",[48] haja vista a crise do sistema protegido e transmitido por uma classe clerical, talvez anestesiada pela mentalidade personificada pelo sacerdote e levita da parábola do "bom samaritano". O papa Francisco refere-se a uma "rede de diálogo sem reservas e interdisciplinar"[49] entre teólogos, o povo de Deus e as instituições que ajudem na busca da verdade.

Sonhamos, enfim, com uma ética teológica de largo alcance para o povo que busca ser fiel cotidianamente no seguimento de Jesus Cristo. Uma reflexão que tenha como referencial as dores, feridas, sofrimentos das pessoas e suscite atitudes de compaixão e misericórdia diante daqueles que sofrem. Tendo presente as inúmeras e atuais posturas fundamentalistas e simplistas sobre a fé e a

---

[48] Esta é uma expressão de Harvey Cox a ser levada a sério pelos teólogos moralistas. COX, Harvey. *O futuro da fé*. São Paulo: Paulus, 2015, p. 253.
[49] FRANCISCO, Papa. *Veritatis Gaudium*. Constituição Apostólica sobre as universidades e as faculdades eclesiásticas. São Paulo: Paulinas, 2018, n. 4 (a-d).

sua real implicação pessoal ou social, sonhamos com um processo formativo do laicato por meio de uma real conscientização sobre as novas formas de exercício de poder – biopoder, necropoder, bionecropoder etc. – que sutilmente se instalam nas consciências.

Sonhamos, em síntese, com uma humanidade e com reais sujeitos que não tenham medo de viver os valores do Reino de Jesus Cristo, sabendo que o poder e a autoridade, emanados do Mestre Jesus, sempre buscam nos colocar no lugar do próximo, transcendendo questionamentos teóricos que frequentemente nos tiram o foco do essencial.

Sonhemos todos juntos, em comunhão de consciências!

Referências bibliográficas

ABRAHAM, Giorgio. *Sonhos do dia e sonhos da noite*. As misteriosas relações entre o sono e a vida consciente. São Paulo: Paulinas, 2003.
ANJOS, Márcio Fabri dos (Coord.). *Ética na relação entre Igreja e Sociedade*. Aparecida: Santuário, 1994.
BACHELARD, Gaston. *A formação do espírito científico*. Contribuição para uma psicanálise do conhecimento. Rio de Janeiro: Contraponto, 1996.
BÍBLIA DE JERUSALÉM. Novo Testamento. São Paulo: Paulinas, 1975.
CANTO-SPERBER, Monique. *A inquietude moral e a vida humana*. São Paulo: Loyola, 2005.
CARLOTTI, Paolo. *La morale di papa Francesco*. Bologna: Dehoniane, 2017.
CASTILLO, José M. *Los pobres y la teología*. ¿Qué queda de la teología de la liberación? 3 ed. Bilbao: Descleé de Brouwer, 1998.

CORTINA, Adela. Ética. São Paulo: Loyola, 2005.
COX, Harvey. *O futuro da fé*. São Paulo: Paulus, 2015.
DROIT, Roger-Pol. Ética. Uma primeira conversa. São Paulo: Martins Fontes, 2012.
ELLACURIA, Ignacio. Utopia y Profetismo. In: ELLACURÍA, Ignacio; SOBRINO, Jon. *Mysterium Liberationis*. Conceptos fundamentales de la Teología de la Liberación. Tomo II. Madrid: Editorial Trotta, p. 393-442.
ERNST, Josef. *Il Vangelo secondo Luca*. Volume secondo: Luca 9,51-24,53. Brescia: Morcelliana, 1985.
FRANCISCO, Papa. *Veritatis Gaudium*. Constituição Apostólica sobre as universidades e as faculdades eclesiásticas. São Paulo: Paulinas, 2018.
FRANCISCO, Papa. *Amoris Laetitia*. Exortação Apostólica Pós-Sinodal sobre o amor na família. São Paulo: Paulinas, 2016.
FRANCISCO, Papa. Discurso aos professores e aos estudantes da Academia Afonsiana – Instituto Superior de Teologia (09.02.2019). Disponível em: http://w2.vatican.va/content/francesco/pt/speeches/2019/february/documents/papa-francesco_20190209_accademia-alfonsiana.html. Acesso em: 28 jun. 2019.
FRANCISCO, Papa. Encontro do Papa Francisco com os jovens italianos em vista do sínodo (Roma – Circo Máximo, 11.08.2018). Disponível em: http://w2.vatican.va/content/francesco/pt/speeches/2018/august/documents/papa-francesco_20180811_giovani-italiani.html. Acesso em: 18 jun. 2019.
FREIRE, Ana Maria (Org.). *Pedagogia da tolerância*. São Paulo: UNESP, 2004.
FREIRE, Ana Maria (Org.). *Pedagogia dos sonhos possíveis*. São Paulo: UNESP, 2001.

FREIRE, Paulo. *A educação na cidade*. São Paulo: Cortez, 1991.

FUMAGALLI, Aristide. *Camminare nell'amore*. La teologia morale di Papa Francesco. Roma: Libreria Editrice Vaticana, 2017.

FUMAGALLI, Aristide (Ed.). *Il cristiano nel mondo*. Introduzione alla teologia morale. Roma: Ancora, 2010.

GALANTINO, Nunzio. *Dizer homem hoje*. Novos caminhos da antropologia filosófica. São Paulo: Paulus, 2003.

GATTI, Guido. *Manuale di Teologia Morale*. Torino: Elledici, 2013.

GUTIÉRREZ, Gustavo. *Beber no próprio poço*. Itinerário espiritual de um povo. Petrópolis: Vozes, 1984.

JANKÉLÉVITCH, Vladimir. *O paradoxo da moral*. São Paulo: WMF Martins Fontes, 2008.

JUNGES, José Roque. *Evento Cristo e Ação Humana*. Temas fundamentais de ética teológica. São Leopoldo: UNISINOS, 2001.

KELSEY, Morton T. *Deus, sonhos e revelação*. Interpretação cristã dos sonhos. São Paulo: Paulus, 1996.

KÜNG, HANS. *A Igreja tem salvação?* São Paulo: Paulus, 2012.

LARCHET, Jean-Claude. *O inconsciente espiritual*. São Paulo: Loyola, 2009.

LA TAILLE, Yves de. *Moral e ética*. Dimensões intelectuais e afetivas. Porto Alegre: Artmed, 2006.

LEERS, Bernardino. *Jeito brasileiro e norma absoluta*. Petrópolis: Vozes, 1982.

LORENZETTI, Luigi. Poder – Política. In: COMPAGNONI, Francesco; PIANA, Giannino; PRIVITERA, Salvatore (Orgs.). *Dicionário de Teologia Moral*. São Paulo: Paulus, 1997, p. 967-974.

LIBÂNIO, João Batista. Esperanza, Utopia, Resurreccion. In: ELLACURÍA, Ignacio; SOBRINO, Jon. *Mysterium Liberationis*. Conceptos fundamentales de la Teología de la Liberación. Tomo II. Madrid: Editorial Trotta, p. 495-510.

MATERA, Frank J. *Ética do Novo Testamento*. Os legados de Jesus e de Paulo. São Paulo: Paulus, 1999.

MENDONZA-ÁLVAREZ, Carlos. Decolonialidad como praxis desde las víctimas y sus resistencias. Cuestiones epistemológicas y distinción de conceptos. In: KUZMAN, Cesar; ANDRADE, Paulo Fernando Carneiro de (Orgs.). *Decolonialidade e práticas emancipatórias*. Novas perspectivas para a área de Ciências da Religião e Teologia (SOTER). São Paulo: Paulinas, 2019, p. 13-28.

MIRANDA, Mário de França. *A Igreja numa sociedade fragmentada*. Escritos Eclesiológicos. São Paulo: Loyola, 2006.

OLIVEIRA, Manfredo Araújo de. *Reviravolta linguístico-pragmática na filosofia contemporânea*. 2 ed. São Paulo: Loyola, 2001.

PAGOLA, José Antônio. *O caminho aberto por Jesus*. Petrópolis: Vozes, 2012.

SERRADA, Ignacio. Narrare la própria vita: alla ricerca di un orientamento per l'esistenza. In: PÉREZ-SODA, Juan José; DE LA TORRE, Juan Justo Daniel (Orgs.). *Primado del Vangelo e luogo della morale: gerarchia e unità nella proposta cristiana*. Siena: Cantagalli, 2015, p. 179-208.

THEOBALD, Christoph. *La lezione di teologia*. Sfide dell'insegnamento nella postmodernità. Bologna: Dehoniane, 2014.

VIDAL, Marciano. *Nova moral fundamental*. O lar teológico da Ética. São Paulo/Aparecida: Paulus/Santuário, 2003.

VIDAL, Marciano. Esperança ética. In: VIDAL, Marciano. *Dez palavras-chave em moral do futuro*. São Paulo: Paulinas, 2003, p. 49-97.

A marca FSC® é a garantia de que a madeira utilizada na fabricação do papel deste livro provém de florestas que foram gerenciadas de maneira ambientalmente correta, socialmente justa e economicamente viável.

Este livro foi composto com as famílias tipográficas Frutiger, Gill Sans e Times New Roman e impresso em papel Offset 75g/m² pela **Gráfica Santuário.**